数字产业新赛道

杨卓凡 郭鑫 著

电子工业出版社
Publishing House of Electronics Industry
北京·BEIJING

未经许可，不得以任何方式复制或抄袭本书之部分或全部内容。
版权所有，侵权必究。

图书在版编目（CIP）数据

数字产业新赛道 / 杨卓凡，郭鑫著 . —北京：电子工业出版社，2024.1

ISBN 978-7-121-46984-8

Ⅰ．①数… Ⅱ．①杨… ②郭… Ⅲ．①信息产业－研究 Ⅳ．① F49

中国国家版本馆 CIP 数据核字（2023）第 250718 号

责任编辑：	李楚妍（licy@phei.com.cn）
印　　刷：	天津千鹤文化传播有限公司
装　　订：	天津千鹤文化传播有限公司
出版发行：	电子工业出版社
	北京市海淀区万寿路 173 信箱　　邮编：100036
开　　本：	720×1000　1/16　　印张：14　　字数：245 千字
版　　次：	2024 年 1 月第 1 版
印　　次：	2024 年 1 月第 1 次印刷
定　　价：	79.00 元

凡所购买电子工业出版社图书有缺损问题，请向购买书店调换。若书店售缺，请与本社发行部联系，联系及邮购电话：（010）88254888，88258888。

质量投诉请发邮件至 zlts@phei.com.cn，盗版侵权举报请发邮件至 dbqq@phei.com.cn。

本书咨询联系方式：（010）88254210，influence@phei.com.cn，微信号：yingxianglibook。

前 言
PREFACE

新一代信息技术是全球研发最集中、创新最活跃、应用最广泛、辐射带动作用最大的技术创新领域，是全球技术创新的竞争高地。近年来，全球出现了一系列有重大影响甚至颠覆性的新兴技术，这些技术交叉融合、深度渗透，许多领域都处在产业化突破的临界点。从"元宇宙风口"到"ChatGPT 出圈"，从 5G 数字工厂到人形机器人，数字经济与实体经济不断融合创新，以新型工业化为路径，实现经济社会的质量变革、效率变革和动力变革。

随着新一轮科技革命和产业变革的深入发展，人类历史的车轮正加速驶入以数字化为重要标志、数字经济占主导的数字文明时代，数字动脉成为全球经济和社会发展的主旋律。

从经济要素构成来看，数据作为新型生产要素，促进了高水平供需动态平衡的形成。数字经济时代，数据具有基础性战略资源和关键性生产要素的双重属性。数据对其他生产要素具有乘数效应和倍增作用，有利于打通经济循环堵点，形成需求牵引供给、供给创造需求的更高水平的动态平衡。例如：在生产环节，借助互联网、大数据、云计算、人工智能、物联网等不断变革的现代信息技术，数据要素推动了生产数字化转型，加快了产业结构转型升级。在消费环节，数据要素发挥引领作用，通过发展以大数据、人工智能为代表的新经济，培育信息消费、智能消费等新消费业态，促进了消费方式升级和消费结构优化。

从数字经济主体来看，平台是数字经济的重要载体，用以重构全球工业经济生态系统。平台是生产要素沉淀、分发、流转和交叉融合的场所，重塑了生产、消费、流通、分配等各个环节的商业模式，形成以平台为核心的环形链条和数字生态系统。在生产制造方面，工业互联网平台通过对产业链上下游的全要素进行数字化转型和再造，深刻重塑工业生产制造和服务体系。在消费流通方面，数字平台的网络效应让数字产品能够惠及全球，极大降低了通信和交易成本，促进了全球价值链集群的形成。在组织形态方面，在数字平台支持下，原来的科层制管理模式向扁平式模式转变，促使社区化、模块化、开放化的互动模式形成。据估计，未来10年，经济中70%的新价值将产生于基于数字化平台的商业模式。

从全球产业结构来看，数字技术创新扩散速度加快，赋能全球产业数字化转型深度推进。数字技术与传统一、二、三产业的创新融合为数字产业发展不断注入新活力。全球产业数字化转型发展表现出以政府发展战略为主导、以新型数字基础设施建设与合作为基础、以加快推进数字技术和人工智能等领域创新为战略选择、以提升公民数字素养和培养数字技能人才为重要支撑、以传统制造业的数字化改造和绿色化转型升级为主赛道的发展特征。从区域发展来看，亚太地区数字经济增速较快，加速全球数字经济版图重构。全球经济的地理重心从环大西洋地区转向了环太平洋地区，美国和中国连续多年位居全球数字经济规模大国前两位。从产业发展看，亚太地区是全球制造中心，人工智能、物联网等数字技术投资研发强劲。IDC预测，2020年至2023年，亚太地区生产总值的65%以上将实现数字化，数字化转型支出将达到1.2万亿美元。中国、日本和印度在数字化转型市场中展现了大量的增长机会。

从全球价值链来看，"跨境链接"和"跨界链接"数字红利显现，以中小企业为代表的微型跨国企业崛起。产业数字化改变了价值链的分工方式，打破了大企业对价值链不同价值创造环节的垄断，为中小企业参与价值链分工的竞争提供了可能，重塑价值链分工的利益分配格局，从而为中小企业占据价值链高端、培育自主品牌、促进价值链分工升级、实现弯道超越创造条件。

与此同时，我们也应看到，全球"黑天鹅"事件频发，国际产业分工格局正在重塑，能源资源约束日趋紧张，全球竞争规则不断改写，以中国为代表的新兴经济体虽然在人工智能、下一代通信等数字产业领域取得重要突破，但与发达国家相比，仍存在较大差距。新冠疫情凸显了数字化转型的重要性和及早应对气候与环境问题的迫切性。在实现可持续发展的过程中，技术进步对于找到缓解经济和环境难题的持久解决方案至关重要，包括创造新的生产方式和提高能源效率。各国政府纷纷根据商业环境的变化和复杂性，设计包容性的数字转型、绿色发展和经济复苏振兴计划，减少监管要求，防范合规风险和财务风险，为贸易和商业发展创造有利的环境，为中小企业积极参与全球价值链、提高劳动生产率提供政策支撑。

围绕新一轮技术革命与产业变革给中国带来的历史性转折，如何把握全球数字化政策红利，发掘新型工业化、新型城镇化、乡村振兴、数字经济与绿色发展新机遇？如何迎合数字消费新需求，在数字科技、新兴产品、商业模式、新型职业等领域布局新赛道，孕育新商机？如何运用数字新科技，加速"科技—产品—市场"迭代创新，赢取市场竞争优势？这都是我们面对新的百年征程，需要不断求解的时代命题。正如习近平总书记强调的，"世界经济加速向以网络信息技术产业为重要内容的经济活动转变。我们要把握这一历史契机，以信息化培育新动能，用新动能推动新发展。要加大投入，加强信息基础设施建设，推动互联网和实体经济深度融合，加快传统产业数字化、智能化，做大做强数字经济，拓展经济发展新空间"。

本书以充分挖掘数字化政策红利、产业转型升级机遇、数字化服务模式、新型产品创新等为切入点，深入剖析了数字时代各国在数字战略和政策方面的着力点，结合政策布局和市场分析，多角度、多层次挖掘新技术、新产品、新模式、新职业等潜力赛道，最终通过描绘数字化转型路线图和洞察数字化未来趋势，为广大数字化从业者、创业者、研究人员及政策制定者等提供数字时代的进阶路径和解决方案。

本书也以翔实的数据和生动的案例，力求回答在数字大变革背景下企业如何定位、如何转型、如何创新等提升新型数字化能力的关键问题，是面向传统企业、数字企业、解决方案服务商、高等院校，以及从事平台经济、数字经济、数字化转型等领域的研究机构、政府部门等方面读者，描写中国数字化创新创业新图景的科普性读本。

本书从选题到成稿，历时一年。由于时间和水平有限，局限和不足之处在所难免，敬请广大读者不吝指正。

杨卓凡

2023 年 12 月

目录
CONTENTS

上篇　把握新形势

第一章　新世界悄然来临　/003
第一节　国际政治、经济局势错综复杂　/004
第二节　技术变革驱动全球产业变革　/011
第三节　数字化发展是当下最大的共识　/015
第四节　绿色是未来发展最确定的底色　/020

第二章　全球价值链重构　/025
第一节　价值链向价值网络转变　/026
第二节　价值链地位此消彼长　/031
第三节　数字化加速价值链重构　/035

中篇　找准新商机

第三章　挖掘政策红利　/045
第一节　数据战略：催生数据市场服务　/046
第二节　新型工业化　/063
第三节　新型城镇化　/073
第四节　乡村振兴　/076

　　　　第五节　数字经济　/ 084
　　　　第六节　绿色发展　/ 095

第 四 章　　发现潜力赛道　/ 101
　　　　第一节　新科技　/ 103
　　　　第二节　新产品　/ 118
　　　　第三节　新模式　/ 127
　　　　第四节　新职业　/ 145

下　篇　　谋划新图景

第 五 章　　洞见数字未来　/ 159
　　　　第一节　需求侧：数字新消费势力崛起　/ 160
　　　　第二节　供给侧：数字化转型全面提速　/ 163
　　　　第三节　市场主体：企业"链式"转型加速　/ 168
　　　　第四节　产品创新：数字化推动产品供给更迭　/ 171
　　　　第五节　区域发展：数字产业集群效应凸显　/ 173
　　　　第六节　治理体系：全球数字治理更趋多元协同　/ 176

第 六 章　　探索数字转型路径　/ 185
　　　　第一节　技术赋能　/ 187
　　　　第二节　业务引导　/ 189
　　　　第三节　平台支撑　/ 196
　　　　第四节　模式创新　/ 208

上 篇
把握新形势

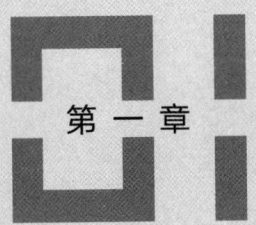

第一章

新世界悄然来临

从纷繁中洞明新世界的演进方向,就占据了战略的高地。

——郭鑫记

党的二十大报告指出,"当前,世界之变、时代之变、历史之变正以前所未有的方式展开"。准确理解和把握世界之变、时代之变和历史之变的形势、内涵与趋势,是我们研究判断经济的宏观趋势走向、中观产业布局、微观要素供给的重要出发点。纵观人类历史,各种力量与矛盾的交织斗争是世界变化的核心动力。从经济角度来看,世界经济力量对比正在发生深刻变化,发展中国家的迅速崛起将从根本上改变长期以来西方国家在世界经济中占据主导地位的历史现状。从政治角度来看,单极秩序的失序将带来世界政治力量的变化,世界多极化趋势不可逆转,这一变化将推动世界政治版图的重构。从发展角度来看,以传统工业化为导向的发展范式正受到新一轮科技革命和产业变革的猛烈冲击,国家间产业合作和国际治理模式正在深度拥抱区域化、多元化趋势,中国式现代化等新发展范式正在为其他发展中国家提供新的发展道路选择。

着眼当下,基于数字技术高速发展和广泛应用而兴起的数字经济既为世界范围内产业变革提供了强劲动力,同时也为各国实现跨越式发展带来了历史机遇。一方面,数字经济较传统经济更具有交易成本优势,能够极大地降低交易壁垒和摩擦,提升信息生产效率,培育新增量。另一方面,数字经济发展对生产要素、生产力和生产关系带来的变革将对世界经济格局带来颠覆性影响,帮助新兴经济体更多地参与全球生产分工,重塑全球制造业价值链。

第一节
国际政治、经济局势错综复杂

一、全球地缘局势的"不确定性"

国际形势中,政治、经济形势密切联动,近年来地缘政治博弈成为影响经济全球化发展的突出因素。尤其是过去几年间，地缘政治因素呈现上升势头，热点与潜在冲突点增加。大国博弈、地区武力冲突等一系列热点政治问题都是地缘政治博弈的突出表现，可以预见在相当长一段时间内，它们还将会不断演进、持续存在。

如何理解并概括目前全球地缘局势的"不确定性"？至少要从三个维度来进行思考。

一是东欧地缘政治危机将在什么时间、以什么形式结束。从区域经济角度来看，这场危机对欧洲经济和能源格局产生了重大影响。从全球经济角度来看，这场危机不仅导致了全球粮食、能源安全受到严重冲击，其造成的供应链受阻等因素也极大拖累了全球经济复苏。东欧地缘政治危机不断升级导致港口堵塞、领空关闭，使海运、空运和陆路交通压力持续升高，长期依赖跨境运输的汽车零部件、半导体、粮食、能源等行业的产品短缺问题持续加剧。因此，东欧地缘政治危机的尽快解决对全球经济局势有着重要意义。

二是亚太地区地缘政治情况的演变。从经济来看，亚太地区占世界人口三分之一，占世界经济总量逾六成、贸易总量近一半，是全球经济最具活力的增长带。亚太地区各国的经济增长对全球经济走出新冠疫情阴影具有极强的信心增强作用。显然，由美国政客提出的"印太战略"为亚太地区的经济交流与产业链互补制造了明显的阻隔和障碍。

三是次级地缘政治热点仍有可能激化。亚欧大陆作为全球政治、经济活动的舞台中心，历史上各种矛盾冲突几乎从未停歇。近些年世界政治、经济格局变革加速，亚欧大陆从西到东、从南到北，都存在不同程度的地缘政治热点，随时引发紧张态势，世界大国在热点地区的角力会导致地区矛盾存在升级的可能。总体来看，一些热点地区小规模冲突对地区经济活动交流和区域地缘格局的影响不可忽视。

二、保护主义与逆全球化潮流抬头

近几年，贸易保护主义再次给全球贸易带来了极大的负面影响。尤其是作为世界最大的经济体和最大的消费市场，美国习惯于在每次经济不振来临时，就举起保护主义的大旗，这丝毫无助于世界经济走出泥潭，反而给全球经济贸易带来致命性的打击。在互联网技术日益成熟、各类数据和信息要素传递效率快速提升、各国之间的交流空前便利的今天，要想理解看似不可能重现的保护主义和逆全球化潮流，需要先抓住一个本质，即"逆全球化"表面上看是经济问题，实质上反映了新兴市场国家不断发展后与欧美发达国家之间的利益分配问题。要理解这股潮流，可以从以下三个角度来看。

一是国际贸易投资衰退明显。 全球经济增长的放缓是对全球化和自由贸易进行反思的导火索，是贸易保护主义情绪的催化剂。分析保护主义和逆全球化潮流应以全球经济形势的衰退为起点，为避免疫情影响国际交流这一情况扰乱理性客观的判断，我们需要重新审视疫情暴发前国家间的贸易投资情况。

从贸易来看，根据联合国发布的《2019年世界经济形势与展望》报告，在全球贸易摩擦加剧的情况下，2018年全球贸易增长放缓，从2017年的5.3%降至3.6%，预计2019年将继续下降。事实上，2019年又进一步降至3.0%。这些数据与2007年、2008年的数据不可同日而语，彼时全球贸易增长约在7.5%的水平，超过当时全球GDP增速的一倍，因此全球贸易情况不容乐观。

从投资来看，根据联合国贸发会议发布的《2019年世界投资报告》数据，受美国税改政策及部分经济体加强外资项目审查的影响，2018年全球外国直接投资（FDI）同比下降13%，降至1.3万亿美元。同样，这些数值也远低于2007年的峰值。美国作为全球最大的外资流入国，虽然因其税改而导致部分资本回流美国，但数据并不乐观，美国2018年外资流入量为2520亿美元，低于2017年的2770亿美元，相比前两年的数据也有所减弱。

二是全球产业链遭到阻碍和破坏。 在分析保护主义和产业链的联系之前，首先需要理解产业链演进的内在机制是分工与协作的不断拓展与深化，当分工跨越国界，成为国际分工，协作就不可避免地演变为国际贸易。当跨国公司把分工拓展到全世界，贸易自由化、投资便利化加速全球市场的形成，全球产业链格局也就建立起来了。

一切看似完美的逻辑总会有致命的缺陷，即分工与协作之间并非总是相互促进的，也存在相互制约，分工环节增多必然要求市场范围扩大与交易效率提升，如果市场交易效率无法满足与之相匹配的要求，分工深化过程就会受阻，进而市场扩张也会停滞。当经济不振时，贸易保护主义来袭，提高交易成本、降低交易效率必然对全球产业链造成阻碍与破坏。从产业链角度来看保护主义，需要理解三个递进的动因：首先是产业链利益分配格局不利于发达国家传统制造业，其次是发达国家"再工业化"与发展中国家产业升级形成竞争，最后是发达国家全球产业链上的技术霸权受到挑战。

产业链发展依赖于市场范围扩大、交易效率提升、技术创新与扩散等因素，而贸易保护主义提高了交易成本，降低了交易效率，阻碍了技术进步，对全球产业链发展带来了消极影响，不仅破坏了产业链的完整性，还阻碍了产业链技术的进步，更导致了全球产业链资源配置的扭曲。

三是全球贸易持续寻求新的再平衡。 当各国维持自身产业优势的"自保"想法成为一种思维潮流后，保护主义、逆全球化与世界经济衰退就开始逐渐演变成一种明显的恶性循环。虽然贸易保护主义和逆全球化成为裹挟一些国家的主流思潮，但各国经济政策的研究者们都很明确，寻求全球贸易的新平衡，缓解当下贸易态势是当务之急。

目前主流思潮通常集中于两个方面，一方面是既有的全球贸易框架虽然在近三十年中一直处于修修补补的状态，但随着世界经济发展状况和产业要素的巨大变革，新状况、新形势、新问题越来越多，基于旧框架做再多修补也难以适应新的时代要求。因此，对过去既有的全球贸易框架进行改革变得迫在眉睫。在一定程度上，当下全球贸易框架改革的难度和意义不亚于新生产力下生产关系的变革。比如，在对WTO模式的改革争论中，一些国家在产业政策、行业补贴、治理模式等各方面的分歧引发了极大的争论，相较于过去简单地对关税、原产地、贸易平衡等问题的谈判，解决这些分歧要复杂得太多。另一方面则是在持续恶化的全球局势下尽可能寻求区域性多、双边合作。虽然双边合作和多边合作给各国带来的收益结果可能有所不同，但加强多、双边合作是面对单边主义的几乎唯一的正确路径。多、双边合作各有优势。在双边合作中，各国可以根据对手的不同特性制定不同的谈判策略，力图在每一组谈判中都获得最优收益，且双边合作中彼此的承诺水平往往更高。相对而言，虽然多边合作的达成要比双边合作困难得多，但同时处理多、对双边关系，成本通常更高。从现实来看，一些积极的消息不断传来。多边方面，亚太地区规模最大、最重要的自由贸易协定谈判《区域全面经济伙伴关系协定》（RCEP）2022年1月1日正式生效，该协定覆盖了全球近一半人口和近三分之一的贸易量。双边方面，2023年2月，中国—东盟自贸区3.0版谈判已启动首轮磋商，这是世界上人口最多的自由贸易区，也是由发展中国家组成的最大的自由贸易区。总体来看，我国的"一带一路"建设和一些双边合作等机制，在全球贸易下滑的逆行周期中，起到了一定程度的缓冲作用。

> **Tips：保护主义的前世今生**
>
> 为了能够清晰地阐述保护主义和逆全球化与政治、经济的联系，首先需要阐明的是，历史上贸易保护主义总是伴随着国际金融危机的出现。一般随着危机的不断蔓延，在全球经济增长放缓的背景下，贸易保护主义的倾向变得更加明显。作为最善于采用贸易保护主义措施的国家，也是从贸易保护主义中获利最大的国家，美国之所以能从1814年《根特条约》签订之后迅速成长为世界工农业强国，实施全面而完善的保护主义政策是重要原因之一。这种政策导向学说被包装成一种思想学派——政治经济学中的"美国学派"，直至今天，这一学派在美国乃至全世界依然具有重要意义。美国学派并不是第一个公然对抗起源于亚当·斯密的古典自由主义经济理论的政治经济学术流派，却是在实践中对近代世界政治经济格局影响极大的一种理论体系。起源于亚历山大·汉密尔顿的美国学派，不仅促进了美国的崛起，还被带到了德国。德国古典经济批判家弗里德里希·李斯特发展了美国学派的理论，构建了"国家体系"（National System）理论，并用该理论指导了德国统一后的国家宏观经济政策。当我们开始走近美国学派，将其特征进行梳理后会发现，偏向保护主义的产业政策、政府主导参与的大规模基础设施投资、政府引导金融体系导向、财政通过教育补贴等手段投资创新等政策要点（见表1-1），放在今天依然耳熟能详、似曾相识。

表 1-1 美国学派理论的部分主要政策要点

保护性产业政策	反对绝对而盲目的自由贸易，基于贸易政策强化产业保护主义，尤其是针对处于成长初期的产业、面临国外进口竞争的产业。例如：1789年关税法、1816年关税法、莫里尔关税法等
基础设施投资	政府投资并发起公路、铁路、电力等基础设施建设，对私有基础设施强化监管，以满足经济发展需求。例如：坎伯兰公路、联合太平洋铁路
金融体系引导	通过主权力量监管信贷机构和政策，鼓励经济发展并阻止投机活动

三、全球经济发展动力不足，预期减弱

当世界处于地缘冲突不断加剧、全球经济合作迅速降温的阴霾中，人们对经济发展的预期就更为悲观。2023年6月6日，世界银行发布了最新的《全球经济展望》报告，相比于2023年1月的上一版报告，新版报告大幅下调了2023年的全球经济增长预期。其中，美国经济增长预期，由2.4%下调至0.5%，中国经济增长预期，则由4.9%下调至4.3%。这组数据看似并不过分悲观，但需要深刻理解预期所处的"小背景"。美国方面，由于疫情突发，美联储重启"零利率+量化宽松"组合，引发M2高增，从根本上导致了2022年美国出现高通货膨胀，同年东欧地缘矛盾引发全球能源、粮食价格快速上涨，进一步放大了通货膨胀的作用，导致2022年全年美国CPI同比涨幅达到6.2%，较上一年大幅增加了2.6%，创下近40年来的新高。而美联储为缓解通货膨胀，从2022年3月开始持续大幅加息，即使在触发了以硅谷银行倒闭为代表的中小银行危机后也依然没有停歇，这些都是国际社会在美国经济将继续放缓上达成共识的原因。中国方面，2023年国内经济明显复苏，尤其是服务业对GDP增长的贡献将急转直上。但在全球经济不振的大背景下，受到美联储加息影响，不少国家为抵挡美元回流被迫跟随，进一步加重了全球消费的下降。中国作为全球最大的商品出口国和贸易顺差国，也无法独善其身，而住房、汽车等大宗消费市场的低迷也使得内需拉动效果存在不确定性。

资本对经济趋势的嗅觉一向最为灵敏，近两年也积极"用脚投票"，一改过

去多年来对外扩张的欲望和对全球投资的积极性，处于相对保守的状态。从金融市场角度来看，已多年未受到重视的黄金的避险功能在增强，这也表明全球对现有的金融体系有担忧。更主要的是，资本认为在贸易保护主义和对外投资约束的多重影响下，全球贸易和投资缺乏新的增长动力。当前全球投资在较低水平上徘徊，已经出现了一种碎片化的发展趋势。而全球贸易则进入产业链自我强化的过程，即产业链本身在向头部和区域集中，这对全球整体贸易将产生很大影响。

除去地缘政治、逆全球化和局部冲突的拖累，从宏观角度看，全球经济发展动力不足和预期减弱主要有三个方面的原因。

一是世界各国通货膨胀飙升、货币政策紧缩促使全球经济下行风险增大。 2022年，全世界处在地缘冲突和大国博弈加剧的背景之下，地区局势紧张、物流运输不畅、能源和粮食等商品短缺，进一步推高了全球通货膨胀水平。发达国家为了应对通货膨胀，不得不持续收紧货币政策，以压缩需求的方式为通货膨胀降温。到2023年二季度，美国、澳大利亚等国才逐步走出加息周期，在该周期中，美联储加息行为对全球经济的影响最大，这种影响将在一段时间内继续存在。在世界经济和各国政策不确定因素的影响下，投资者避险情绪升温导致全球资本市场呈现出紧张态势。由于多国加息幅度不如美国，从而引发美元回流，全球流动性紧缩，金融货币收紧和本币贬值使得部分新兴市场国家面临债务困境。对消费者和企业而言，飙升的通货膨胀率极大降低了消费者的购买力并损害了企业的商业信心，经济下行趋势已初步显露。

二是欧盟作为世界经济一极停滞趋势可能会加剧。 从总体来看，由于受东欧地缘冲突影响，在能源供应紧张的情况下，欧洲经济表现更加疲软，英国经济在2022年就已陷入衰退，2023年欧洲能源供给、欧元区与英国的通货膨胀压力将持续存在。此外，欧洲地区经济本身就长期处于低迷状态，而地缘冲突造成的能源危机又导致生产经营活动继续萎靡，商业活动持续低迷，欧洲企业与民众的信心短期内难以修复。面对高昂的能源成本和欧洲央行持续的加息动作，欧洲制造业的压力不断加大。一部分企业被迫大规模停产、减产，以应对能源危机和响应政府的节能政策。另一部分企业则选择转移生产场所，寻求安全稳定的供应链环境，开始加大对美国和亚洲的投资规模。

三是全球通货膨胀降温、恢复经济将会是一个缓慢的过程。 面对全球经济史上少有的大规模通货膨胀，其"降温"和恢复势必需要较长周期。除少数能源和粮食安全边际较高的制造业国家、部分长期陷入通货缩减的国家，以及一些大宗商品供应国外，其余国家都面临着较大的通货膨胀压力。从目前发展趋势来看，即使全球大宗商品价格已经明显回落，但全球长期通货膨胀中枢的抬升不可逆转，疫情之前中速增长与温和通货膨胀的"大缓和"时代短期内已经难以重现了。

第二节
技术变革驱动全球产业变革

技术革新的蝴蝶效应，往往是超乎想象的。历史上每次科技领域的新发现、新突破，势必引发传统产业的升级换代和新兴产业的蓬勃兴起，从而实现社会生产力的周期性、跨越式发展。

如果说蒸汽机驱动的机械化、电力和钢铁驱动的重工业化、流水线制造驱动的大规模标准化生产、数控技术驱动的柔性制造代表了前几次工业革命的主导技术范式，智能化、网络化、数字化技术的加速突破和应用则是当前蓬勃发展的新一轮工业革命的核心动力。智能技术和数字技术的连锁突破和大规模应用，不仅正在或将要催生一批新的先导产业，而且将与传统技术和产品融合，从根本上改变传统产业的技术基础、组织模式和商业形态，从而最终促进全球经济结构和发展方式的深刻变革及经济增长潜力的充分释放。

一、不仅仅是"技术"的意义

新技术变革对推动全球经济社会发展模式演进、拉动世界经济走出困境等方面有着重要的意义。尤其是对中国而言，本次产业变革为中国产业转型升级、社会经济发展带来了机遇，更是决定中国在大国博弈中能否掌握产业优势的重要考验。

从科技给发展模式带来的变革来看，近些年科技创新广度快速加大，深度显著加深，速度明显加快，精度进一步加强。以人工智能、量子信息、移动通信、物联网、区块链为代表的新一代信息技术加速突破应用，以合成生物学、基因编辑、脑科学、再生医学等为代表的生命科学领域孕育新的变革，融合机器人、数字化、新材料的先进制造技术正在加速推进制造业向智能化、服务化、绿色化转型，以清洁、高效、可持续为目标的能源技术加速发展将引发全球能源变革，空间和海洋技术正在拓展人类生存发展的新疆域。

从科技对世界经济的拉动作用来看，世界经济的行稳致远需要科技创新提供动力源泉。从过去多轮产业革命中可以看出，世界经济长远发展的动力源自科技创新。体制机制变革释放出的活力和创造力，科技进步造就的新产业和新产品，是经历历次重大危机后世界经济走出困境、实现复苏的根本。尤其是联系当下，世界经济走出泥潭的趋势和动力持续表现出不乐观、不确定性和风险上升，各国经济都面临艰难的"障碍赛"。要跨越种种发展障碍，必须向科技创新要答案。

对中国而言，当今我们所处的世界是一个大发展、大变革、大调整的时代，人类社会充满希望，以数字化、绿色化、智能化为代表的新技术机遇层出不穷。全球科技发展60年周期循环往复，以信息技术为代表的新一轮科技革命正在蓬勃推进，尤其是全球政治、经济、科技结合日益紧密，错综交织。科技作为人类社会发展的原动力，正在以前所未有的动力驱动全球产业变革，进一步塑造和影响全球的产业布局、政治经济格局。哪个国家能够抓住技术变革的机遇，这个国家就能在未来几十年的全球产业链条和产业布局中占据高端地位，掌握优势资源。

总体来看，新产业变革本质上是新科技革命的结果。科技发展的方向通常会受到多重因素影响，一方面会受到人类好奇心和科技发展惯性等内在动力的影响，另一方面也会受到与经济、安全紧密相关的社会需求和投入因素的影响。

从时间周期来看，第二次科技革命和第二次产业变革爆发以来，从科学革命、技术革命到产业革命的时间越来越短。从特色来看，无论是重大科学发现和技术演进趋势，还是人类共同面临的可持续发展需求，快速发展中的新产业变革的爆发和扩散都将更注重多重技术的交叉融合。从影响力来看，目前最有可能催生新产业革命的几大科技领域，已经呈现出技术之间具备广泛关联性和全局性的趋势。从所处阶段来看，创造对人类社会生产生活的方方面面产生深刻、持续影响的重大科技突破和发明应用，可能还需要一段时间的积累。从总体展望来看，快速发展中的新产业变革将有可能从根本上改变技术路径、产品形态、产业模式，推动产业生态和经济格局的重大深刻调整，相比历次产业革命对制度的要求也将更为苛刻，更有可能率先发生在具备良好制度条件的国家和地区。

二、与之前可能有所不同

从科技史角度看，新一轮产业技术革命被认为是第四次产业技术变革。早期一些研究者认为，这次技术革命是一次单纯以新一代信息技术为标志的大变革。但随着近年来科技与产业融合发展趋势的愈发明朗，我们可以清晰地看到，此次变革涉及的技术领域之多是前所未有的，创新更是全方位的。

受制于当时科技发展水平和阶段，前三次产业技术革命的科技创新内容相对比较单一。如第一次产业技术革命以蒸汽机的发明为标志，主要由英国引领，表现为以机械动力替代人力、畜力，带来了大规模的工厂化生产，引发了纺织业的机械化和冶金工业的变革。第二次产业技术革命以内燃机和电力技术的发明和应用为主要标志，主要由美国和德国引领，以电力为动力实现了生产生活的电气化，催生出汽车制造业和石化工业，推动了铁路运输业、造船工业等领域的创新发展。第三次产业技术革命是信息技术革命，以电子计算机技术的发展和应用为标志，继续由美国引领，实现了生产生活的自动化、信息化和管理的现代化。而第四次产业技术革命则是一次综合性的革命，基因技术、量子信息技术、新材料技术、新能源技术、虚拟现实等都实现了全面迸发，推动了生产生活系统的全面智能化，使经济社会发展方式产生了快速的、智能的、融合性的变革。

以生物技术、新能源技术、新材料技术为例，重组 DNA 技术开始在医学上的基因治疗、药学上的疫苗生产、农学上的生物育种等方面被普遍应用。光伏技术围绕转化效率提升跨过了铝背场（BSF）电池片技术和 PERC 电池片技术，即将进入 N 型电池技术规模化普及的新阶段，技术变革将助力碳达峰、碳中和的加快到来。而碳纤维和以碳纤维为基体的复合材料领域的技术探索，正在逐步满足航空航天、清洁能源、智能装备等诸多领域长期以来梦寐以求的产品结构轻量化和高强度特性。

此外，我们也应该认识到，目前产业技术革命所发展、应用的多种新技术对人类的影响具有系统性、整体性。信息技术、生物技术、新材料技术、新能源技术等应用广泛推动了各新兴技术间的高度融合、相互渗透，形成了一个完整的技术系统，对人类社会改造有同步性、系统性和整体性特点。以被誉为人工智能终极形态的人形机器人为例，除了基于人工智能技术的人机交互等功能，在材料方面，人形机器人相较于工业机器人，通常需要密度更小的金属材料及碳纤维复合材料；在能源技术方面，人形机器人为满足其在不同场景的工作需求，需要在自动补能等方面有所创新；在电子元器方面，人形机器人对外界信息感知的核心就是依靠更高敏感度、更多类别的传感器。

三、我们的机遇和挑战

从产业变革的历史来看，新一轮技术革命和产业变革对经济发展的影响，本质上是"三个替代"的过程，即新生产要素替代旧生产要素、新生产方式替代旧生产方式、新动能替代旧动能。中国目前所面临的经济现状包括劳动力要素逐步丧失价格优势、传统经济发展方式面临瓶颈、旧业态无法支撑经济继续增长等问题，新一轮科技革命和产业变革将在转变经济发展方式、优化经济结构、转换增长动力上提供机遇。

从传统发展方式转型升级来看，新科技革命和产业变革将改造传统生产模式和服务业态，推动传统生产方式和商业模式变革，促进工业和服务业融合发展。一方面，推动传统产业转型升级。新一代信息技术和智能制造技术融入传统制造业的产品研发、设计、制造过程，将推动我国传统制造业由大批量标准化生产转变为以互联网为支撑的智能化、个性化定制生产，大幅提升传统产业发展能级和发展空间；新能源技术广泛应用于传统产业，将直接降低传统产业能耗水平。另一方面，促进制造业、服务业融合发展。新一代信息技术、智能制造技术等全面嵌入到制造业和服务业领域，将打破我国传统封闭式的制造流程和服务业业态，促进制造业和服务业在产业链上的融合。随着产业高度融合、产业边界逐渐模糊，新技术、新产品、新业态、新模式将不断涌现，现代产业体系还将加速重构。

从发展新动能挖掘来看，新技术及其广泛应用将促进生产效率提高，直接提升我国潜在经济增长率，而新技术的产业化和商业化则将打造出新的业务部门和新的主导产业，催生新的经济增长点。一方面，提升潜在经济增长率。新一代信息技术、智能制造技术等突破应用，将改造传统的资源配置和生产组织方式，促进全社会资源配置效率提高；智能机器人等广泛应用将替代低技能劳动、简单重复劳动，将缓解劳动力紧缺现状并提高劳动生产率。另一方面，形成新的经济增长点。随着新技术在生物、新能源、新材料、智能制造等领域取得突破，将催生出具有关联性强和发展前景广阔的生物、新能源、新材料、智能制造等产业，尤其是依托我国纵深多样、潜力巨大的国内市场需求，必将发展成为我国产业重要的新增长点。

机会之后也暗存一些隐忧，尤其是颠覆性技术的突破应用将促使全球价值链出现分解、融合和创新，对我国的比较优势、要素供给、制度供给等形成重大影响。一方面，有可能造成传统比较优势削弱，需要寻求新的比较优势。颠覆性技术的广泛应用将打破原有的规模化、标准化生产模式，推动全球从产业链式分工转向产业网络式分工，劳动等要素低成本比较优势和传统加工制造环节的重要性将降低，创新要素和研发设计活动在国际竞争中的重要性强化，而中长期内我国创新优势的培育却面临较大的国内外压力。另一方面，有可能造成生产要素供需结构失衡问题。由于我国人才结构的适应性、教育体系的前瞻性等不足，劳动者或将难以与信息人才、数字人才、智能人才的需求相匹配，可能出现结构性失业问题。新科技产业革命对传统的钢筋混凝土型物质资本需求降低，而对数据、知识等无形资本的需求加速上升，或将出现资本供需结构性失衡。此外，有可能使得制度供需结构矛盾更加凸显。新科技产业变革将摧毁旧生产力与旧生产关系，将加剧我国现行教育、科技、就业、社保、法律法规等传统制度体系与新的生产力之间的矛盾，原来瞄准发达国家的体制改革路线也不再适用。新科技产业革命突破式技术变革特征，还将激化我国传统产业政策与新科技产业发展之间的矛盾。

第三节
数字化发展是当下最大的共识

新技术变革一方面要起到提升社会生产效率的作用，另一方面要满足提升人类生活质量的愿望。判断本次产业变革的发展路径与方向，需要从两个角度来看：一是随着新一代数字技术的广泛应用，世界各国经济社会发展开始锚定数字化转型的目标不断深化；二是全球主要经济体达成了以应对气候变化为目标的全球倡议与行动，推动绿色低碳转型加速发展成为主流共识。

要想把握大发展、大转型中的机会，跳出技术层面，从宏观上认清当下和未来发展范式转型的社会和历史背景是极其必要的。本节将从数字化发展的基本现状、社会趋势等方面进行论述。

一、数字化改变了世界

数字经济发展日新月异，正深刻重塑世界经济和人类社会面貌。对于全社会的生产生活等诸多方面而言，数字化转型已不仅仅是一种单纯的技术变革，更是一场认知与思维革命，给人们的生活方式、学习惯式和思维模式带来了巨大而深刻的影响，尤其是新一代数字技术迭代速度之快、融合度之高、渗透力之强、影响面之广，已经深刻影响并将继续影响全社会的运行服务机制和人类的生产生活方式。

以网络技术带来的变革为例，我们已经经历和正在经历从PC互联到移动互联的跨越，目前正处于万物互联的快速推进阶段。经过几十年的发展与竞争，我们可以客观地说，数字化时代已经到来。

生活上，数字技术推动了人们生活方式的深刻变化，快速智能化的各类终端变成了数据产生、数据接收、数据传输甚至数据计算的载体，改变了人们获取信息、利用信息的能力，数字货币、社交电商、智能家电等网络技术的体验方式改变了全社会的消费模式和生活方式。

生产上，核心生产要素、工业制造模式的变革带动着生产方式出现革命性变化，数据成为新的重要的生产要素，数字经济与实体经济融合的技术领域成为新的热点。得益于数字技术赋能，智能制造、服务型制造、数字贸易等新的生产方式或贸易活动一方面提升了生产交易效率，另一方面增强了生产柔性。

国际竞争上，数字技术革命推动了国际竞争范式的深刻变革，数字经济发展水平很大程度上决定着一国的国际竞争力。

二、如何用数字化治理这个世界

数字技术的发展促进了国家治理体系和治理方式迈向现代化，数字技术的运用使政府在治理理念、平台、流程、标准等方面发生了深刻变革。近年来，地方的营商环境优化，各类"一网通办"等管理方式已经成为标准配置，智慧城市大数据平台极大地提升了公安应急等方面的效率，产业数据监测服务平台使区域内产业的活跃现状与活力变化趋势等信息呈现更加及时、精准。

当公共领域的数字化管理服务手段、平台出现在形形色色的领域，关于如何构建数字化治理体系的思考就随之而来。数字化治理体系的建设与成熟是一个社会具备现代化治理能力的重要体现。

任何数字化的体系中，数据都是核心驱动要素。公共数据资源是数字化治理的关键要素，新信息技术是数字化治理的主要工具，多主体协同是数字化治理的核心特征。数字化治理体系建设需要以完备的信息数据库为要素基座，加强政务服务业务联通枢纽建设，强化数字化政府客户端的服务效能。当下，对数字化治理路径的思考主要可以归纳为三个维度。

一是数字化治理为公共管理提升效率。社会和公共管理的主流观点认为，政府机构借助信息技术等丰富的社会治理手段，能够有效提升公共服务效率。对公共管理体系内部而言，数字化治理手段的不断丰富能够极大地提升各公共管理主体之间的信息数据交互效率，"最多跑一次"等实践探索都得益于各部门之间的信息数据共享与互动。对被管理的社会主体而言，数字化政务服务会极大地减轻社会公众和市场主体获取政务服务的各类成本，如疫情期间快速普及的"不见面审批"等治理手段即为生动的实践。

二是数字化治理为协同治理提供方法。起源于韦伯式科层制的政府组织经过漫长的演变和本地化，各层级部门的分工细化逐步明晰。需要承认的是，这种分工细化虽然在较大程度上捋顺了各部门职责，在现实实践中以目标责任引导的方式强化了政务职能，但也普遍存在行政效率水平普遍较低等问题。数字化治理体系的形成与完善，一方面能够实现管理层级的缩小和管理幅度的扩大，有利于提升管理效率；另一方面能够加强部门之间的协同与合作，在一定程度上打破了科层壁垒。数字化协同治理指的是相关治理主体依托数字信息技术，实现更高水平的沟通和协作，进而有效提升协同治理的效能。

三是数字化治理为公众参与提供手段。公众参与理论视角下的数字化治理，其核心表征之一在于社会公民与政府管理主体之间的交互渠道、过程和效果。公民是社会治理对象的基本单元和重要组成，公民意见发起与反馈渠道的建设和通畅能够极大地提升治理绩效。相对于传统的社会治理参与方式，数字化治理体系中的社会公众参与有着与众不同的特点。一方面，数字信息技术有效提升了治理参与的便捷度，降低了公众参与的成本。网上政务服务平台、12345政务服务便民热线、政务微博、公众留言板、政务应用程序、网上信访等信息化、数字化参与手段，有效拓宽了公民参与公共事务的渠道，降低了公共事务的参与成本，有效激发了公众参与的活力。另一方面，数字化治理下，公众参与敦促政府部门提升透明度和管理效能。公众参与给政府的信息公开提出了新的要求，互联网舆论也在一定程度上要求公共部门提升回应效率。

三、如何治理这个数字化的世界

治理体系总是滞后于社会产物的诞生和发展。经过数十年的发展，我们的世界已经变成了数字化的世界。与此同时，我们必须认识到数字化在不断释放技术红利的同时，也衍生出一系列问题，其社会风险逐步凸显。这些风险既体现在社会伦理方面，又体现在合规合法方面，更有一部分安全性风险已经层出不穷地暴露出来。从这个角度来看，如何治理这个数字化的世界已经不仅仅是一个技术问题或者社会问题，更关乎全世界、全人类目前所处的数字化经济范式能否健康、持久。因此，要全面认识数字化社会中的各种风险问题，探索如何规避、治理这些问题，本质上是为数字化经济的进一步发展提供各类保障。数字化社会中的风险问题大致可以归纳为以下三个方面。

一是社会伦理方面。数字技术的发展和应用，使得各种数字技术衍生物贴近人的物质环境和精神环境，从而易使人形成习惯性、趋向性依赖。在帮助人、物和组织积极传递信息的同时，数字技术带来的诸如明星"换脸"等一些伦理性风险问题也时常成为社会、学术界、法律界讨论的热点问题。如电影《流浪地球2》中，在基于大数据、人工智能技术进行模型建构、分析决策的过程中所展现出的克服和超越人性弱点的特性，是否会使个人在严密的数据逻辑分析和决策面前迷失自我决定的方向和能力，从而导致人类愈发依赖技术，享受其便利的同时沦为受技术控制的"奴隶"？又如，由于各类智能设备、信息采集终端分布密度的大幅度提高，人类生活轨迹、信息搜集、性格特征等非标准化信息几乎全部暴露在海量数据库与大模型的视野和控制之下，此时如何提前谋划规避风险的手段，又如何为数字技术设定发展和应用的伦理及法律边界？针对以上问题，依据社会道德导向做出相对公允的价值判断和选择，通过完善法律规范体系防范和规范社会秩序和个人行为，是眼下较为重要的任务。

二是技术合法方面。数字技术对社会整体运转、公民生活工作的全方位介入，一方面带来了便利性和使用惯性，另一方面使社会公民在被动同意接受技术服务的同时，存在基本社会自由和权益被数字技术限制或剥夺的技术性风险。如各种智能终端利用技术系统无限制地收集公民个人的基本信息和隐私信息，甚至以提供服务裹挟公民必须同意明显不合理的"隐私条款"，从事实上侵害了公民的隐私权及有关信息权益。数字技术无约束地介入人类生活，极可能面临一定的合法性风险。

三是应用安全方面。数字化的社会，本质上已成为一张以技术为架构、以信息为流量、以人为节点的现代网络，数字技术的普及和平权化使得每一个个体都被包裹在这张无形的巨网之中，成为其不可分割的一部分。基于数字技术，个人的衣食住行等日常生活和社交行为日益暴露在公众视野中。遥感通信技术、大数据、云计算等数字技术的应用和推广，可能使个人的身份、位置、行为等信息被置于风险之中。人们在享受数字技术为人类生活带来便捷的同时，也可能受到数字技术的困扰。比如，在日常生活中，数字暴力、数字侵权时有发生，一些人对数字技术的负面情绪也在逐渐增多。又如，面对被违规收集的海量个人敏感性数据这样的安全性风险，是否有应对各类技术场景的法律规范和细则？相关企业或机构能否对公共敏感数据进行严格的物理、逻辑和权限隔离？

针对上述三个风险点，要治理这个数字化的世界，规避数字化可能给全社会运行带来的各种问题和风险，从本质上说就是要通过一系列完善的体制机制，保障数字空间的数字权利，完善数字空间的社会治理，明确数字技术发展的人权标准，以实现数字技术的良性发展。针对这个问题，我们可以尝试从以下三个角度来思考和探索。

一是数字权利保障体系的探索。数字化社会体系中，各组织和个人的众多权利的正常行使都与数字技术和数字技术上的海量信息高度相关，这些权利包括且不限于上文提到的公众参与社会治理的方方面面，此类权利得以被保障的基础之一就是建立数字权利保障体系。建立数字权利保障体系，一方面能够维护数字人格、数字尊严、数字正义、数字财产不受任何企业、他人和组织的无理侵犯，另一方面也能够为数字社会的有序建设、数字经济的健康发展提供体系化的保障。这方面的探索包括且不限于以下几个方面：强化数字化社会环境建设，为更广泛的人群提供普遍化的数字产品、数字服务；培育数字平权、数字正义的数字化社会基本理念；加强公民基本数字权利保护意识，畅通数字权利的维权渠道。

二是数字空间社会治理的探索。 社会治理通常基于法律的制定和执行。目前，《中华人民共和国民法典》《中华人民共和国网络安全法》《中华人民共和国电子商务法》《中华人民共和国个人信息保护法》等法律法规和政策都对保障公民的隐私权、个人信息权益等作出了要求。但数字技术发展和治理问题出现的速度远快于法律界发现问题、讨论问题、总结问题、完成立法、宣贯法条的速度。此外，现有法律能够覆盖的一些问题，在具体操作层面也面临着网络安全责任规范体系不够健全、各方主体责任不够明晰等问题。该方面的探索一般包括且不限于以下几个方面：深入推行网络"实名制"，规范网络安全等级保护制度；通过关键信息基础设施保障体系的建设和规范，提升网络安全态势感知能力；完善数据分类识别和管理体系，规范数据获取、存储、传输、使用、共享、销毁等全生命周期公共管理等。

三是数字技术发展应用导向的探索。 伴随数字技术的发展而诞生的问题总是快速且海量的，因此"补窟窿"只是一种被动的应对方式。全社会还应该思考的是，能否探索和总结一种引导范式，在数字技术发展或应用的酝酿阶段为其提供一种良性的应用方向引导，用以保障数字技术沿着服务并造福于人类社会的方向发展，降低数字技术的发展给人类社会生活带来的负面影响。这就要求业界乃至全社会能够在一个更宽广的视野下以更长远的眼光来看待数字科技的发展，提前研究、谋划技术发展的规则框架和主干赛道，如强化数字技术发展领域的道德伦理探索，利用道德手段弥补法律法规作为一般性、回应性工具的先天缺陷，完善前瞻引导；加快推进技术风险研究向法律法规转化，引导布局数字技术发展边界的形成等。

第四节
绿色是未来发展最确定的底色

从历史经验来看，重大科技革命和产业变革是推动国际格局大调整的重要因素，一个国家如果能够把握由此产生的战略机遇，就能脱颖而出；反之，则可能落伍。因此，美国、欧洲等主要经济体都早先提出信息技术和环境领域的发展目标，打出"碳中和""数字战略"等口号，希望牢牢把握数字化与绿色化两大转型蕴含的战略机遇，以结果导向指引本国产业发展的方向，鼓励本国企业占领产业转型升级的先手棋。本节将对当下绿色化发展的宏观背景和社会趋势进行介绍。

一、为什么倡导绿色和生态

从客观背景来看，发轫于18世纪的工业革命不仅给西方发达国家带来了财富的迅速积累，同时也给人类赖以生存的生态环境带来深重的灾难，大气、水、土壤等方面的污染公害事件频发。20世纪60年代，英、德、法等国开始掀起绿色与环保运动。随后各国纷纷立法，加大环境治理力度，不断提升环境质量。

近些年，基于煤炭、石油等化石燃料排放的温室气体逐步成为人类发展的又一大威胁。人类活动产生的温室气体排放成为引发全球气候变暖的主要原因，随着排放量不断累积，海平面上升，热浪、野火及低温等极端气候事件发生的频度和强度不断增加。在此背景下，全球气候问题成为各国之间合作的核心议题之一。

面对全球气候变化的挑战，没有任何国家可以置身事外，加强国际合作是应对气候变化的唯一正确选择。尤其是发达国家对于全球气候变暖负有更多的、不可推卸的责任。对发达国家而言，其必须承认历史排放责任和现实排放责任，履行共同但有区别的责任。对新兴发展中国家而言，则需要发挥其在新能源等领域的发展基础，共享现代化建设中的绿色发展经验，推动全球气候合作。

从我国发展战略来看，加快发展方式的绿色转型既是在构建人类命运共同体中体现大国担当，也是推动高质量发展的必然要求。推进美丽中国建设，就需要加快发展方式的绿色转型。推动高质量发展过程，也是统筹好经济社会发展和生态环境保护之间的关系，走绿色发展之路的过程。党的二十大报告指出："推动经济社会发展绿色化、低碳化是实现高质量发展的关键环节。"这是基于中国式现代化根本要求，以及加快发展方式绿色转型所作出的重大判断和战略部署。高质量发展是体现新发展理念的发展，是使绿色发展成为普遍形态的发展。

从我国发展实践来看，近些年我国发展方式绿色转型取得了一定的成绩。一方面，绿色转型正在深刻改变以要素低成本优势为特征的传统生产方式，推动产业高端化、智能化、绿色化，形成了许多新的增长点。例如，人工智能、大数据、区块链、量子通信等新兴技术加快应用，智能终端、远程医疗、在线教育等新产品、新业态培育形成，风电、光伏发电等可再生能源产业发展迅速。另一方面，我国传统产业转型升级需求和绿色消费需求正在催生巨大的绿色市场，各类生产更加注重以优质资源性投入产出更高质量、更具多元价值的产品。

总体来看，在全球经济下行压力骤增，我国产业转型升级需求紧迫的背景下，将绿色发展新范式作为引导和推动我国产业转型与升级的重要方向，已经成为各界的基本共识。事实上，可再生能源的开发和利用、绿色环保技术升级、数字经济和科技创新这些关键因素已经或即将成为推动我国经济转型与增长的关键引擎，将助力我国实现可持续发展的目标。

二、用技术改变能源结构

我国的能源体系本质上是一个高碳、高煤的系统，相当长的一段时间内，化石能源占据我国能源消费的 80% 以上，这是基于我国自身的能源资源禀赋决定的。近年来，我国一直致力于调整能源结构，目标是提升清洁能源消费比重，降低煤炭消费比重。根据国务院新闻办公室发布的《新时代的中国绿色发展》中的相关数据，截至 2021 年底，我国清洁能源消费比重已经从 2012 年的 14.5% 提升到了 25.5%，煤炭消费比重从 2012 年的 68.5% 下降至 56%，能源结构的绿色低碳转型正在稳步推进。

但客观来看，我国以煤炭为主的能源结构尚未发生根本性变化，一方面，这是由于自身能源资源禀赋无法改变；另一方面，基础设施的锁定效应也决定了短期内我国的能源消费很难产生结构性颠覆。而碳中和目标的提出，需要在有限的时间内对现有的能源生产和消费结构进行调整和优化，这就要求我们安全有序地推动能源技术革命，推进能源技术与现代信息、先进制造、新材料技术深度融合，加快构建清洁低碳、安全高效的能源体系。要想达到这个目标，可以从以下两方面着手。

一是对工业能耗进行低碳化改造。工业企业是能源消耗大户，单位产值工业能耗的降低对双碳目标的达成具有重要意义。近几年，各主要工业行业都围绕节能减排、绿色低碳高质量发展推动相关工业节能工程，如耗能大户钢铁行业，正在持续推进产能置换、超低排放和极致能效三大改造工程。这些工程各有侧重，但低碳化改造的首要任务，还应落脚在大力削减煤炭在工业领域的使用规模、降低在一次能源和终端能源消费中的使用比重上。

要实现比重降低，难以依靠行政力量一压了之。由于削减煤炭使用规模并非易事，长期使用煤炭所积淀下来的设施设备较难在短期内彻底更换，煤炭在实际中仍然较非化石能源更具备经济性，因此，短期内应着眼于提升煤炭的使用效率，对于高耗能、高排放的行业，除传统的关停并转外，还要增加对碳捕集技术及负排放技术的投入。如电力行业通过增加CCUS设施，捕集发电过程中的二氧化碳，并在后端应用到驱油或再产业化上等。这些问题的解决都需要依赖于各种节能技术工程化应用、工业流程系统优化、工业数据采集、智能化生产决策等系统性的技术创新。

二是推动能源供给结构调整。 能源供给结构调整的最终目标是通过低排放或无排放技术实现能源供给的"清洁化""脱碳化"。目前，达成这个目标的路径是大力发展清洁能源。近几年，我国在大力挖掘水电资源的同时，"风光电"发电装机量一再提高。截至2021年底，我国可再生能源发电装机突破10亿千瓦，占总发电装机容量的44.8%，其中水电、风电、光伏发电装机均超过3亿千瓦，也都位居世界第一。

从长远来看，推动能源供给结构调整的具体路径至少可以分为中期和远期两个阶段。中期主要以天然气化、电网绿色化为特点，在市政、发电、部分工业企业等场景推进天然气清洁能源替代，扩大天然气利用规模，使其成为替代煤炭的重要能源；在电网绿色化方面，则可以通过加大储能技术、超导技术、制氢技术、碳捕集技术等应用，增加核电、非化石能源和可再生能源发电比重。远期则以"清洁化""脱碳化"为主要方向，通过核电、太阳能、风能等可再生能源的进一步规模化应用，拉低其边际使用成本，以成本优势促进能源供给逐步"脱碳"。

总体来看，目前业界推动"双碳"目标达成的技术路线主要是增加对风能、太阳能、潮汐能及核能、氢能等的开发利用，逐步增加其在能源供给结构中的比重。但是，这些技术受制于技术进步速度等众多因素，如在当前储能技术还没有取得重大突破的情况下，煤电调峰依然是弥补风能和太阳能等间歇性能源的主要选择，这些问题将会在较长一段时间内伴随我国能源结构的低碳转型。但我们依然相信，未来的技术创新和技术融合将不断涌现，成为推动"双碳"目标实现的关键因素。

三、以绿色化推动产业升级

除促进能源结构转型外,绿色化转型对一国经济和社会发展方式带来的最大推动应当是脱离传统发展路径、依靠创新推动产业转型升级。在绿色发展成为各界对未来发展范式的共识后,顺应新一轮科技革命的趋势,抓住绿色变革的机遇,依靠科技创新支撑产业优化升级是践行绿色发展的必然道路。

长期以来,我国一些地区和行业在转变发展方式的过程中,依然走重化工业和低端制造业的老路,结果依然是高投入、高消耗和低附加值、低效率。而绿色发展对我国技术创新、资源利用、要素配置、生产方式和组织管理带来的深刻变革,能够有效提高资源和能源利用效率,提高技术水平和劳动生产率。未来,绿色低碳不仅是产业转型发展的技术方向,也势必会催生一个又一个新的行业。过去几年,新能源汽车、太阳能电池、光伏新材料等在推动我国经济增长和产业升级方面发挥了重大作用,这也是中国经济转型的重大信号。从长远来看,集成电路、大数据、人工智能、互联网、电动车、储能、生物技术等技术的快速演进,将支撑中国形成一系列蓬勃发展的新产业。

以光伏产业为例,紧抓绿色化转型发展机遇,通过政策引导提升国内光伏发电装机容量,利用国内市场竞争倒逼行业研发升级,以技术和规模化拉低边际成本,培育出了一个行业和一条先进且强大的产业链,实现了产业升级。回头看去,从 2005 年无锡尚德成为中国第一家在美国主板上市的光伏企业,到 2012 年席卷全中国的浪潮让 90% 以上的光伏企业倒下,再到十年后中国光伏产品产量和产能达到世界的 95%,这看似戏剧性又存在必然性的波折正是以绿色化推动产业升级的生动实践。

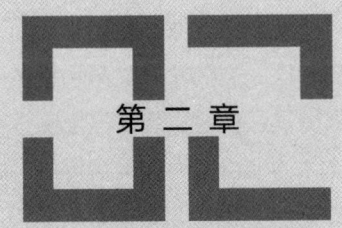

第二章

全球价值链重构

每一次价值链重构,都是一种经济形态的毁灭和新生。

——郭鑫记

全球经济合作的主要表征在于全球生产合作和贸易往来。近年来，世界贸易格局的快速演变和全球生产分节化和区域化的逐步深入，使得产业和经贸领域的政策研究者、制定者希望寻找一种全新的经济及统计框架，并以此来代替基于最终品贸易的传统贸易模型。基于这种需求，面向全球价值链领域的研究逐步成为热点。但在相当长一段时间内，全球价值链研究主要面对的细分方向集中在供应链与物流管理、全球价值链治理、经济发展及基于管理科学的理论和定量方法辅助企业决策等领域。近年来，从经济学和统计学角度进行全球价值链的定量化研究开始逐步兴起，展现出强劲的理论张力和实用价值，并带动全球价值链研究向基于经济学和统计学的定量及宏观分析层面拓展。

随着信息技术的不断发展，各种新产业、新业态的逐渐迸发，围绕信息技术构建的数字经济体系开始广泛影响传统经济模式。数字经济条件下，商业活动的各个参与方比以往更紧密地参与到价值创造中，过去相对独立的各个环节相互连接，商业活动和商业系统比以往更复杂了。与之相对应，整个经济贸易行为体系中的各个角色间的交往更加频繁、联系形式更加多样、利益分配逻辑更加复杂，日益繁复的相互交织完全改变了工业时代的简单联系，形成了许多基于全球价值链的新的形态。研究者、实践者们从不同角度对这些形态进行阐述，形成了各种新的理论。

第一节
价值链向价值网络转变

价值链理论、价值网络理论、价值生态理论……近年来，各种不同的有关产业经济的新兴理论被提出并不断发展完善。本节将重点研究和阐述价值链和价值网络理论，这是因为在基于价值链的量化分析后，价值网络是一种能够通过数据和模型来开展量化研究，且能够对目前全球产业价值链条之间的缠抱关系进行特征描述的理论名词。

一、首尾不相见的价值链两端

价值链是什么？要想回答这个问题，需要先从实践角度来观察一个产品的前世今生。在工业时代到来之后，直到数字经济时代来临之前，一个工业产品从需求确认、研发设计、生产制造到运输销售，是一个完整的线性流程，这个流程中的每一个环节所承担的分工是明确的，输出是标准化的。首先，由市场部门面向潜在用户开展市场需求调研，并将调研后形成的具体需求转移到研发设计部门；其次，产品完成设计后将转移给制造部门进行中试或小批量生产，通过试生产后，产品进入量产阶段；最后，通过运输、销售环节，产品将交到最终的消费者即客户手中。这条清晰的链路是一条不可逆的、首尾不相见的链条，像是"君住长江头，我住长江尾"，虽然共饮长江水，但"日日思君不见君"。

根据价值链理论，企业的经营活动可以根据其对企业经营价值的影响分成若干个小的活动，它们被称为价值活动。企业所创造的价值是由其产品或服务的购买者愿意支付的价钱多少来衡量的。企业之所以盈利，是因为企业创造的价值超过了企业从事该价值活动所支付的成本。企业要取得竞争优势，超过竞争对手，就必须做到以更低的成本从事价值创造活动，或者从事的经营活动会导致差异性的结果，抑或创造更多的价值，从价值的提高中取得更多的盈利。

上述基础工业品生产流程示例中的价值链，本质上是企业进行的一系列符合特定模式的活动。或者说，价值链是企业生产的产品或服务增值的环节或链条，价值链中的每项活动都增加了产品或服务的价值。

价值链的形成一般具有几点标准。一是企业各项活动之间都有密切联系，如原材料供应的计划性、及时性和协调性与企业的生产制造有密切的联系。二是每项活动都能给企业带来有形或无形的价值，如售后服务这项活动，企业如果密切注意用户所需或做好售后服务，就可以提高信誉，从而带来无形价值。三是价值链不仅包括企业内部的各链式活动，还包括企业外部活动，如与供应商之间的关系、与用户之间的关系。

二、价值链的不同视角

在逻辑视角上,价值链可以分为三种描述。从企业内部来看,价值链所描述的是各部门单元之间构成的价值关系,是服务产品全生命周期的各种活动集合。从上下游产业链来看,价值链所描述的则是各环节企业与企业之间在生产流通环节产生的价值关系。而价值链与价值链间的实力对抗,已成为当今全球市场竞争的主流。从全球分工来看,全球价值链所描述的是当产品或服务的价值创造活动已经突破了地域限制,实现了全球范围内的分工,企业根据自身资源和能力嵌入到价值链的某一环节,同时为了不断强化和提升竞争优势而进行战略调整的过程。

在研究视角上,价值链一般有两个角度,这两个角度的视角不同、所处的层面不同,进行研究的目标也不同。一个是宏观层面,称为系统价值链,这类价值链研究主要从产业经济层面对世界各国在全球链条中的位置和价值分配展开研究,主要目的是为政府提供产业经济政策建议。全球范围内的产业链转移问题是近年来此领域研究中的热点。另一个是微观层面,称为企业价值链,这类价值链研究通常是基于管理科学的角度展开的研究,主要目的是通过管理学的量化研究为企业在降低成本等方面提供决策建议,如企业由重资产向轻资产转型、自由产能的跨地区迁移等方面的建议。

虽然视角众多,但全球价值链研究的落脚点和本质都是产业环节。对企业而言,产业环节的微观研究能够帮助企业优化组织结构和资源调度倾斜机制,宏观研究则能够帮助企业在全世界范围内思考和迁移自己的环节定位。对各国而言,产业环节的微观研究能够判断本国产业在各产业链和价值链条中的控制能力,服务国内产业政策的制定;宏观研究则能够前瞻性地规划本国产业发展方向,考量国家在全球范围内的资源整合和外交方向决策。

三、"链"向"网络"的演进

从直观的图形角度来看,相对于单向度的"链条",网络最突出的特点是节点与节点之间的关系更为多样化,从"华山一条道"变成了"条条大路通罗马"。继续从图形角度来看,"链条"变成"网络"的关键要素是具备两种催化条件。

一是节点能力从单一走向多元化，孕育出网络核心。 从微观层面看，价值链条上的节点大部分是由企业所扮演的，在工业时代，企业在产业链条内部的分工主要是工业制成品设计、生产和销售流程中的固定环节。每一个企业只能在微笑曲线上充当一个点状角色。然而随着互联网的普及应用和信息技术对实体经济的加持，企业原有价值链上的各环节变得更加错综复杂。企业开始有能力基于价值创造和价值传递的过程探索，实现商业模式的创新，将"点状"能力扩展到"点群"能力，具有这种创新能力的企业最终会成为周边网络的核心，将业务模式转变为通过调动和整合网络中周边节点资源，提升自己收割其他普通节点剩余价值的能力。

二是网络技术的快速发展，不断提升协同效率。 价值网络的演化成型并非偶然，很大程度上得益于信息技术的推动。这个论断可以回答一个很现实的问题，即"为什么很多价值网络核心节点（或者称之为运营商）是新兴企业，而且其对外业务的开展往往都是借助网络通信技术来实现的"。通常这类核心节点企业要先创立或场景化一种技术基础，然后通过信息技术不断优化，最终实现资源调度能力的最大化和成本的最低化。这种技术基础大都建立在标准化的信息协议之上，标准化协议上营造的网络能够通过模块化、标准化的互联实现平行、动态和低成本的协同。

以小米公司为例，自诞生至今，小米一直号称自己不是一个手机厂商，而是一个"互联网企业"。这个定义和属性本质上就是否认自己只是价值链条上的一个只具有单一化能力的节点，即自己不是手机（移动终端）的制造商，而是一个网络的核心节点。事实上，从其后期业务开展模式及企业扩张战略来看，小米公司确实是如此执行的。此外，小米标榜自己是"互联网企业"，也正是因为其用户群体培育、产品线规划、产品设计、销售运营乃至供应链管理都是基于其内部的标准化技术接口，而其产品智能化方面更是依赖于自己标准化的网络协议。所以，从另一个角度来说，小米公司在创始初期就将自己的商业战略定位在了价值网络的航道之上，它相信只要顺从历史的趋势就能够取得一定意义上的成功。

根据上述分析不难发现，价值链理论是一种独立的产业逻辑思维，而价值网络理论则是基于并顺从网络技术经济的一种融合逻辑思维。从一台手机的设计制造和销售来看，传统价值链思维中，只有最终的组装销售部分是直接面向消费者的，为消费者所提供的价值也是相对单一的。而在价值网络中，任何节点和环境都会面对消费者，整个体系为消费者带来的价值也是综合和多元化的。其实，基于此，我们可以畅想：未来的价值模式，比如"价值共创"理论，是否真能普及到各类产品和商业模式中？我想，这是可以期待的。

当我们明确了价值链到价值网络形成的过程，我们就可以从逻辑特征角度归纳一下价值链和价值网络的区别。具体而言，可以从以下几点来进行思考。

一是效益取向有所不同。价值链是一种单一的纵向链条，链条中的关系是单一的同企业内部、上下游企业的单向度联系，联系的枢纽和目标导向都是围绕着产品，最终效益目标是尽可能地扩大本环节和全流程的利润。而价值网络则是一种网状生态圈，其价值联络不是单向度的，而是由多个经济部门形成网状价值联结。

二是关注重点有所不同。相较于价值链理论主要关注供应和制造环节，价值网络追求生态价值的放大，且能够让网络或网络周边节点实现多维度的联系。这方面的差异不仅仅是客观的理论描述，通常直接反映了企业自身的业务战略规划和管理优化目标设定。

三是价值认可有所不同。价值链是由实物产品主导的，因此企业价值认可的核心是有形的实物经济价值，如原材料、零部件供应。而价值网络更认可的是信息的流通，这些信息既包括价值网络核心节点企业所掌握的市场需求，也包括影响产品变现效率的网络流量。

本节的最后，我们可以从以下三个角度对价值链向价值网络的演进进行总结，让我们可以试图从历史化、全球化、技术化的视角去思考未来价值理论的动向。

一是产业要素流动。全球化作为驱动力，使资本、技术、产能等要素能够在全球市场中动态流动，实现一种平衡。这种平衡本质上是各类产业要素在全球价值链上再次优化配置的结果，改变了原有的生产、消费和管理模式，加速了企业融入全球价值链的进程。

二是产业网络整合。以国际化的经贸关系为牵引，产业网络也开始通过要素在世界范围内的重新配置而快速全球化，世界各国的地方产业网络通过全球价值链而被连接起来。产业网络连接的结果就是产业关系出现体系化的重构，最终被整合成为全球产业的价值网络。

三是产业领域融合。各地区产业网络的全球化带来的是不同产业价值链的跨界融合。这种融合,在地理上使全球价值网络覆盖的范围更为广泛,在行业上使越来越多领域的行业壁垒通过价值网络的形成而不断降低,推动了不同产业领域的交融,使得产业的价值创造方式和合作模式不断创新。

第二节
价值链地位此消彼长

近年来全球价值链所发生的一些重大变化可以溯源到 2008 年全球金融危机。在消费端,北美洲、欧洲等地区受经济影响,社会消费需求快速下降且一蹶不振。在市场端,经济下行促使贸易保护主义不断蔓延。在供给端,新兴经济体所参与的全球生产开始加速整合。这些因素不仅带来了全球经济格局和贸易联系的趋势性拐点,更加速了全球价值链的重构,使得产业空间结构、全球各国国际分工发生了趋势性转变。这种大变化中,各国、各行业企业的对策和行动对未来产业格局和国家发展战略有着极为重要的影响,在全球价值链体系内的突出表现就是各经济体在价值链中的地位此消彼长。

一、全球价值链地位加速变化

从现状和数据来看,从 2008 年全球金融危机开始,全球价值链地位变化趋势可以从以下三个方面来认知。

一是全球价值链的增长几乎停滞。世界银行在 2019 年发布的《2020 年世界发展报告:在全球价值链时代以贸易促发展》中表示,过去 10 年全球价值链(GVC)的增长已基本停滞。出现这种现象的原因可以从三个角度来理解。首先,在供给侧方面,金融危机带来的资本短缺导致跨国投资热度下降、发展中国家产能增长降速,而依托于信息技术的演进,传统发达工业国科技能力的提升形成了对发展中国家的技术优势,加之逆全球化带来的贸易保护主义使得一些传统发达国家出现了一定程度的产能回流。其次,需求侧方面,在经济下行情况下,欧美等传统发达工业国家的消费市场萎缩,居民的实际购买能力下滑。

最后，中国等新兴工业国在寻求产业升级的过程中，或主动或被动地实现了部分全球价值链分工的内化，全球范围内的中间品贸易出现萎缩，进而拖缓了全球价值链在国际范围内的延伸速度。

二是全球价值链逐步从欧美向亚洲转移。从价值链参与度来看，世界贸易组织、世界银行等联合发布的《全球价值链发展报告2019》显示，2000年，欧洲经济一体化程度和全球价值链活动占比份额最高，北美洲和亚洲分列第二和第三。但到2017年，随着区域经济规模不断扩大，亚洲地区（尤其是东亚地区）全球价值链参与度呈上升趋势，如价值链的复杂前向参与度由2000年的38.5%上升到2017年的43.9%，价值链复杂后向参与度由2000年的39.6%上升到2017年的46.2%。这主要是由于亚洲特别是东亚地区区域内部分工更加细化和深入，区域经济一体化程度出现了明显提升。

三是中国在全球价值链中的地位不断攀升。亚洲基础设施投资银行所发布的《2021年亚洲基础设施融资报告》显示，得益于现代基础设施体系的快速增长和升级、外商直接投资的增加、本国海外投资的加速、软基建的发展，以及政府对参与全球价值链的政策支持，中国在全球价值链中的地位处于快速攀升状态。事实上，由于劳动力、土地等生产要素成本的不断攀升，中国在劳动密集型产业的优势逐步消失，极大地影响了中国作为世界工厂的优势地位，这也促使中国政府在产业政策方面偏向于加快技术转型升级。从效果上看，中国产业转型升级在信息通信设备、通用专用设备等资本和技术密集型制造业领域成效较为显著。

除上述总体趋势特点外，突如其来的新冠疫情，一方面从客观上阻碍了国家之间的经贸、人员往来，全球投资陷入低谷，全球范围的产业分工和配合陷入低谷。联合国贸易和发展会议发布的第38份《全球投资趋势监测》报告显示，2020年，全球外国直接投资（FDI）急剧下挫，从2019年的1.5万亿美元下降到8590亿美元，降幅达42%。另一方面，疫情对全球经济带来的冲击使得原本脆弱的全球化体系遭到重创，使得贸易保护主义更加盛行，单边主义市场不断扩张。这些因素使得全球价值链几乎被阻断。以美国为例，仅2019年3—6月就出台了4项贸易政策，且均是面向发展中国家（见表2-1）。

表 2-1 2019 年 3—6 月美国贸易保护政策列表

3月16日	3月17日起取消对土耳其的普惠制待遇
5月9日	对中国进口的 20000 亿美元商品加征关税税率由 10% 提升至 25%
5月31日	美国宣布将对墨西哥所有商品加征 5% 关税
6月1日	自6月5日起终止印度继续享有发展中国家普惠制待遇

更值得注意的是，中国作为全球最大的发展中国家，新冠疫情对价值链的影响已经深入到结构层面，特别是疫情对全球价值链的中低端环节布局产生了明显影响。疫情中，一些在全球分工中处于中低端位置的企业出现了被替代的现象，面临更大的生存危机，这些企业通常能力单一，在整个产业链中扮演非核心位置的角色。一部分价值链结构单一、长度较短，依靠土地、人力成本优势从事初级加工业的发展中国家遭受严重冲击，在全球价值链中的份额逐步降低。目前中国正处于产业链攀升、"腾笼换鸟"的重要阶段，如果放任中低端价值链环节的份额快速降低，极有可能使得我国的产业跃升在较长时间内处于"青黄不接"的状态，对我国产业链韧性、产业链安全造成重大威胁。

二、变化中的新趋势

随着经济发展模式、国际贸易方式的不断变化，全球价值链开始显露出一些新特征，如安全问题日益凸显、空间布局显著变化、竞争优势发生转变、绿色低碳化等。尤其是全球经济下行背景下，新冠疫情冲击、地缘冲突等突发因素更加剧了全球经济增长的停滞。总量增速的下降所诱发的贸易保护主义会进一步导致全球生产分工的减速，而区域经济一体化发展引发的全球价值链区域化发展趋势增强则会进一步加剧全球价值链增长放缓的趋势，形成典型的恶性循环。

一是全球价值链不再稳定。从短期来看，疫情冲击全球服务业、金融业和投资增长，影响全球制造业供应链发展，令全球价值链失去增长动力。从长期来看，失业和经济动荡等问题将会使欧美地区部分国家反全球化情绪复燃，加剧贸易摩擦，冲击全球价值链的稳定和发展。疫情期间跨国供应链的中断使得各国的不少企业都留下了记忆伤痕。因此，各跨国企业都自发或在政府主导下开始将部分产业供应链转向本国境内，或寻求新的目标地区，进一步加剧了全球价值链的不稳定性。

二是区域价值链认可度提高。近年来，以《区域全面经济伙伴关系协定》（RECP）为代表的区域贸易协定获得了众多国家的认可。这些区域贸易协定反映出区域经济一体化发挥职能浪潮已成为当下全球价值链合作的重要特征。而新冠疫情及其后遗症还将继续强化全球价值链区域化发展的趋势。一方面，区域合作是各经济体规避贸易摩擦和价值链冲突影响的重要途径。具有各类空间、政策和人文壁垒的跨洋产业链在疫情中受到了极大冲击，而疫情所带来的伤痕记忆为价值链核心企业收缩供应链提供了动机，推动了区域价值链的加速成熟。另一方面，相较于过去传统的实物经济价值链，全球价值链中产品的服务化和科技化发展趋势强化了区域价值链发展。这是由于以区域贸易协定为制度保障的区域一体化发展模式有利于满足服务型、科技型产业跨境配置资源的要求，且服务和科技型产业中产品的人文要素更加凸显。此外，与欧美传统的"剪刀差"合作宗旨不同，我国所主张的"一带一路"倡议更注重各国之间的公平合作，能够为构建和推动区域价值链发展提供重要机遇。

三是科技创新要素意义凸显。在供给端，新技术革命愈演愈烈，传统产品向数字化、智能化加快转型。在需求端，由于服务型和科技型消费需求市场越来越大，全球价值链中基于科技创新带来的增量显得尤为重要，科技创新对于全球价值链的塑造作用愈发明显，其中数字技术占据了绝对比重。尤其是在疫情期间，数据流动跨境服务带来的新价值改变了一些人的生产生活方式，疫情后此类服务快速增长的惯性将得以延续。此外，互联网的发展带来了知识信息碎片化获取、定向化推荐和多形式消费，使得全球价值链知识密集度不断提高，全球价值链无形资产占比将会逐步提高。

三、变化中的机遇

立足于积极的现实主义，对待一切环境变化都需要以辩证的观点来综合审视。虽然复杂的历史和国际环境对全球价值链变化形成了较大的威胁，为新兴经济体和发展中国家原有的发展赛道带来了极大冲击，但同时也为发展中国家进一步扩大开放、实现技术升级和经济结构调整带来了新机遇。全球价值链的增长是新兴市场国家发展贸易和减少贫困的重要驱动力。

一是新兴经济体的崛起扩大了全球范围内中等收入群体规模，为消费市场带来了新的空间。金融危机的冲击和余震使得欧美等传统需求市场陷入长期疲软状态。而亚太等地区的新兴经济体由于消费市场的不断扩大，消费供给能力和层次也逐渐提升，已经成为拉动全球价值链增长的"火车头"。尤其是随着南南贸易联系逐步加强，新兴经济体相互间直接投资稳步增长。如近年来，在"一带一路"倡议的带动下，中国与其他新兴经济体国家的经济往来日益密切，为共建国家的产业发展带来了新的市场机遇。

二是新技术革命的到来使得许多行业发展模式出现了赛道转变，缩小了新兴经济体与发达国家产业技术积累的代差。新技术革命正处于酝酿期，一些产业技术发展重点出现了迁移。在新赛道中，发展中国家与发达国家的科技起点相差不大，为科技赶超带来了"可望又可即"的机遇。尤其是在新一代信息技术等新技术革命的典型领域，中国等新兴经济体依靠大量研发投入、丰富的应用场景，在一定程度上主导了数字科技的发展方向。如随着新能源汽车市场的不断成熟，中国企业避开了在机械、动力等领域的短板，在电气化、智能化的新赛道上实现了"弯道超车"。

三是新兴经济体内外部产业结构的双重调整，为新兴经济体打破固有环节分工、寻求新的产业赛道提供了机遇。对内而言，由于经济总量和国内中等消费人群的扩张，新兴经济体的经济结构往往会从传统外向加工型出口经济占据绝对地位，逐步转变为第一、二、三产业比例协调发展，尤其是消费经济体量会加快提升，这为新兴经济体提供了新的发展机遇。对外而言，全球价值链的调整使传统国际产业分工发生变化，这为新兴经济体摆脱依靠单一劳动力资源的价值链低端，向依靠资本和技术密集型产业的价值链中高端攀升提供了机遇，如越南、印度等国开始从传统的纺织等产业领域向电子产品制造产业领域转型。

第三节
数字化加速价值链重构

数字经济正不断改变和重塑全球生产分工模式。一方面，那些较难开展贸易且具备较强地域属性的传统服务，在数字经济的赋能下转变为几乎不受地理限制的贸易产品。另一方面，数字经济的广泛使用降低了全球价值链各个环节的互联互通成本，从而帮助更多企业参与其中。同时，新冠疫情使得人民生活、国际贸易、社会发展等多个方面出现了显著的数字化变革，加速了全球价值链数字化转型趋势。

一、数字化对全球价值链的影响

新技术革命的本质是信息革命，新一代信息技术又是新技术革命的支柱。随着信息技术深入各行各业，数字经济的概念被广泛认知，数字经济的冲击使得全球生产分工格局呈现出了新的特点，与此同时，全球产业链、价值链的形式和结构也发生变化。尤其是数字化进程影响了全球价值链空间布局，新一代信息技术的融合发展加快了全球价值链缩短与回流趋势，逐步打破了原有全球价值链生态模式。

从总体上看，数字化对全球价值链的影响主要体现在以下三个方面。

一是降低了全球价值链运行的总体成本。 从宏观经济角度来看，数字经济能够对全球价值链中增加值的分配产生影响。在具体实践中，随着数字技术对传统产业不断改造，全球价值链中的研发、设计、运营、生产和贸易等一系列过程环节都将被信息化加持——研发、设计环节使用数字化工具，运营环节借助大数据画像，生产环节实现自动化和柔性化，贸易环节使用各类金融技术工具，都极大地降低了全流程内的各项成本。

以具体的生产和贸易环节为例，生产工厂的数字化、智能化改造能够低成本地实现"柔性制造"，即兼具一般性产品和个性化产品的生产能力。而个性化产品制造又可以借助批量化的规模效应，满足更大范围消费者的需求，极大地降低生产环节的过程成本。而在连接全球价值链各环节的国际贸易中，一方面信息技术的普遍应用打破了地理、语言和制度差异所导致的信息传递、实物交易的成本壁垒，另一方面信息技术对金融行业的辅助极大地降低了全球价值链内各环节的交易风险。

二是加深了产业链内各环节的融合程度。 企业生产与服务成本的降低及贸易过程的成本降低只是观察数字技术改造价值链的一个角度。数字经济的到来对全球价值链的影响不仅体现在微观企业层面，还将大大影响产业链各环节的凝聚和融合，借助产业链内的分工体系、运行方式的进化来增强产业间的功能互补与跨界协同，最终实现价值链的整体增值。在产业实践中，数字经济时代最突出的数字智能技术以其高度融合性催生了制造业服务化，数字产业与制造业的融合发展激活了产业内的分工效率及技术创新效率，产业链各节点之间的高度协同及不同产业链间的高度协同使产业附加值不断增加。尤其是在制造业与服务业的边界日益模糊的发展态势下，生产性服务业在数字经济时代得以突飞猛进。此外，数字信息技术使得传统产业链内的分工个性化与规模化并存，能将传统的高度模块化与集成化的产业链分解为多个产业链，且分解与扩张边界延伸出全新的创新生态，最终基于产业链的价值链得以增值。

三是对全球价值链的出口增加值产生放大效应。 数字技术通过数据传输及对信息系统的标准化运作，大大提高了商品与服务的标准化程度，并提高了全球贸易与全球产业分工过程中价值链的灵活性。比如，传统的国际贸易过程需要经过海关各类程序的审查，国际贸易的通关时间限制了整个价值链活动的传递效率，甚至在一定程度上存在较大的人为交易成本。在数字互联网技术下，贸易过程能够实现线上与线下协同，能够通过数字平台将各类审查纳入统一的框架内容之下，实现审查的条块分割标准化与统一化；且在贸易的终端环节——支付过程层面，运用数字技术能够缩短贸易时间、改善贸易过程效率，以及弱化地理空间距离带来的不确定性，进而加大出口增加值。总体来看，数字经济时代下的全球价值链相较于传统价值链，其各个环节及衍生的附加值效应都呈现出全方位的变化。

二、发展中国家的数字化隐忧

本轮新技术革命中，信息技术成为核心。不同于以往几次产业变革的是，信息技术发展的核心驱动要素是无形的数据，而不是以往的电力、机械、能源等，它最大的特点是流动快，表现出平权化倾向。

生产要素的平权化倾向对发展中国家是否不利好？这个问题应该是一个辩论题，难以给出绝对正确的标准答案。但从国与国之间的差异来看，数字时代的到来对全球价值链中发展中国家的影响具体表现在以下三个方面。

一是发展中国家在全球价值链转型中面临数字鸿沟。 在国家层面，数字经济时代带来的一个重要特征是，国家主导的数字经济政策将在很大程度上打破传统新自由主义发展范式，各国政府在推动数字经济发展中扮演着重要角色。除了顶层规划，数字经济发展通常需要大量财政资源投入来引导市场资源流向，此类行为显示出明显的干预主义特征。但与之相对应的是，数字经济具有典型的资本和技术密集型产业特征，需要在高速宽带、数据存储、算法应用等领域进行大规模的基础设施建设和研发投入。对于大部分国家尤其是发展中国家而言，数字化转型将面临严峻的资本与技术缺口。政策竞赛背景下，受到国家间技术和资本资源禀赋差异的影响，国家间数字政策竞争将进一步催生世界经济失衡。联合国贸易和发展会议发布的《2021年数字经济报告》显示，全世界的超大规模数据中心有一半在中、美两国，两国的5G普及率最高，拥有70%的世界顶尖人工智能研究人员及94%的人工智能初创企业融资。

二是发达国家与发展中国家的治理权力差异加剧。 各国间数字技术在研发、应用、拓展等方面先天存在不平衡，而这种不平衡对广大发展中国家极不友好。发达国家在技术研发演进中具有先发优势，不同发展程度的国家在数据等资源的分布、积累、掌控方面也具有马太效应。从具体实践中可以看出，从工业1.0到工业4.0，西方发达国家一直占据着技术创新的领跑者位置，各类数字协议、平台等也由这些国家发起并推动，久而久之，它们在国际标准、技术要素、数据资源、知识产权和源代码创新等方面长期占据领先位置，且垄断地位越发稳固。这就使得发展中国家在全球价值链中的地位提升变得更加困难。

在数字经济时代，数字产业的领军企业具备了制定技术标准的技术话语权，能够对整个价值链的其他企业实施相应标准主导的技术干预或技术控制，且领军企业能够利用其强大的数据、算法等技术实现对价值链内其他企业的精准定价，最终通过算法技术实现跨行业的垄断，进一步强化"链主"国家中的领军企业与价值链内其他企业在价值分配上的不平等。联合国贸易和发展会议发布的《2019年数字经济报告》显示，在2018年，全球市值超过10亿美元的平台企业总市值中，美国所占比重为72%；谷歌在全球搜索引擎市场的份额超过90%；亚马逊在全球线上零售市场的份额约为37%。

三是全球价值链分工愈发不平衡。 数字化给全球价值链带来的重要影响之一是其造成了全球价值链分工环节的失衡，并进一步造成了世界范围内各国经济地位差异明显。在具体的产业分析中，数字化与产业结合的产物是产业数字化、数字产业化，这两类产业的内核其实是实体产业与数字要素的缠抱，从而形成了制造型服务业、服务型生产等新的细分业态和产业概念。在这种趋势中，数字化、自动化程度不断加深的工业流程一方面极大地提高了生产效率；另一方面颠覆了传统的全球价值链分工，一些发展中国家所承担的已经长期固化的分工被收缩，进一步加剧了全球范围内产业内和产业间分工的不平等。

此外，随着数字技术的蓬勃发展和广泛应用，其推动全球价值链向深度延伸的作用开始凸显。但值得注意的是，这种延伸也带来了一些负面作用，如加速了逆全球化。逆全球化的流行促使一些生产制造环节向传统发达工业国家本土回流，这种回流从一定程度上加速了全球价值链条的缩短，推动了全球价值链向区域化、扁平化、短链化方向的转变，给全球产业环节布局带来了较大影响。

这种逆全球化的影响离不开新冠疫情、当下全球范围内的地缘冲突等因素的影响，但究其根本，数字化可能天然存在逆全球化的特性。在新技术革命中，一些能对产业结构产生颠覆作用的技术层出不穷，且逐步成熟，如人工智能、区块链、分布式计算等。这些技术一方面为数据化、知识化的生产要素在世界范围内的流动带来了极大便利，另一方面也为全球化带来了显著的负面影响。

从企业角度来看，位于行业技术前沿的龙头企业更注重技术研发创新活动的内部化，目的是压缩技术成果外溢的风险，尽可能扩大技术领先红利窗口。事实上，信息领域前沿技术中数据、参数、人才等创新要素具有非标准化特性，也确实为这些企业带来了较长的超额收益窗口期，但这极不利于技术类产业的全球化布局。

从政府角度来看，全球政治格局和地缘形势的持续恶化使得各国政府更加关注科技创新，尤其是数字化技术所依赖的软、硬件技术，且都在试图争取前沿科技领域的垄断优势。比如，美国不断提高对集成电路、人工智能技术的重视程度，并不遗余力地通过出台芯片法案，阻止中国相关技术领域的发展，试图将价值链中创新性最强、附加值最高的高端环节尽可能地保留在本国。因此，以信息技术为代表的各赛道的科技创新带来的机遇同时也附带着逆全球化特性，从而显著增强了全球价值链的内敛化趋势。

三、我们该怎么办

数字化浪潮席卷而来,不仅改变了人类生产生活方式,更加速了全球价值链重构。对于中国等发展中国家而言,要客观审视和预判产业领域的自身基础、时代方向、未来要素等,深入思考要把握什么样的机遇、补齐哪方面的短板、锻造什么样的长板。

基于这个方向的思考,我们需要对中国这个全球第二大经济体的一些特点进行区别化理解,即我们属于发展中国家,具有发展中国家和新兴经济体的一些突出特性,如内需市场不够大、人均经济水平不够高、在全球价值链上的位置总体处于中下游、产业创新能力和体系还不健全等。但在数字经济时代,我们在全球价值链中表现出来的特点又与其他发展中国家有很大的不同,如总体产业基础较好、规模较大,通信算力等新型基础设施总量较大,数字经济规模的全球比重较为突出,信息基础领域创新迭代速度较快,信息技术类龙头企业在全球表现较好等。结合这个现状可以判定,我国具有通过自主创新能力提升、政策引导转型等方式来把握区域价值链发展机遇的基础和条件,也正处于这样的一个窗口时间。这里,我们可以粗略地对未来要做的工作抓手进行方向性的展望与概括。

抓手一:夯实新型基础设施建设

"十四五"规划中明确将新型基础设施作为我国现代化基础设施体系的重要组成部分,提出"统筹推进传统基础设施和新型基础设施建设,打造系统完备、高效实用、智能绿色、安全可靠的现代化基础设施体系"。

新型基础设施所包含的内容目前只有学界研究和行业共识,一般包括通信网络基础设施、新技术基础设施、算力基础设施、融合基础设施、重大科技基础设施等。目前,适宜于投资的具体领域一般集中于5G、工业互联网、数据中心、算力中心等。这些都是数字全球价值链赖以发展的基础,也是数据传输和计算的物质保障。建设新型基础设施,需要注意:一是做好统筹区域布局,避免无序规划和建设;二是统筹好市场和政府在基础设施建设中的关系,支持多元主体参与新型基础设施建设;三是提升建设后的管理运营水平。

抓手二:推动全链条数字转型

工业领域的数字转型突出体现在产业数字化。产业数字化是产业衍生附加值的重要实现方式,其本质是传统产业充分与信息技术进行缠抱融合,运用数字技术实现产业链运转效率的提升。

目前全链条产业数字化转型的模式主要有两种，一种是以传统产业中的龙头企业、链主型企业为主导，通过打造工业互联网平台来实现产业内各个分工环节的智能制造及数字化转型。另一种是以数字平台型企业为依托，利用数字平台型企业的数据服务能力、云服务能力及算法能力来实现传统制造企业的数字化改造，深入推动传统企业加工制造、工业模具、产品服务及研发设计等各个环节的智能化。

抓手三：布局数字贸易等赛道

数字贸易是伴随着新一轮科技革命和产业变革而来的一种全新的贸易形式，其主要特点包括以数据作为关键生产要素，以数字服务为核心，以数字订购与交付为主要特征。数字贸易是实现数字全球价值链的重要载体，也是构建数字全球价值链的基础。

从宏观来看，布局数字贸易赛道需要进一步明确数字贸易顶层设计，抢占参与数字贸易政策和全球规则体系制定的先机。从微观来看，要关注确权评估和定价这一核心问题的研究，关键还要依赖于对标准化数字产品的不断尝试。

此外，数据资源是数字化转型的关键驱动要素，在产业链、价值链的数字化转型中更是充当着重要生产要素的角色。如何打造标准化的数据资源贸易平台也需要提前布局，着重考虑。

中 篇
找准新商机

第三章

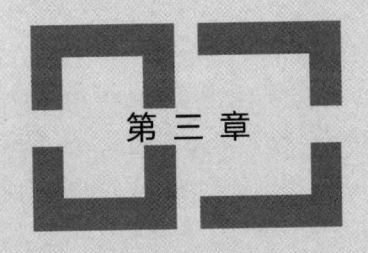

挖掘政策红利

探究政策，就是借时代之智，与大势同行。

——杨卓凡记

第一节

数据战略：催生数据市场服务

随着全球数字化程度加深及数字科技加速创新迭代，数据已成为与土地、资本、劳动力、技术并列的第五种生产要素。IDC预测，全球数据总量将从2018年的33ZB（泽字节）增至2025年的175ZB，数据的爆炸式增长推动数据要素日益成为能够产生经济效益的战略性资源，数据要素是数据从0到1向资产的演进结果。因此，对数据资源的开发利用能力已成为国家竞争力和整体实力的重要体现，各国政府围绕数据议题展开博弈，不断强化自身对数据的治理和管控能力，并在这一过程中构建国家的数据战略体系。

一、海外主要国家数据要素政策

（一）美国：数据开放和数据自由流动

美国政府已经充分认识到数据与信息所蕴含的经济、安全与科技价值，并将其视为重要的战略资源。为了争取在新一轮全球数据竞争中的优势地位，美国率先将大数据从商业概念上升至国家战略，并通过稳步实施"三步走"战略，在大数据技术研发、商业应用，以及国家安全保障等方面构筑全球领先优势。近年来，基于中美战略博弈、关键数据保护、科技研发能力提升及对数据管理规章制度等方面的综合考量，美国相继发布了多份数据战略纲领性文件，初步建立了涵盖数据的使用管理、规则和标准，以及数据伦理等的数据战略体系。

美国政府长期秉持数据开放和数据自由流动相结合的数据治理理念，围绕信息公开、个人隐私保护、信息安全、数据开放等数据问题颁布了大批法律法规和行政命令。美国于1967年通过了《信息自由法》《阳光政府法》，1974年通过了《隐私权法》，1980年通过了《文书削减法》，美国预算管理局（OMB）颁布了备忘录《开放数据政策》、2002年美国国会通过了《2002年电子政务法案》。2012年3月，美国联邦政府推出《大数据研究和发展倡议》，同年5月，奥巴马政府又发布了一项"构建21世纪数字政府"的战略规划，通过Data.gov平台的建设吸引更多参与者加入，同时由行政管理和预算局牵头推进政府自身的公共数据开放。2018年3月，美国《总统管理议程》明确了一个新的跨机构优先项（Cross-Agency Priority，CAP）目标：利用数据作为战略资产来制定和实施全面的联邦数据战略。2019年12月，美国总统行政管理和预算办公室发布《联邦数据战略》（Federal Data Strategy，FDS），同时发布的还有推进这一战略的《2020年行动指南》，这是美国首次从联邦政府层面搭建数据治理方案的尝试。此后，美国国防部、情报部门及其他利益相关部门先后发布了各自的数据战略方案，以响应联邦政府的数据战略总体部署。这一战略体系的发展对美国数字经济与网络安全产生深远的影响，它以2020年为起始点，规划了美国政府未来十年的数据愿景，核心思想是将数据作为战略资源来开发，通过确立一致的数据基础设施和标准实践来逐步建立强大的数据治理能力，为美国国家经济和安全提供保障。

2020年9月，美国国防部发布了《国防部数据战略》，该战略要求国防部部长办公室、参谋长联席会议主席办公室、各军种及联合作战司令部等军事部门应重视数据流通与数据安全，将国防部逐渐打造成"由数据驱动的机构"。该战略提出，国防部将加快向"以数据为中心"过渡，制定数据战略框架，提出数据是战略资产、数据要集体管理、数据伦理、数据采集、组织内的数据访问和可用性、人工智能训练数据、数据适用性、合规设计等八大原则和数据应当是可见的、可访问的、易于理解的、可链接的、可信赖的、可互操作的、安全的等七大目标。

凭借这些战略规划，美国政府力图规范各部门使用和管理数据的方式。在上述已出台的数据战略中，既包括各机构数据治理制度化的细则，也提供了与其他部门相配合的具体方案。此外，美国主张针对数据战略及时更新年度行动计划，按不同时间段对数据运用的侧重方面进行部署和调整。这一数据战略构想如果能够顺利推行，将在很大程度上降低美国政府在数据管理方面的行政成本。

（二）欧盟："单一数据市场"与数据中介

作为一个政治共同体，欧盟致力于平衡成员国之间的数据流动和广泛使用，希望通过建立单一的数据市场，确保欧洲在未来的数据经济中占据领先地位。

围绕数据开放议题，早在 2010 年 11 月，欧盟通信委员会就向欧洲议会提交了名为《开放数据：创新、增长和透明治理的引擎》的研究报告。同年 11 月，该报告内容被欧盟数字议程采纳，作为欧盟的开放数据战略进行部署实施。其核心在于促进成员国政府拥有的公共数据的开放度与透明度，通过数据处理、共享平台与科研数据基础设施建设，向全社会开放欧盟公共管理部门的所有信息，实现"泛欧门户"的成员国无障碍信息共享。

欧盟的战略目标是确保欧盟成为数据驱动型社会的榜样和领导者，以便商业和公共部门能利用数据更好地进行决策。为了实现这一目标，欧盟必须在数据保护、公民基本权利、安全和网络安全等方面构建一个统一且完善的数据法律框架体系，将数据治理的各个方面囊括其中，以统一顶层立法的方式来增强 27 个成员国之间的联合。

2018 年 5 月，欧盟发布《通用数据保护条例》（GDPR），明确了个人数据的定义及适用范围，确定了数据保护的合法性基础、数据主体权利、数据控制者义务、数据流通标准、数据救济和处罚等。在数据保护方面，GDPR 是全球众多国家、地区制定数据保护条例的重要参考。

2020 年 2 月，欧盟委员会正式发布了《欧洲数据战略》，为数据权利、数据共享、数据保护等领域的发展制定了框架性的战略规划，开启了构建欧盟单一数据市场的进程。在此之后，欧盟委员会先后发布了《数字市场法案》《数字服务法案》《人工智能法案》《数据治理法案》《数据法案》等多部法案。

值得注意的是，在促进数据利用的具体方面，《数据治理法案》特别强调了数据中介的作用。近年来，欧洲陆续出现了个人数据合作社、个人数据商店、数据经纪人、数据信托等数据利用模式。数据中介的概念实际上就是从上述这些模式的基础上演变而来的。《数据治理法案》指出，对公司而言，中介服务可以采用数字平台的形式，支持公司之间的自愿数据共享活动，并促使其履行相应的数据共享义务；而在个人层面，数据中介既可以帮助个人行使 GDPR 所赋予的权利，也使其可以便捷地向信任的公司提供数据并从中获益。通过政府公信力背书的形式，数据中介有助于社会对增强市场数据处理活动安全性的信心，降低数据处理者收集和处理数据可能面临的不合理障碍。在这一思路下，原本的"数据处理者—数据主体"模式得以向"数据处理者—数据中立（政府监管）—数据主体"的多元化模式转变，也为未来数据主体的数据财产权利的探索提供实践依据。

（三）日本：可信赖的数据自由流动和数据全产业链战略

2012年6月，日本IT战略部发布了《电子政务开放数据战略草案》，利用信息公开方式实现中央各部委和地方省厅数据的开放，并在紧急情况时，以较少的网络流量向手机用户提供统计信息、测量信息、灾害信息等公共信息。2013年6月，日本政府公布了新IT战略——《创建最尖端IT国家宣言》，全面阐述了2013—2020年期间以发展开放公共数据和大数据为核心的日本新IT国家战略，提出要把日本建设成为一个具有"世界最高水准的广泛运用信息产业技术的社会"。2013年7月27日，日本三菱综合研究所牵头成立了"开放数据流通推进联盟"，旨在由产官学联合，促进日本公共数据的开放应用。

日本在注重政务数据公开与创新应用的同时，也高度关注数据流通和隐私保护。2019年1月，日本提出"可信赖的数据自由流动倡议"（DFFT）的概念，通过解决隐私、数据保护、知识产权和安全方面的问题，促进数据的跨境自由流动并增强消费者和企业的信心。

针对日本社会存在的数字化设施不健全、缺乏基础数据、官民商数据共享不充分、社会整体的数据素养低、对隐私强烈担忧等问题，2021年6月，日本发布"综合数据战略"，旨在"通过确保信赖和公益性，构筑安心且高效地使用数据的结构，同时，从世界范围内确保对日本数据本身及其生成、流通方式的信赖，在世界范围内放心地利用日本数据，也让世界数据能在日本放心存放"。2021年9月，日本成立了数字厅，以实施综合数据战略。在综合数据战略中，日本设想了一个涵盖数据全产业链的"七层两要素"数据治理架构，如表3-1所列。

表3-1 日本"综合数据战略"提出的数据治理架构

层级	内容	要素
第七层	战略、政策	要素一：社会实施和业务改革
第六层	组织：行政及民间业务改革	
第五层	规则：除了完善数据标准和质量等数据联合所需的规则，还完善了用于放心利用数据的信任基础等规则	要素二：数据环境建设
第四层	利用环境：为各种各样的主体熟练使用个人数据存储、信息银行和数据交易市场等联合的数据提供有利环境	
第三层	合作平台（工具）：为了系统地联合上述数据，配备了目录等数据联合工具	

续表

层级	内容	要素
第二层	数据：从社会活动基础数据着手，从结构上构筑必要的数据	要素二：数据环境建设
第一层	基础设施：支撑数字社会的 5G、数据中心、计算基础设施等基础设施	

二、我国数据要素政策体系

抓住数字时代的发展机遇，不仅是欧美国家的重点发展方向，也是我国当下的战略选择。随着我国产生的数据量从 2012 年的 0.4ZB 快速积累增长至 2021 年的 6.6ZB，数据在经济发展中的作用越发突出。据国家工业信息安全发展研究中心测算，2021 年数据要素对我国 GDP 增长的贡献率和贡献度分别为 14.7% 和 0.83 个百分点，呈现持续上升状态，如图 3-1 所示。市场空间方面，2021 年我国数据要素市场规模达到 815 亿元，2022 年市场规模接近千亿元，并且在"十四五"期间有望保持 25% 的复合增速。

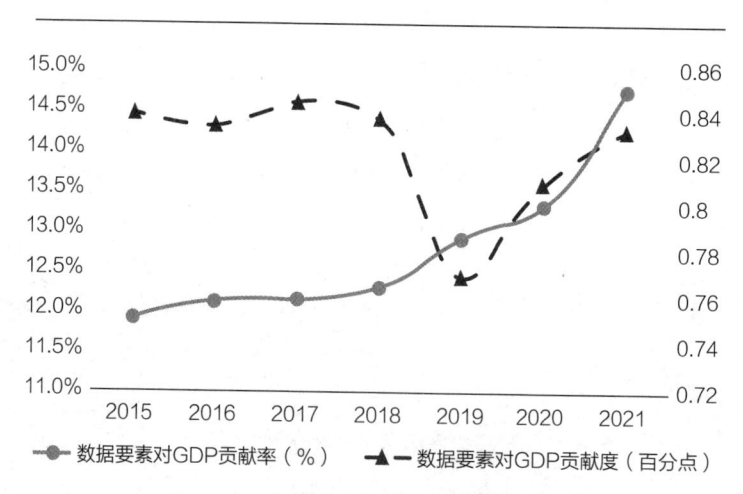

图 3-1 数据要素对 GDP 增长贡献图

资料来源：国家工业信息安全发展研究中心

我国党中央、国务院高度重视数据产业发展，推动实施国家大数据战略、制定数字经济、数据安全与治理等政策规划文件，统筹推进数据开发利用与安全保护。《"十四五"数字经济发展规划》设定了到 2025 年实现数字经济核心产业增加值占 GDP 比重达到 10% 的目标，涵盖数据要素市场、产业数字化、数字产业化、数字化公共服务、数字经济治理体系五个方面。从中央层面来看，自 2014 年"大数据"首次写入《政府工作报告》以来，我国出台的数据要素相关国家政策文件如下。

2015 年 9 月，国务院发布的《促进大数据发展行动纲要》指出，要加快政府数据开放共享，推动资源整合，提升治理能力；推动产业创新发展，培育新兴业态，助力经济转型；强化安全保障，提高管理水平，促进健康发展。

2016 年 7 月，中共中央办公厅、国务院办公厅印发的《国家信息化发展战略纲要》提道，要开发信息资源，释放数字红利。加强信息资源规划、建设和管理。推动重点信息资源国家统筹规划和分类管理，增强关键信息资源掌控能力。完善基础信息资源动态更新和共享应用机制。创新部门业务系统建设运营模式，逐步实现业务应用与数据管理分离。统筹规划建设国家互联网大数据平台。逐步开展社会化交易型数据备份和认证，确保数据可追溯、可恢复。

2020 年 4 月，《中共中央 国务院关于构建更加完善的要素市场化配置体制机制的意见》发布，分类提出了土地、劳动力、资本、技术、数据五个要素领域改革的方向，这是数据作为新型生产要素首次在中央顶层文件中提出。

2020 年 5 月，《中共中央 国务院关于新时代加快完善社会主义市场经济体制的意见》发布，文件指出要加快培育发展数据要素市场，建立数据资源清单管理机制，完善数据权属界定、开放共享、交易流通等标准和措施，发挥社会数据资源价值。推进数字政府建设，加强数据有序共享，依法保护个人信息。

2020 年 12 月，《关于加快构建全国一体化大数据中心协同创新体系的指导意见》（发改高技〔2020〕1922 号）指出，到 2025 年，全国范围内数据中心形成布局合理、绿色集约的基础设施一体化格局。公共云服务体系初步形成，全社会算力获取成本显著降低。政府部门间、政企间数据壁垒进一步打破，数据资源流通活力明显增强。大数据协同应用效果凸显，全国范围内形成一批行业数据大脑、城市数据大脑，全社会算力资源、数据资源向智力资源高效转化的态势基本形成，数据安全保障能力稳步提升。

2021 年 11 月，《"十四五"大数据产业发展规划》（工信部规〔2021〕179 号）

指出，要加快培育数据要素市场。围绕数据要素价值的衡量、交换和分配全过程，重点部署以下工作：一是建立数据要素价值体系，制定数据要素价值评估指南，开展数据要素价值评估试点，总结经验，开展示范。二是健全数据要素市场规则，发展数据资产评估、登记结算、交易撮合、争议仲裁等市场运营体系，鼓励各类所有制企业参与要素交易平台建设，探索多种形式的数据交易模式，健全风险防范处置机制，建立数据要素应急配置机制。三是提升数据要素配置作用，加快数据要素化，培育数据驱动的产融合作、协同创新等新模式；推动要素数据化，提升数据驱动的生产要素配置能力。

2021年12月，《"十四五"数字经济发展规划》（国发〔2021〕29号）部署了八方面重点任务。一是优化升级数字基础设施。二是充分发挥数据要素作用。三是大力推进产业数字化转型。四是加快推动数字产业化。五是持续提升公共服务数字化水平。六是健全完善数字经济治理体系。七是着力强化数字经济安全体系。八是有效拓展数字经济国际合作。围绕这八大任务，文件明确了信息网络基础设施优化升级等11个专项工程。

2021年12月，《要素市场化配置综合改革试点总体方案》（国办发〔2021〕51号）中提到，从完善公共数据开放共享机制、建立健全数据流通交易规则、拓展规范化数据开发利用场景、加强数据安全保护四个方面来探索建立数据要素流通规则。

2021年12月，中央网络安全和信息化委员会印发的《"十四五"国家信息化规划》提出了建立高效利用的数据要素资源体系的重大任务，激发数据要素价值，提升数据要素赋能作用，以创新驱动、高质量供给引领和创造新需求，形成强大国内市场，推动构建新发展格局。

2022年4月，《中共中央 国务院关于加快建设全国统一大市场的意见》中，进一步提到加快培育数据要素市场，建立健全数据安全、权利保护、跨境传输管理、交通流通、开放共享、安全认证等基础制度和标准规范。

2022年7月，《数据出境安全评估办法》（国家互联网信息办公室令第11号）提出了数据出境安全评估的具体要求，规定数据处理者在申报数据出境安全评估前应当开展数据出境风险自评估并明确了重点评估事项。规定数据处理者应当在与境外接收方订立的法律文件中明确约定数据安全保护责任义务，在数据出境安全评估有效期内发生影响数据出境安全的情形应当重新申报评估。此外，还明确了数据出境安全评估程序、监督管理制度、法律责任,以及合规整改要求等。

2022年9月,《国务院办公厅关于印发全国一体化政务大数据体系建设指南的通知》(国办函〔2022〕102号)明确了全国一体化政务大数据体系建设的目标任务、总体框架、主要内容和保障措施,重点从统筹管理一体化、数据目录一体化、数据资源一体化、共享交换一体化、数据服务一体化、算力设施一体化、标准规范一体化、安全保障一体化等八个方面,组织构建全国一体化政务大数据体系,推进政务数据依法有序流动、高效共享、有效利用、高质赋能,为营造良好数字生态,提高政府管理服务效能,推进国家治理体系和治理能力现代化提供有力支撑。

2022年12月,《中共中央 国务院关于构建数据基础制度更好发挥数据要素作用的意见》是数据要素体系建设的顶层关键文件,从数据要素、流通交易、收益分配、安全治理四方面就初步搭建我国数据基础制度体系提出了20条政策举措。

2023年1月,《工业和信息化部等十六部门关于促进数据安全产业发展的指导意见》提出,到2035年,数据安全产业进入繁荣成熟期。产业政策体系进一步健全,数据安全关键核心技术、重点产品发展水平和专业服务能力跻身世界先进行列,各领域数据安全应用意识和应用能力显著提高,涌现出一批具有国际竞争力的领军企业,产业人才规模与质量实现双提升,对数字中国建设和数字经济发展的支撑作用大幅提升。

2023年8月,财政部发布关于印发《企业数据资源相关会计处理暂行规定》的通知,具体提出了企业数据资源相关会计、处理的方式方法,进一步扫清了数据要素市场建立、数据资源交易的障碍。

我国数据要素政策体系脉络如图3-2所示。从顶层设计的角度看,中央对于数据要素和数据要素市场布局可谓高瞻远瞩,而且推进迅速。

从地方层面来看,北京、天津、浙江、上海、广东、深圳等省市是在数据要素市场培育和数据产业化发展方面走在前沿的城市。北京致力于在全国率先建成活跃有序的数据要素市场体系,打造数字经济全产业链开放发展和创新高地。天津聚焦构建具有活力的数据运营服务生态,推进数据依法有序流动。浙江定位于推进数据要素服务化应用,发展数据清洗、建模、可视化、信用评价等数据服务,培育数据开发利用产品、产业体系,完善数据创新应用服务生态。上海推动公共数据更广范围、更深层次、更高质量开放,深入赋能治理、经济、生活各领域城市数字化转型,并积极探索跨境数据流动试点。广东出台《广东省数据要素市场化配置改革行动方案》，从供需两端和数据要素全产业链推进各个领域场景数据要素赋能，释放数据生产力潜能。深圳注重从立法层面加强个人信息保护，其颁布的《深圳经济特区数据条例》是国内数据领域的首部基础性、综合性立法。

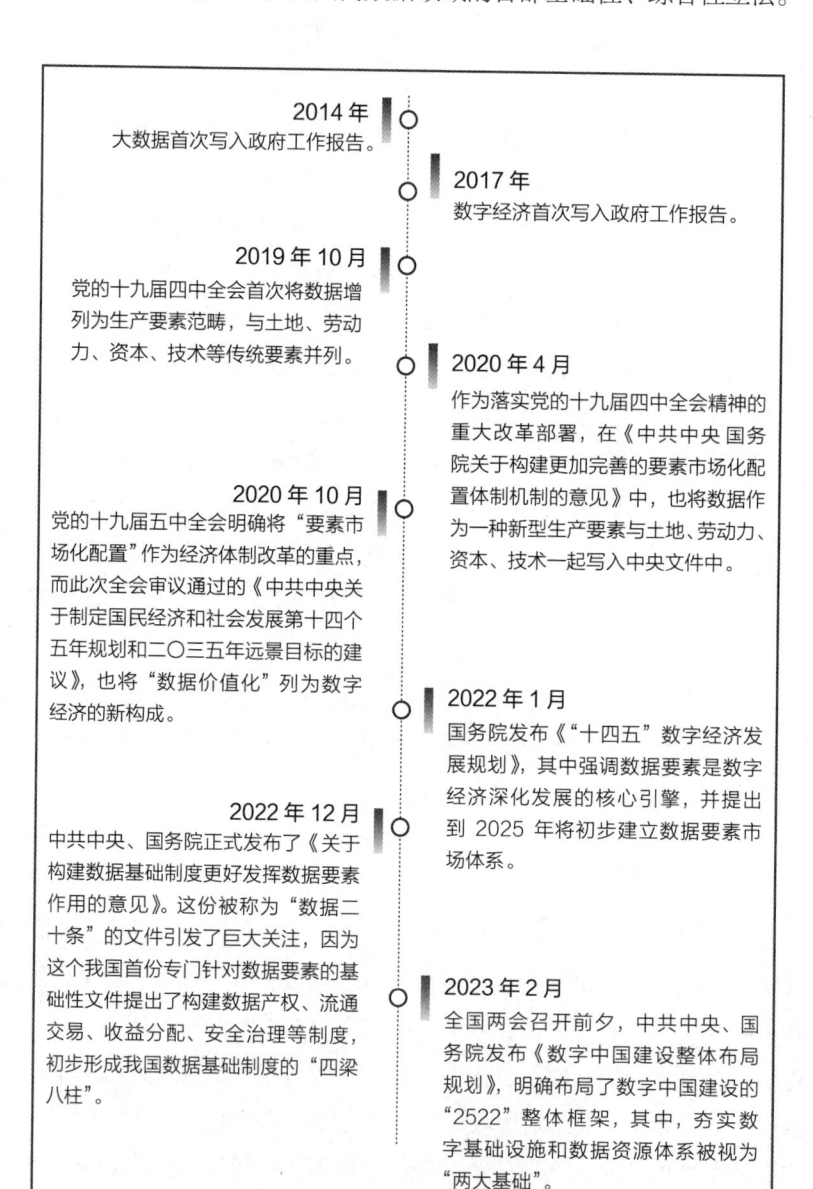

2014 年
大数据首次写入政府工作报告。

2017 年
数字经济首次写入政府工作报告。

2019 年 10 月
党的十九届四中全会首次将数据增列为生产要素范畴，与土地、劳动力、资本、技术等传统要素并列。

2020 年 4 月
作为落实党的十九届四中全会精神的重大改革部署，在《中共中央 国务院关于构建更加完善的要素市场化配置体制机制的意见》中，也将数据作为一种新型生产要素与土地、劳动力、资本、技术一起写入中央文件中。

2020 年 10 月
党的十九届五中全会明确将"要素市场化配置"作为经济体制改革的重点，而此次全会审议通过的《中共中央关于制定国民经济和社会发展第十四个五年规划和二〇三五年远景目标的建议》，也将"数据价值化"列为数字经济的新构成。

2022 年 1 月
国务院发布《"十四五"数字经济发展规划》，其中强调数据要素是数字经济深化发展的核心引擎，并提出到 2025 年将初步建立数据要素市场体系。

2022 年 12 月
中共中央、国务院正式发布了《关于构建数据基础制度更好发挥数据要素作用的意见》。这份被称为"数据二十条"的文件引发了巨大关注，因为这个我国首份专门针对数据要素的基础性文件提出了构建数据产权、流通交易、收益分配、安全治理等制度，初步形成我国数据基础制度的"四梁八柱"。

2023 年 2 月
全国两会召开前夕，中共中央、国务院发布《数字中国建设整体布局规划》，明确布局了数字中国建设的"2522"整体框架，其中，夯实数字基础设施和数据资源体系被视为"两大基础"。

图 3-2　数据要素政策体系脉络

表 3-2 所列为地方政府数据要素相关政策内容。

表 3-2　地方层面数据要素相关政策一览表

发布时间	地区	文件名称	相关内容
2022 年 12 月	北京	《北京市数字经济促进条例》	为解决数字经济发展中产生的"信息烟囱""数据孤岛"等问题,该条例提出,加快数据要素市场培育,探索建立数据要素收益分配机制,推动数据要素有效流动。回应"数据共享"需求,条例设计了统一管理的"公共数据目录"和共享机制,推动公共数据和相关业务系统互联互通
2022 年 5 月	北京	《北京市数字经济全产业链开放发展行动方案》	利用 2～3 年时间,制定一批数据要素团体标准和地方标准,开放一批数据创新应用的特色示范场景,推动一批数字经济国家试点任务率先落地,出台一批数字经济产业政策和制度规范,加快孵化一批高成长性的数据服务企业,形成一批可复制可推广的经验做法,在全国率先建成活跃有序的数据要素市场体系,数据要素赋能经济高质量发展作用显著发挥,将北京打造成为数字经济全产业链开放发展和创新高地
2018 年 12 月	天津	《天津市促进大数据发展应用条例》	旨在发挥大数据促进经济发展、服务改善民生、完善社会治理的作用,培育壮大战略性新兴产业和加快构建数字经济和智慧城市。该条例自 2019 年 1 月 1 日起施行
2021 年 8 月	天津	《天津市加快数字化发展三年行动方案（2021—2023 年）》	培育数据要素市场,释放数据要素潜在新价值。完善数据要素市场规则:健全数据要素生产、确权、流通、应用、收益分配机制,构建具有活力的数据运营服务生态,制定数据交易管理办法,完善数据资源确权、交易流通、跨境传输等基础制度和标准规范,健全数据要素市场监管体系,推进数据依法有序流动
2021 年 11 月	上海	《上海市数据条例》	上海市坚持促进发展和监管规范并举,统筹推进数据权益保护、数据流通利用、数据安全管理,完善支持数字经济发展的体制机制,充分发挥数据在实现治理体系和治理能力现代化、推动经济社会发展中的作用
2022 年 12 月	上海	《上海市公共数据开放实施细则》	为了促进和规范本市公共数据开放、获取、利用和安全管理,推动公共数据更广范围、更深层次、更高质量开放,深入赋能治理、经济、生活各领域城市数字化转型,依据《上海市数据条例》《上海市公共数据开放暂行办法》等,结合本市实际,制定本细则
2022 年 6 月	上海	《上海市数字经济发展"十四五"规划》	发展目的之一是:到 2025 年底,数据要素市场体系基本建立。全市统一的数据资源体系基本建成,数据交易所等要素市场建设成效显现,数据确权、定价、交易有序开展,利用数据资源推动研发、生产、流通、服务、消费全价值链协同的格局初步形成

续表

发布时间	地区	文件名称	相关内容
2021年7月	广东	《广东省数字经济促进条例》	在数据资源方面，为培育资源配置高效的数据要素市场，该条例提出，要建设城市大数据平台，实行公共数据统一目录管理、分类分级管理，推进公共数据资源共享利用，推动公共数据最大限度开放利用
2022年3月		《广东省数据政府改革建设2022年工作要点》	2022年，将以全省数字政府均衡协同发展为抓手，以数据要素市场化配置改革为引领，聚焦省域治理与政务服务两个着力点，全面深化"数字政府2.0"建设，推动广东省数字化发展持续走在全国前列，推进政府治理体系和治理能力现代化再上新台阶
2021年7月		《广东省数据要素市场化配置改革行动方案》	《行动方案》是对广东省数据要素市场化配置改革主要思路的贯彻落实，即"1+2+3+X"。其中，"1"是坚持"全省一盘棋"，统筹推进数据要素市场化配置改革，完善法规政策，优化制度供给，保障市场的统一开放。"2"是构建两级数据要素市场结构，发挥行政机制和市场机制比较优势，激发各类供需主体活力，促进市场的有序竞争。"3"是围绕数据集聚、运营和交易等环节，推动数据新型基础设施、数据运营机构、数据交易所三大枢纽建设，打通供需渠道，保障数据要素生产、分配、流通、消费各环节循环畅通。"X"是推进各个领域场景数据要素赋能，释放数据生产力潜能
2021年7月	深圳	《深圳经济特区数据条例》	内容涵盖了个人数据、公共数据、数据要素市场、数据安全等方面，是国内数据领域首部基础性、综合性立法。该条例明确提出"数据权益"，并着重强化个人信息数据保护
2021年6月	浙江	《浙江省数字经济发展"十四五"规划》	推进数据要素服务化应用。探索推进数据要素配置流通。探索社会数据市场化运营机制，探索研究数据产品与服务所有权、使用权、收益权，引导市场主体开展数据交易。应用区块链、数据安全沙盒、隐私计算等技术推动数据所有权和使用权分离，实现数据可用不可见。规范培育市场化数据应用服务主体、公益性数据服务组织和研究机构，发展数据清洗、建模、可视化、信用评价等数据服务，培育数据开发利用产品、产业体系，完善数据创新应用服务生态
2020年4月	河北	《河北省数字经济发展规划（2020—2025年）》	培育数字要素市场。支持建设大数据交易中心，探索建立数据要素定价机制，完善数据交易、结算、交付、安全保障等功能，促进数据资产市场化流通。探索建立数据交易过程中资产的交易流转、权属证明、权益保护等机制，构建市场化公共数据资源管理服务体系，建立数据资产登记制度和数据资产交易规则

续表

发布时间	地区	文件名称	相关内容
2021年9月	山东	《山东省大数据发展促进条例》	该条例分为总则、基础设施、数据资源、发展应用、安全保护、促进措施、法律责任和附则,共八章五十二条。主要规定了加强数字基础设施,推动实施国家大数据战略、强化数据采集汇聚和治理,推动数据资源共享开放、强化大数据应用,服务经济社会发展、加强数据安全保护,保障数据运行健康有序、加强扶持和培育,促进大数据创新发展等主要促进措施
2021年7月		《山东省"十四五"数字强省建设规划》	激发数据要素市场活力。构建完善全省一体化大数据资源体系,提升数据治理能力,全面强化数据供给,深化数据创新应用,促进数据要素市场化配置,充分发挥数据创新驱动作用
2021年3月	安徽	《安徽省大数据发展条例》	该条例的主要内容有:一是规定数据资源要统筹管理;二是积极推动大数据开发应用;三是推进大数据发展的促进措施;四是强化大数据安全管理
2021年3月		《安徽省国民经济和社会发展第十四个五年规划和二〇三五年远景目标纲要》	推进数据要素市场化配置。推进农业、工业、交通、教育、安防、城市管理、公共资源交易、社保、卫生健康、金融等领域数据开发利用规范化。探索数字江淮中心法定机构建设,鼓励政企合作开展数据运营。实施数据要素流通工程,探索规范的数据市场化流通、交换机制,打造全国一流的数据交易场所。探索促进数据流通和数据资产转化,保护交易主体权益,打造数据融通、交易便捷、服务协同的生态圈
2022年12月	福建	《福建省数字政府改革和建设总体方案》(闽政〔2022〕32号)	聚焦数字政府改革建设,提出打造集约高效的"1131"基础平台体系、实现政府改革全过程数字化管理、优化政务服务"一网通办"、推进省域治理"一网统管"、提升政府运行"一网协同"、推动公共数据可见可用可变现、创新数字政府应用服务、筑牢可信可靠安全屏障、建立健全法规制度体系和健全完善标准规范体系等十个方面46条任务举措
2021年12月		《福建省大数据发展条例》	该条例明确公共数据以共享为原则、不共享为例外,将公共数据开放分为普遍开放和依申请开放两种类型,普遍开放类的公共数据,公民、法人或者其他组织可以直接从公共数据资源开放平台无条件免费获取;依申请开放类的公共数据须提交申请,经大数据主管部门征求数据提供单位同意后获取
2021年11月		《福建省"十四五"数字福建专项规划》	"十四五"时期新时代数字福建建设的主要目标:到2025年,基本实现数字政府智治化、数字经济高端化、数字社会智慧化、数据要素价值化,成为全方位推进高质量发展超越的强大引擎,成为数字中国建设样板区

续表

发布时间	地区	文件名称	相关内容
2022年12月	厦门	《厦门经济特区数据条例》	探索构建完善数据要素市场基本制度。为促进数据要素依法有序流动，需要探索建立资产评估、登记结算、交易撮合、争议解决等市场运营体系；为科学反映数据要素的资产价值，需要探索构建数据资产评估指标体系，建立数据资产评估制度；为推动将数据要素纳入国民经济核算体系，需要探索建立数据要素统计核算制度
2022年8月	贵州	《贵州省"十四五"数字经济发展规划》	深化数据价值探索，激发数据要素流通新活力。加快推进公共数据资源开发利用，大力推动数据要素汇聚、共享、开放与流通，搭建一批数据要素汇聚流通平台，创建安全可靠开发利用模式，以场景建设为应用，以应用促产业，探索数据有序开发利用的机制和路径，打造全国一流的数据要素集聚开发基地及数据流通市场
2020年5月	山西	《山西省大数据发展应用促进条例》	该条例从明确政府管理职责、制定促进发展优惠政策、提供服务保障措施等方面，推动大数据产业政策的法治化，为大数据健康发展创造良好的法治环境
2022年7月	山西	《关于数字经济高质量发展的实施意见》	到2025年，全省数字经济发展进入"加速期"，数字经济核心产业增加值占地区生产总值比重达到5.4%，数字产业化和产业数字化迈入快速拓展期，数字化治理发展成效显著，数据价值化有序推进，数据作为关键生产要素的价值显现
2021年11月	湖北	《湖北省数字经济发展"十四五"规划》	到2025年，全省数据要素资源体系基本建成，数据开放和流通机制逐步完善，形成数据资产化管理、市场化运营和融合应用的运营生态。推进数据要素资产化运营。探索建立多样化的数据开发利用机制，通过数据开放、授权应用等方式吸引和鼓励社会力量对专题数据进行开发应用，支持地方政府联合企业、行业协会、科研机构协同开展面向场景的数据融合应用
2021年11月	四川	《四川省"十四五"数字经济发展规划》	充分发挥数据要素的基础性作用，加速优化新基建，增强数字经济承载力。注重数据要素对数字经济发展的乘数效应，加快建设数字基础设施，为全省经济社会转型发展、创新发展、跨越发展提供重要支撑
2021年3月	四川	《四川省国民经济和社会发展第十四个五年规划和二〇三五年远景目标纲要》	培育发展数据要素市场。健全公共数据开放和数据资源有效流动的制度规范，制定新一批数据共享责任清单，建立数据分类管理和报备制度，推动数据资源管理地方立法。建立社会数据开发利用机制，加大数据采集、加工、存储、分析和应用力度，促进数据价值增值。创新大数据应用模式，加快构建产业、城市管理、信用监管、公共资源交易等领域规范化数据开发应用场景。研究制定数据权属界定、流通交易规则，推动开展数据资产确权、评估、定价、质押、抵押。发挥数据经纪商等市场中介作用，扩大数据市场交易。探索数据跨境流动试点

续表

发布时间	地区	文件名称	相关内容
2021年8月	江苏	《江苏省"十四五"数字经济发展规划》	加快数据要素市场化步伐。公共数据资源汇聚、管理、流通、开放的体系基本形成,开展一批有影响力的数据开发利用试点,各类主体数据治理能力显著增强,数据确权、定价、交易、资本化有序开展,数据清洗、标注、评估等数据交易服务新业态不断涌现,数据要素市场体系基本形成,数据价值得到进一步释放
2022年5月	黑龙江	《黑龙江省促进大数据发展应用条例》	该条例第三章聚焦数据要素市场。省人民政府应当统筹规划,加快培育数据要素市场。省政务数据主管部门应当会同有关部门建立数据交易平台,引导依法交易数据,规范数据交易行为,加强数据交易监管,促进数据资源依法有序、高效流动与应用。省人民政府应当制定政策,培育数据要素市场主体,鼓励研发数据技术、推进数据应用,深度挖掘数据价值,通过实质性加工和创新性劳动形成数据产品和服务
2022年3月		《黑龙江省"十四五"数字经济发展规划》	坚持应用牵引、数据赋能。以数字化发展为导向,激发数据要素价值,释放数据要素潜能,以数据流促进生产、分配、流通、消费各个环节高效贯通,充分发挥数据对经济发展的放大、叠加、倍增作用,推动数据从资源到资产、资本的转化,以应用促改革、促转型、促发展
2020年11月	吉林	《吉林省促进大数据发展应用条例》	该条例包括总则、数据处理、发展应用、促进措施、数据安全与保护、法律责任和附则,共七章六十一条,全面规范了公共数据采集、归集、应用、安全等全过程管理的内容,彰显了我省推动促进大数据发展应用的决心和力度
2022年3月	湖南	《湖南省"十四五"数字政府建设实施方案》	探索数据要素市场化配置。建立数据市场定价、收益分配、交易监管等机制,根据国家部署,探索建立湖南大数据交易中心,搭建湖南数据交易服务平台,提供数据交易、结算、交付、安全保障等综合配套服务,引导、规范市场主体开展数据交易
2021年10月	辽宁	《数字辽宁发展规划(2.0版)》	要充分发挥数据作为关键生产要素的放大、叠加、倍增效应,夯实数字基础设施,加快数字科技创新,聚焦数字产业化、产业数字化,大力发展数字经济,培育壮大新动能,形成多点支撑、多业并举、多元发展的产业发展新格局,以数字化倒逼改革,增强数字政府效能,优化数字社会环境,提升公共服务、社会治理的智能化水平,加快"数字蝶变",为全面建设"数字辽宁 智造强省",实现辽宁全面振兴全方位振兴提供有力支撑

续表

发布时间	地区	文件名称	相关内容
2022年11月	陕西	《陕西省"十四五"数字经济发展规划》	培育数据要素市场。健全数据要素流通体制机制，完善数据要素流通市场环境，推动数据要素加速流通，加强数据资源开发保护利用，促进数据要素高效配置，充分释放数据要素价值
2022年4月		《陕西省人民政府办公厅关于印发加快推进数字经济产业发展实施方案（2021—2025年）》	培育数据要素市场。建立数据确权、价值评估、交易流通、数据传输和安全保护等基础制度和标准规范，健全数据产权交易和行业自律机制，探索建立数据产权保护和利用制度。推动陕西数据产品超市平台建设，构建规范化数据产品交易渠道。推进政府数据开放共享平台建设，支持大型工业企业、互联网平台企业等行业龙头企业与公共数据运营机构合作，开展数据汇聚与融合应用试点，创新数据合作新模式
2021年9月	甘肃	《甘肃省"十四五"数字经济创新发展规划》	创新培育数据要素市场体系。建设全省一体化大数据中心协同创新体系，按照国家要求，建设甘肃省一体化大数据中心协同创新体系，引导数据中心集约化、规模化、绿色化发展。充分发挥我省资源优势，重点提升算力服务品质和利用效率，积极承接后台加工、离线分析、存储备份等非实时算力需求，打造面向全国的非实时性算力保障基地
2022年6月	江西	《江西省"十四五"数字经济发展规划》	推动数据资源开发利用，充分发挥数据要素作用。充分发挥数据资源关键生产要素作用，优化数据要素市场化配置体制机制，强化数据资源汇聚融合、创新应用、交易流通，不断释放数据资源价值
2020年8月	广西	《推进广西政务数据要素融合应用实施方案》	围绕"三纵"（政策标准体系、考核评价体系、安全运维体系）、"四横"（基础中台、数据中台、应用中台、开放生态圈）、"五个一"（一云承载、一网通达、一池共享、一事通办、一体安全）的数字政府顶层规划和标准规范进行创新创造
2022年12月		《广西数据要素市场化发展管理办法（征求意见稿）》	自治区应当将数据要素市场化发展纳入本级国民经济和社会发展规划，建立健全工作协调机制，完善政策措施，保障数据要素市场化发展和管理工作所需经费，深化数据要素市场化配置改革，培育公平、开放、有序、诚信的数据要素市场
2021年12月	重庆	《重庆市数字经济"十四五"发展规划（2021—2025年）》	激活新要素，充分发挥海量数据价值。完善全市公共数据资源共享交换体系，持续增强数据要素的集聚和利用效率。以数据采集、数据确权、数据标注、数据定价、数据交易、数据流转、数据保护等为重点，加速推进数据要素价值化进程

续表

发布时间	地区	文件名称	相关内容
2022年2月	河南	《河南省"十四五"数字经济和信息化发展规划》	探索建立数据价值体系。开展数据要素价值化试点，加强数据标准制定、确权、定价、流通、资本化、监管研究，探索建立数据流通机制、应用体系、监管与安全体系，推进数据由资源化向资产化、资本化过渡，建设数据价值化试验基地。到2025年，数据价值体系基本建成，数据作为生产要素全面参与生产分配，在政务数据开放应用及农业、物流、文旅等优势行业领域数据价值化应用全国领先
2021年3月	海南	《海南省国民经济和社会发展第十四个五年规划和二〇三五年远景目标纲要》	推动数据安全有序流动。创新数据资源确权、开放、流通、交易等相关制度，加快培育数据要素市场，推进数据安全有序流动。在国家数据跨境传输安全制度框架下，开展数据跨境传输安全管理试点。推动开放增值电信业务。积极推动安全有序开放基础电信业务
2021年10月	内蒙古	《内蒙古自治区"十四五"数字经济发展规划》	加快培育数据要素市场。紧盯国内外数据交易流通产业发展方向，加强自治区与国内外高校、研究机构及先进企业合作，探索开展数据交易流通服务。探索建立数据权属规则及分级分类规范标准，积极培育数据资产评估、大数据征信、数据资产质押等关联业态。重点推动自治区特色行业数据商品、算法、数据服务、商业数据衍生品交易
2022年1月	宁夏	《宁夏回族自治区数字经济发展"十四五"规划》	着力推进数据要素高效配置与价值提升。培育完善数据要素市场，加快数字经济发展模式创新。激活数据资源应用价值。以释放数据价值为导向，加强数据资源确权、流通、交易、应用、开发、保护等规则体系研究。探索建立社会数据市场化运营机制，鼓励依托国内现有大型数据交易平台开展数据交易试点，强化数据交易行为管理，逐步构建数据要素价格公示、监测预警、价格调查制度，引导市场主体依法合理行使数据定价自主权，依法合规开展数据交易
2021年6月	西藏	《西藏自治区国民经济和社会发展第十四个五年规划和二〇三五年远景目标纲要》	提升电子政务网络承载力、覆盖面，建立全区统一基础云平台（二期）和政务数据共享开放平台，实现政务数据汇聚、融通、应用。推进土地、劳动力、资本、技术、数据等要素市场化改革。推进政府数据开放共享，提升社会数据资源价值，加强数据资源整合和安全保护
2022年5月	云南	《云南省数字经济发展三年行动方案（2022—2024年）》	探索政府数据授权运营模式，鼓励第三方深化对公共数据的挖掘利用。支持大理州探索建设数据要素市场化试点城市，推进数据安全和数据要素一体化治理。研究论证设立云南面向南亚东南亚数据流通交易服务中心，规划建设集成智能撮合、合规公证、可信流通、价格生成、跨境通道等功能的综合性数据流通应用共性服务体系。积极争取国家数据要素创新试验区等试点示范项目落地云南

续表

发布时间	地区	文件名称	相关内容
2022年3月	青海	《2022年青海省促进数字经济发展工作要点》	加快发展以行业云应用和大数据分析、处理、交易等为主要内容的云计算产业。加快推动社会各领域大数据汇聚融合应用，充分挖掘数据价值，拓展丰富大数据应用场景
2022年6月	新疆	《新疆维吾尔自治区国民经济和社会发展第十四个五年规划和2035年远景目标纲要》	推进土地、劳动力、资本、技术、数据等要素市场化改革。健全要素市场运行机制，完善要素交易规则和服务体系

三、数据要素政策带来的影响

数据要素相关制度与政策的密集出台将推动大数据相关产业的聚合与融合，形成一个全新的数据要素产业，进一步推动数据所有者对外开放数据，持续激活数据要素市场发展动力。

一是政策加快培育数据要素市场。随着数据要素基础制度和政策的颁布，以数据生产、数据流通、数据利用为主线的数据要素产业将迎来真正发展期。从市场规模来看，"十三五"期间，由数据采集、数据清洗、数据标注、数据交易等核心数据要素环节构成的中国数据要素市场规模快速增长。据国家工业信息安全发展研究中心测算，2020年我国数据要素市场规模达到545亿元，预计到2025年，规模将突破1749亿元，整体上进入高速发展阶段。从数据交易机构的数量和构成来看，据国家工业信息安全发展研究中心统计，截至2022年8月，全国已成立44家数据交易机构。部分数据交易中心有上市公司参股，且绝大多数上市公司股东本身具备一定IT基础设施集成、数据管理平台建设等方面的能力，可在数据交易所建设过程中提供技术支持。例如，中国电信、中国联通、万达信息等7家上市公司参股了上海数据交易所有限公司；广电运通参股了广州数据交易有限公司；华扬联众则连续参股了山东、安徽、上海等地的数据交易机构。

二是数据产业链企业迎来利好。数据要素市场包含数据采集、数据存储、数据加工、数据流通、数据分析、数据应用、生态保障七大模块。首先，数据的虚拟性、非竞争性、价值不确定性等三大特性，使得数据要素一开始就伴随着安全问题，导致数据要素所在的基础设施对数据安全、网络安全的需求日益旺盛。其次，数据交易机构的增加加速了数据流通，将为数据服务商迎来增值空间，如拥有数据资源的企业、与政府合作开展公共数据运营的企业及进行数据加工与保障数据安全的企业将有较好的成长机会。最后，信创标的有望持续扩展。以CPU、操作系统、数据库、办公软件为代表的基础软硬件产品型公司，ERP、OA等通用管理软件企业，以及面向重点行业的管理软件和业务软件厂商，将迎来较高的景气度。

三是数据作为生产要素，深入产业链环节，或影响居民消费行为。首先，降低数据要素生产环节所需的成本，可降低厂商使用数据要素的准入门槛，提升消费品供给的多样化和定制化，促使消费者的"潜在需求"转变为"现实需求"。其次，数据要素驱动的数字化技术创新通过要素重组升级引致的效率变革，提升全要素生产率，提高资本、劳动和数据要素产出效率，经济增长带来的财富效应促进消费增长。最后，改进数据质量可将消费大数据中的精准信息提供给厂商，有效缓解供给侧厂商与需求侧消费者的信息不对称，促进居民消费倾向提升。可见，数据要素可通过价格效应、财富效应及缓解信息不对称等机制，影响居民消费决策，但作用效果与长短期效应不尽相同，难以依靠简化型模型的因果分析直接体现"正负"影响。

第二节
新型工业化

世界近现代经济发展史表明，工业化是一个国家经济发展的必由之路。从产业结构变迁的视角来看，工业化是一个国家从以农业为主导向以工业为主导演进的过程。从生产要素的组合方式来看，工业化是从劳动密集型向技术密集型和资本密集型生产模式不断突破的过程。在全球工业与科技日新月异的背景下，周期性地更新对工业化的认识和政策管理十分必要。虽然人类工业化的进程还不到300年，但工业革命带来的产业周期性变革加速了人类文明的进程。从以蒸汽为动力的工业化、以电力为动力的工业化、以汽车和飞机等大型装备制造产品为代表的工业化、以电子计算机为代表的工业化，直至当前席卷各国的信息化、智能化、数字化，工业化产品与服务不断变化，工业化的资源配置模式不断迭代，人类对工业化的认识、论述和政策管理也理应根据产业发展规律进行周期性的调整与更新。

一、全球工业化政策演进

（一）欧美国家工业化的重要进程

欧美国家在过去几十年里，经历了从工业化到去工业化再到再工业化的历程。这一历程的发展是技术变革、市场需求和政策引导等多方面因素共同推动的结果。

欧美国家在19世纪时开始了工业化阶段。在这个阶段，工业革命带来了大规模的机械化生产，推动了城市化进程，促进了经济的快速增长和社会变革。随着科技的进步，新兴的工业部门蓬勃发展，如制造业、运输业和矿业等，使国家实力得到了显著增强。科技创新成果的不断涌现与产业化是驱动工业化的不竭动力，工业产品和服务的国际竞争日益表现为产业与创新双重竞争的新格局。

20世纪后半叶，一些欧美国家开始出现去工业化的趋势。主要原因之一是劳动力成本的增加和竞争力下降，导致许多传统工业企业关闭或转移到低成本国家。这些国家也面临环境问题，包括工业活动带来的污染和资源消耗，因此开始实施环保政策，限制工业发展。在这个阶段，经济活动逐渐向服务业、金融业和创意产业等高附加值领域转移。新信息技术和通信技术带来了数字化经济的兴起，推动了服务业的快速发展。而高新技术产业，如生物技术、航天技术和新能源产业等，也成为国家经济的重要支柱。

随着科技和创新日益活跃，以及全球化趋势的加速，一些欧美国家逐渐认识到再工业化的必要性，开始实施再工业化政策，以恢复和重建本国制造业的竞争力，鼓励本土企业生产高附加值产品，并提高产品质量和技术含量。再工业化是指通过技术创新、工业政策和供应链协同等手段，吸引制造业企业回流或吸引外国投资，重振传统工业部门并提升其竞争力。再工业化还涉及重要产业的发展，如生物技术、新能源、航空航天、人工智能等领域的技术创新和发展。

总结起来，欧美国家的去工业化和再工业化历程是一个由工业化到去工业化再到再工业化的循环发展过程。这一进程是由科技进步、市场需求和政策引导共同推动的。通过技术创新、业务引导、模式创新和供应链协同等手段，欧美国家不断适应和转型，并在全球经济中保持竞争优势。

（二）欧美国家工业化不同时期的政策导向及社会影响

欧美国家工业化、去工业化和再工业化三个时期的政策导向可以总结如下。

1. 工业化时期

欧美国家工业化时期的主要政策导向是实行自由贸易和自由市场经济，以推动工业发展为核心，以增加经济产出和提高国家实力为目标。这些国家政府采取了一系列的政策措施来促进工业化的进程，如推动基础设施建设、吸引外国直接投资、提供技术和财政支持、鼓励私营企业的发展、制定法律法规来保护工业利益，以及发展教育、培养工业人才等。这些政策导向带来了巨大的社会变革。

第一，工业化带来了大规模的城市化，大量农村人口涌入城市从事工业生产，城市人口快速增长。城市化的过程中，城市基础设施、交通网络逐渐完善，城市面貌发生了巨大的变革。

第二，工业化带动了劳动力的转移。农业劳动力向城市迁移，形成了城市化的趋势，城市人口迅速增加。劳动力从农业转移到工业部门，提高了就业机会和人们的生活水平。然而，这也导致了农村地区人口减少，造成了农业劳动力的短缺和农村经济的衰退。

第三，工业化推动了科技和技术的发展。工业革命带来了许多重要的发明和创新，如蒸汽机、电力和电信技术等，这些技术的应用改变了生产方式和社会结构。劳动力从传统的手工劳动向机械化劳动转变，生产效率大幅提高。

第四，工业化还改变了生产方式和生活方式。工业化带来了大规模生产和大规模消费，商品丰富，改善了人们的生活条件。

最后，工业化对社会结构和阶级分化产生了重要影响。工业阶级的形成，工人阶级和资本家之间的矛盾日益加深，劳资关系也逐渐成为社会矛盾的重要方面。随着工人运动和工会的兴起，社会政治格局也发生了深刻变化。

综上所述，欧美国家工业化时期的主要政策导向带来了城市化、劳动力转移、科技发展和社会结构变化等重要的社会变革。这些变革对当时的经济、政治和社会发展产生了深远的影响。

2. 去工业化时期

随着工业化进程的推进，一些欧美国家在 20 世纪后期和 21 世纪初面临了去工业化的挑战。去工业化的政策导向主要是调整经济结构，减少工业部门的比重，转向服务业和知识经济的发展，以实现经济结构的转型和提高国家的竞争力。政府采取了一系列政策来推动去工业化，包括提供资金支持、创造有利的法律和政策环境、鼓励服务业和创新等。去工业化政策主要体现在以下三方面。

一是产业结构调整。欧美国家在去工业化时期主要通过调整产业结构，减少工业部门的比重，转向服务业和知识经济的发展。政府采取了各种措施，如提供资金支持、制定有利的法律和政策环境来促进服务业和知识经济的发展。

二是劳动力转移和培训。随着工业部门的减少，许多工人面临失业的风险。为了缓解这种压力，政府采取了劳动力转移和培训的政策，帮助工人转向其他行业，并提供相应的培训和支持。

三是环境保护：在去工业化时期，欧美国家对环境保护的意识增强。政府加强了环境保护的法律和政策，推动工业部门的环保措施和技术革新，以减少环境污染的影响。

欧美国家去工业化的政策加速了欧美国家产业结构调整升级的步伐，产生了一系列经济社会影响。

首先，去工业化带来了一定的就业压力：随着工业部门的减少，许多工人面临失业的压力。虽然政府采取了一系列的措施来促进劳动力转移和培训，但仍然存在一定程度的就业压力。

其次，通过去工业化，欧美国家实现了产业结构的调整，减少了工业部门的比重，推动了服务业和知识经济的发展。这促进了经济的转型和升级，提高了经济的竞争力。

再次，去工业化有利于环境改善。欧美国家在去工业化时期加强了环境保护的力度，推动工业部门的环保措施和技术革新。这导致了环境质量的改善，减少了环境污染对人民健康和生活质量的影响。

最后，去工业化也带来了社会变革，如职业结构的变化、教育和技能水平的提高等。随着服务业和知识经济的发展，人们的职业选择和生活方式发生了变化，社会结构也发生了一定的调整。

3. 再工业化时期

一些欧美国家在面对去工业化的挑战后,开始重新注重工业部门的发展,进入再工业化时期。再工业化的政策导向主要是重新促进工业化的发展,提高工业部门的比重和竞争力。政府采取了一系列政策来推动再工业化,此时的政策目标是实现经济的稳定增长、提高国家的工业产能和竞争力。

一是技术创新和研发支持。欧美国家在再工业化时期重视技术创新和研发,通过提供资金支持、制定有利的法律和政策环境等措施来推动科技进步和产业升级。如德国通过加强工程技术和制造业的研发力量,提高产品质量和技术水平,使其汽车、机械和化工等传统产业在全球市场中保持竞争优势。又如,美国于2021年5月通过了《无尽的前沿法案》,要求通过新的法案推动科学技术研究,力图以更加规范化、制度化的规则重塑美国制造业的创新基础,进一步提升美国工业竞争力。

二是制造业发展支持。再工业化时期,欧美国家也重视制造业的发展,通过提供财政、税收等优惠政策来促进制造业的增长和创新。

三是教育和人力资源培养。为了满足再工业化时期对高技术人才的需求,政府加大了对教育的投资,提高了人力资源培养的质量和数量。

这些政策导向和措施产生了一些经济社会影响,具体表现在以下方面。

首先,通过技术创新和研发支持,再工业化时期欧美国家实现了经济增长,提高了产业的竞争力和创新能力。

其次,再工业化时期的制造业发展和技术创新带来了新的就业机会,促进了就业率的提高。

再次,尽管再工业化带来了经济增长和就业机会增加,但也加剧了收入不平等现象。高技术人才和知识工作者的收入较高,而低技术工人的收入可能受到压制。

最后,再工业化也引发了社会变迁,如职业结构的变化、教育水平的提高等。这些变化可能会导致社会结构的调整和社会差距的扩大。

需要注意的是,不同国家在不同的时期可能存在着不同的政策导向和策略,具体政策措施会因国家的经济状况、发展阶段和政治环境等因素而有所变化。

(三)中国新型工业化政策演进

坚定不移走工业化道路是新中国成立以来每一代领导集体不变的宏伟理想,并且在一代一代的政策管理中得到贯彻实施。我国从 20 世纪 40 年代就倡导工业化,新中国成立后多次强调要把中国从落后的农业国变成先进的工业国。传统计划体制下,工业化的政策管理立足于提升工业产品产量、提高工业在整个经济中的比重、提升工业就业在整个就业中的份额,推进工业的数量增长与规模化扩张。十一届三中全会以后,我国立足处于社会主义初级阶段的基本国情,深刻认识到发展社会生产力是要解决实现工业化和生产的商品化、社会化、现代化这一历史命题,肩负着既要着重推进传统产业革命,又要迎头赶上世界新技术革命的双重任务,完成这个任务,必须经过长期、有步骤、分阶段的努力奋斗,由此提出"三步走"的发展战略,强调深化体制机制改革和发展高科技产业,以实现工业总量扩大与结构优化。

一方面,随着改革开放的不断深入和工业化的持续推进,中国经济总量已经位居世界前列,完备的产业体系基本确立,工业成为稳定经济发展的压舱石,在多个行业形成规模庞大、技术领先的生产实力,有丰沛的人力资源和便利的软硬件基础设施。另一方面,全球数字经济的蓬勃发展和全球资源能源约束趋紧给世界工业变革既带来数字化、智能化发展机遇,又提出降低能源消耗、寻求能源替代和绿色化升级改造等系列挑战。由此,我国的工业化政策体系也不断演进,融入了更多数字化、绿色化色彩。

1. 2002—2012 年:新型工业化道路的提出

2002 年我国首次提出"新型工业化"的概念,党的十六大报告明确提出"坚持以信息化带动工业化,以工业化促进信息化,走出一条科技含量高、经济效益好、资源消耗低、环境污染少、人力资源优势得到充分发挥的新型工业化路子",通过增强工业自主创新能力继续推进市场经济体制改革,充分肯定市场在资源配置中的基础性作用。党的十六大明确确定了第一个百年奋斗目标,并提出在 21 世纪前 20 年基本实现工业化。值得一提的是,那时的新型工业化只强调信息化,描绘的是一个相对独立的工业化模式,未将中国的工业化与全球化相融合。随着 2002 年中国加入世贸组织,中国工业企业通过引进国外资源和技术,参与制造业全球生产体系,迎来了新一轮工业结构的变迁和升级,坚持走新型工业化道路也成为我国在新一轮科技革命中构筑国际竞争优势的关键。面对新一轮科技革命及国内外环境的变化，党的十七大报告进一步强调，要"坚持走中国特色新型工业化道路"。

2008年国际金融危机之后，"再工业化"成为欧美各国获取大国博弈竞争优势的重要战略，工业化问题再次成为舆论界关注的核心议题之一。2011年，杰里米·里夫金在《第三次工业革命》中预言，一种建立在互联网和新能源相结合基础上的新经济即将到来，我们正处于第三次工业革命的开端。从系统替代的视角来看，个性化消费需求升级、发展理念的转变和技术创新的突破构成了第三次工业革命发展的动力，最终会形成替代第二次工业革命的以新材料、互联网技术、数字制造技术和可再生能源技术等重大创新与融合为技术突破，以智能制造、绿色制造为其产业发展方向的绿色智能、可持续发展的社会化大生产系统，这也对我国的新型工业化提出新的要求。党的十八大报告指出，"坚持走中国特色新型工业化、信息化、城镇化、农业现代化道路，推动信息化和工业化深度融合"。从工业和信息化"融合"到工业和信息化"深度融合"，"新型工业化"内涵不断丰富，逐步形成以产业政策为引领，产业创新和技术创新相互促进的新格局。

2. 新时代工业政策的新发展：向工业强国迈进（2012年至今）

党的十八大以来，中国的工业化政策尤为注重工业的发展质量，更加强调工业由大到强转变的重要性，开始制定并全面推进制造强国战略。党的十九大报告提出，"更好发挥政府作用，推动新型工业化、信息化、城镇化、农业现代化同步发展""建设现代化经济体系，必须把发展经济的着力点放在实体经济上，把提高供给体系质量作为主攻方向，显著增强我国经济质量优势"。党的二十大报告指出，"坚持把发展经济的着力点放在实体经济上，推进新型工业化"。从"必须"到"坚持"，两字之变折射出党中央和国务院继续夯实实体经济根基的明确态度。实体经济是构筑未来发展战略优势的重要支撑，发展实体经济的重点是发展以制造业为主体的新型工业。党的二十大报告提出的"新型工业化"，不是只讲工业增加值，而是要做到"科技含量高、经济效益好、资源消耗低、环境污染少、人力资源优势得到充分发挥"的新型工业化，并实现这几方面的兼顾和统一。这是新型工业化道路的基本标志和落脚点，也是实体经济发展的着力点。走新型工业化道路，促进数字经济与实体经济深度融合，是我们弥补工业发展过程中结构性失衡、区域发展不平衡、供应链产业链不畅等问题的关键所在。我国新型工业化概念的演进过程如图 3-3 所示。

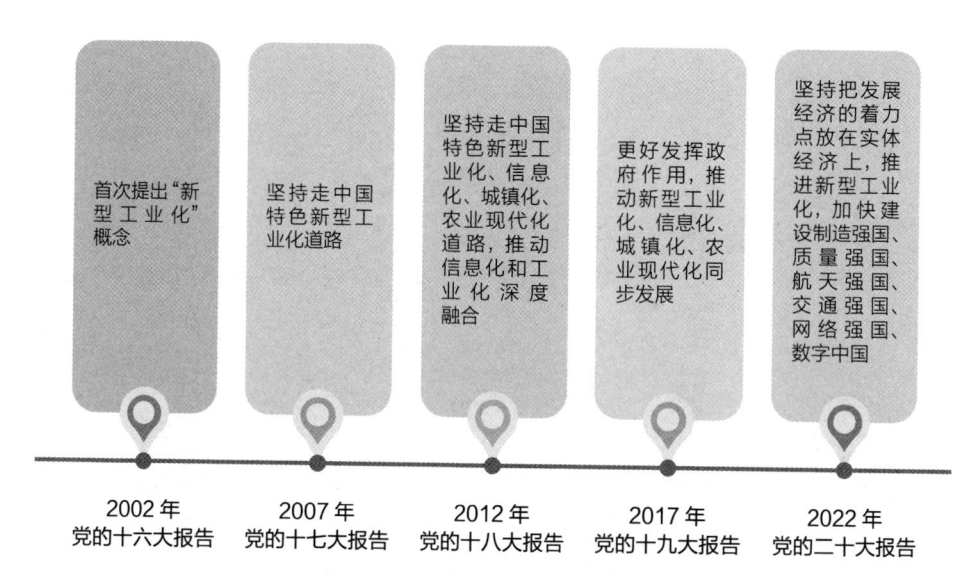

图 3-3　我国新型工业化概念的演进

2002 年 党的十六大报告	2007 年 党的十七大报告	2012 年 党的十八大报告	2017 年 党的十九大报告	2022 年 党的二十大报告
首次提出"新型工业化"概念	坚持走中国特色新型工业化道路	坚持走中国特色新型工业化、信息化、城镇化、农业现代化道路，推动信息化和工业化深度融合	更好发挥政府作用，推动新型工业化、信息化、城镇化、农业现代化同步发展	坚持把发展经济的着力点放在实体经济上，推进新型工业化，加快建设制造强国、质量强国、航天强国、交通强国、网络强国、数字中国

我国在加强新型工业化和现代化建设的过程中，注重经济发展方式的转变，致力于从以劳动密集型为主向以资本密集型、技术密集型为主进行转型。

进入新时代以来，发展战略性新兴产业、促进创新仍然是中国工业化政策的重要组成。相继出台了《关于大力推进大众创业万众创新若干政策措施的意见》《国家创新驱动发展战略纲要》《国务院关于印发新一代人工智能发展规划的通知》《国务院关于强化实施创新驱动发展战略进一步推进大众创业万众创新深入发展的意见》等一列政策。《"十四五"规划纲要》则进一步优化和完善了支持战略性新兴产业发展，一方面提出"聚焦新一代信息技术、生物技术、新能源、新材料、高端装备、新能源汽车、绿色环保及航空航天、海洋装备等战略性新兴产业，加快关键核心技术创新应用，增强要素保障能力，培育壮大产业发展新动能"，另一方面提出要"在类脑智能、量子信息、基因技术、未来网络、深海空天开发、氢能与储能等前沿科技和产业变革领域，组织实施未来产业孵化与加速计划，谋划布局一批未来产业"。后者的提出，意味着在新兴产业、高新技术领域，中国将采用更为主动、更为前瞻性的战略，力图未来在新的关键性领域实现超越与引领。我国新型工业化政策的演进如表 3-3 所列。

二、中国新型工业化的内涵

"新型工业化"是中国在经济转型和产业升级过程中所倡导的一种工业化模式。相较于以往的工业化，新型工业化更强调信息化与工业化的相互作用，要求走科技含量高、资源消耗低、环境污染少、人力资源优势得到充分发挥的新型工业化路子。新型工业化之路，促进工业信息化是发展方向，加强资源节约与环境保护是管理约束，增加科技含量是政策基础，推动人力资源利用是社会要求，实现更好的经济效益是持续保障。整体来看，新型工业化的内涵包括以下几个方面。

一是全面创新驱动。 新型工业化注重科技创新和技术进步，加强研发投入和创新能力培养，推动产业技术升级和产品升级，提升产业链附加值，增强经济竞争力。

二是数字化智能化。 借助物联网、大数据、人工智能等信息技术与传统产业深度融合，推动工业生产、管理和服务的数字化转型，提高生产效率、质量和灵活性，提高产业的数字化、智能化和网络化发展水平。

三是绿色可持续发展。 新型工业化强调环境友好和资源节约，推动绿色技术创新和清洁生产，减少污染物排放和资源消耗，保护生态环境，实现经济发展与环境保护的良性循环。

四是区域协调发展。 新型工业化不仅关注经济发达地区，也强调促进贫困地区和发展滞后地区的产业升级和经济发展，通过区域经济协调发展，促进城乡一体化发展，推动工业空间布局的合理调整，实现经济的整体平衡和社会公平。

五是高质量发展。 适应社会主要矛盾变化，通过终端需求带动有效供给，把实施扩大内需战略同深化供给侧结构性改革有机结合起来，推动消费升级，提升产品和服务的质量、品牌价值，优化产业结构，提高经济增长的质量和效益。

六是可持续产业链。 新型工业化倡导构建可持续发展的产业链，关注供应链、产业链和价值链的协同发展，推动产业间的共生共赢，促进产业链上下游的合作和联动。

总体而言，中国新型工业化以绿色、创新、数字化、高质量、协调和可持续为核心要素，旨在推动经济发展与环境保护、科技创新与产业升级、区域发展与社会协调相统一，实现经济转型升级和可持续发展的目标。

三、新型工业化政策带来的产业机遇

在绿色产业方面，新型工业化政策推动工业绿色可持续发展，促进了绿色产业的兴起。清洁能源、环保设备、可再生能源等领域的企业将迎来新的发展机遇。同时，节能环保技术和服务也将得到加强需求。

在高科技产业方面，新型工业化政策注重科技创新和技术进步，推动产业的技术升级和创新发展。人工智能、大数据、物联网、云计算等高科技产业将得到快速发展，相关技术和产品的研发和应用也将带来新的商机。

在数字经济方面，新型工业化政策推动了数字化经济的发展，包括电子商务、工业互联网、工业软件、在线教育、互联网金融等领域的行业将迎来新的机遇。同时，互联网和信息技术的快速发展也为传统产业提供了数字化转型的机会。

在制造业升级方面，新型工业化政策加强了制造业的发展，特别是高端装备制造、智能制造等领域。制造业企业将面临市场扩大、产品升级和技术创新的机遇，提高产品质量和技术含量，提升竞争力。如利用数字孪生、人工智能等新兴技术改造既有工艺和设备，提高了产品质量和生产效率。先进制造业和现代服务业深度融合，推动了研发设计、第三方物流、金融服务、节能环保、服务外包等领域向专业化和价值链高端延伸，为制造业高质量发展赋能。

在城乡发展平衡方面，新型工业化政策注重推动城乡一体化发展，特别是重视农村产业发展，农产品加工、乡村旅游、农业科技等领域将迎来新的机遇，同时也为农民提供了更多的就业和创业机会。

总之，新型工业化政策为各领域产业提供了发展的机遇，通过推动绿色产业、高科技产业、数字经济、制造业升级和城乡发展平衡，将促进产业结构优化和经济增长转型，推动中国经济向高质量发展。

第三节

新型城镇化

一、欧美国家城镇化典型模式

欧美国家的城镇化进程是一个长期的历史过程，每个国家都有其特殊的情况和特点，典型模式可以归纳为以下几个方面。

1. 工业化城镇化模式

在工业化进程中，欧美国家经历了大规模的农村人口向城市迁移的过程。在这种模式下，城镇化与工业化密切相关，城市成为工业发展的核心区域。以19世纪的英国为例，工业革命催生了大量的工业城市，如伦敦、伯明翰、曼彻斯特等，吸引了大量农民和工人前往城市寻找工作机会。随着时间的推移，英国的城镇化进程逐渐趋于稳定，经济发展重心从工业转向了服务业和知识经济。

2. 产业多元化城镇化模式

在经济结构逐渐多元化的情况下，城镇化进程也趋向多样化。典型案例是美国的城镇化模式。美国的城镇化进程开始于18世纪末，随着工业化的推动，到20世纪初，形成了以大城市为中心的多个都市圈，如纽约、洛杉矶、芝加哥等。这些都市圈以不同的产业为支撑，形成了各自的特色和优势。在20世纪后期，美国的城镇化进程更加多样化，尤以技术创新和高科技产业最具特色。

3. 后工业化城镇化模式

随着经济的发展和产业结构的升级，欧美国家逐渐进入后工业化阶段。在这个阶段，服务业和知识经济成为城市发展的重要驱动力。例如，以德国为代表的欧洲国家在后工业化进程中，城市经济逐渐向高科技、高附加值和创新型产业转变，如汽车工业、机械工业、金融服务等，柏林、汉堡、慕尼黑等城市成为重要的工商业中心。

4. 可持续城镇化模式

随着环境和社会问题的日益凸显，可持续发展成为城镇化的重要目标。欧美国家开始重视环境保护、资源利用和社会公平等方面的因素。例如，丹麦的哥本哈根被认为是可持续城镇化的典范，城市规划注重绿色空间、公共交通和可再生能源的利用。法国的城镇化进程更加注重可持续发展和环境保护。

总的来说，欧美国家的城镇化进程和典型模式是多样化的，从工业化模式到产业多元化及后工业化和可持续发展模式的转变，反映了不同阶段和不同国家的城镇化特点和发展方向。欧美国家在城镇化进程中积累了丰富的经验和建立了相应的政策体系。这些经验和政策对中国的城镇化进程提供了一些有益的启示。

第一，可持续发展。欧美国家注重城市规划和环境保护，倡导绿色建筑和低碳交通，致力于创建可持续发展的城市。中国在城镇化过程中也应该注重环境保护和资源的合理利用，推动城市可持续发展。

第二，完善的基础设施建设。欧美国家在城市发展中注重建设完善的基础设施，包括交通、能源、水利、通信等。中国在城镇化进程中也要注重基础设施建设，提高城市的基础设施水平，提供更好的公共服务。

第三，社会公平和包容性。欧美国家在城市发展中注重社会公平和包容性，努力解决城市贫困、住房问题和社会不平等。中国在城镇化过程中也要关注社会公平，提高城市居民的获得感和幸福感。

第四，创新和科技驱动。欧美国家在城市发展中注重创新和科技驱动，推动城市的智能化和可持续发展。中国在城镇化进程中也要注重创新和科技应用，发挥科技的推动作用，促进城市的创新发展。

欧美国家在城镇化进程中的经验和政策体系为中国提供了一些建设性的启示。中国在城镇化进程中应该注重可持续发展、基础设施建设、社会公平和创新驱动，以实现城市化的高质量发展。

二、中国新型城镇化政策演进

随着经济的快速增长，中国需要进一步提升城市化水平，农民进城务工成为城镇化进程中的新常态，加速推动农村劳动力向城市转移的同时，也促进了产业结构的优化和升级及城市创新能力和竞争力的提高。总体来说，中国新型城镇化政策演进经历了以下几个阶段。

1. 20 世纪 80 年代至 90 年代初

这一时期，中国开始推行经济改革开放，城镇化政策主要是为了促进农村劳动力向城镇转移，解决农村剩余劳动力问题。如政府推出了城市户籍改革和农村土地流转等措施，鼓励农民进城务工。

2. 1994年至2002年

中国政府开始提出"以人为本、以市场为主"的城镇化理念，将城镇化定义为提高居民生活质量和推动经济增长的重要战略。如政府提出了"城市群""大中小城市协调发展"等概念，加大城市基础设施建设和城镇化投资。

3. 2003年至2013年

在这一时期中国政府加大了对城市化的支持力度，提出了"以人为本、以城市功能为导向、以城乡一体化为重点"的城镇化发展方向。如政府推行了"小城镇建设"和"城市更新"等政策措施，加强城镇基础设施建设和城市规划管理。

4. 2014年至今

中国政府提出了"新型城镇化"战略，强调以人为本、绿色可持续发展和城乡融合发展。如政府推行了城镇化质量提升、城镇化与农村发展一体化等政策措施，加强城市规划、建设和管理。

在政策演进过程中，中国政府逐渐意识到城镇化不仅仅是简单地推动农民进城，更加注重城乡一体化发展、提升城市质量和居民生活水平，以及推动绿色可持续发展。新型城镇化政策的目标是实现城乡统筹发展、优化城市空间布局、提高城市管理水平和居民生活质量。

三、新型城镇化政策对产业的影响

新型城镇化对产业的影响主要表现在以下几个方面。

1. 产业结构升级

新型城镇化战略倡导产业结构的优化和升级，鼓励发展高技术产业、现代服务业等新兴产业。这将推动中国经济由传统制造业向高附加值产业的转型，提升产业的科技含量和附加值。

2. 创新能力提升

城镇化有助于促进城市创新能力的提升。城市具备更多的创新要素和创新资源，包括人才、科研机构、高校等，有利于创新活动的聚集和交流。新型城镇化战略将为创新产业的发展提供更多的机会和条件。

3. 市场扩大

城镇化可以扩大市场规模和消费需求，推动内需的增长。随着农民进城，城市居民的消费能力增强，将带动相关产业的发展，如房地产、零售业、餐饮业等。

4. 城乡融合发展

新型城镇化战略强调城乡一体化发展，加强城乡经济联系和资源共享。这将促进农村产业的发展，推动农村经济的转型和升级，实现城乡经济发展的良性循环。

总的来说，新型城镇化战略对产业的影响是积极的，可以推动产业结构的升级和优化，提升创新能力和市场规模，实现城乡经济的融合发展。

第四节 乡村振兴

一、中国乡村振兴战略政策脉络

党的二十大报告指出，"全面建设社会主义现代化国家，最艰巨最繁重的任务仍然在农村"。这是针对我国发展现状和国情特征作出的重大论断，体现出对我国发展瓶颈因素的深刻把握。从"实施乡村振兴战略"到"全面推进乡村振兴"，中国乡村振兴政策体系的演进可以分为以下几个阶段。

阶段一：农村改革开放初期（1978—1992年）

这一阶段的农村政策主要侧重于农业生产和农民收入的提高。政府推行家庭联产承包责任制，鼓励农民自主经营，引入市场机制，农村经济逐渐恢复和发展。1985年，中共中央、国务院发布《关于进一步活跃农村经济的十项政策》（简称1985年中央1号文件）决定取消农产品统派购制度，以推动中国农村经济的市场化改革。1988年9月召开的中共十三届三中全会，是我国新时期以来具有历史阶段性标志的一次重要会议。会议的决策使我国改革开放和经济社会发展进入"治理整顿"阶段。针对小生产与大市场的矛盾，逐步完善家庭承包经营制度，开始建立农村社会化服务体系，股份合作制、专业技术协会等组织制度开始发育。农村产业结构调整方面的改革全面展开，乡镇企业异军突起，成为新的经济增长点，农村城镇化进程也随之开始。

阶段二：乡村面临新的挑战（1992—2017年）

1992年，党的十四大明确提出建立社会主义市场经济体制。随着农村经济全面向市场经济过渡，我国农村面临农村劳动力向城市流失、城乡发展不平衡、二元结构突出、农民增产不增收等挑战。为应对这些挑战，政府开始出台一系列扶贫政策和农村改革政策，重点关注贫困地区和贫困人口，促进农村经济发展和农民收入增长。2003年10月，党的十六届三中全会将"统筹城乡发展"摆在国家全面发展战略构想中"五个统筹"的首位。2005年党的十六届五中全会提出"工业反哺农业、城市支持农村"并且明确了乡村建设的具体要求，乡村建设被放在国家发展的重要位置。2008年中共十七届三中全会进一步提出农村建设"三大部署"，成为乡村产业调整的新契机，各村镇积极发展旅游业，保护和利用村镇特色景观资源，推动乡村建设。2012年党的十八大提出"美丽中国"，2013年中央一号文件提出建设"美丽乡村"，2015年中央一号文件表明"中国要美，农村必须美"，同年中央发布《美丽乡村建设指南》。

阶段三：乡村振兴战略提出（2017年至今）

2017年，党的十九大报告首次提出实施乡村振兴战略，将乡村发展作为全面建设小康社会、全面深化改革和全面依法治国的重要内容。乡村振兴战略由农业农村部牵头，涵盖了一系列政策措施，旨在推动农村经济发展、优化农村产业结构、改善农村生态环境、提高农民收入、加强农村基础设施建设等。

2018年1月，中共中央 国务院印发《中共中央 国务院关于实施乡村振兴战略的意见》，提出到2020年，乡村振兴取得重要进展，制度框架和政策体系基本形成。到2035年，乡村振兴取得决定性进展，农业农村现代化基本实现。

2018年9月，中共中央 国务院印发《乡村振兴战略规划（2018—2022年）》，对实施乡村振兴战略作出阶段性谋划，也成为推进乡村振兴示范村发展的重要依据。

2019年6月，《国务院关于促进乡村产业振兴的指导意见》提出，力争用5—10年时间，农村一二三产业融合发展增加值占县域生产总值的比重实现较大幅度提高，乡村产业振兴取得重要进展。乡村产业体系健全完备，农业供给侧结构性改革成效明显，绿色发展模式更加成熟，乡村就业结构更加优化，农民增收渠道持续拓宽，产业扶贫作用进一步凸显。

2020年7月，农业农村部印发《全国乡村产业发展规划（2020—2025年）》指出，产业振兴是乡村振兴的首要任务。农业农村现代化不仅是技术装备提升和组织方式创新，更体现在构建完备的现代农业产业体系、生产体系、经营体系。

2020年10月，党的十九届五中全会审议通过的《中共中央关于制定国民经济和社会发展第十四个五年规划和二〇三五年远景目标的建议》，对新发展阶段优先发展农业农村、全面推进乡村振兴作出总体部署。

2021年2月，《习近平主持召开中央全面深化改革委员会第十八次会议并发表重要讲话》中提出：要大力实施乡村振兴战略，健全城乡融合发展体制机制和政策体系。

2021年2月，《中共中央 国务院关于全面推进乡村振兴加快农业现代化的意见》中提出：民族要复兴，乡村必振兴。全面建设社会主义现代化国家，实现中华民族伟大复兴，最艰巨最繁重的任务依然在农村，最广泛最深厚的基础依然在农村。党中央认为，新发展阶段"三农"工作依然极端重要，须臾不可放松，务必抓紧抓实。

2021年4月，第十三届全国人民代表大会常务委员会第二十八次会议通过《中华人民共和国乡村振兴促进法》，这是我国"三农"法治建设的一件大事，也是全面推进乡村振兴、加快农业农村现代化的一件大事。

2021年9月，我国银保监会办公厅印发《支持国家乡村振兴重点帮扶县工作方案》，指出银行保险机构要充分发挥自身优势，大力支持重点帮扶县发展优势特色产业，特别是吸纳脱贫人口就业、带动脱贫人口增收能力较强的产业和企业，积极支持引入优质企业，夯实重点帮扶县产业发展基础。支持保险公司发挥保险资金长期投资的优势，积极参与重点帮扶县经济社会建设。

2021年5月，《交通运输部关于巩固拓展交通运输脱贫攻坚成果全面推进乡村振兴的实施意见》中提出：应以深化供给侧结构性改革为主线，以改革创新为根本动力，凝聚中央和地方、政府和市场、行业和社会等多方合力，有效巩固拓展交通运输脱贫攻坚成果，一体推进全国交通运输服务支撑乡村振兴战略，夯实交通强国建设基础，为畅通城乡经济循环，促进农业高质高效、乡村宜居宜业、农民富裕富足,加快农业农村现代化提供有力支撑。

2021年12月,国务院《关于印发＜加快农村能源转型发展助力乡村振兴的实施意见＞的通知》中提出:农村地区能源绿色转型发展,是满足人民美好生活需要的内在要求,是构建现代能源体系的重要组成部分,对巩固拓展脱贫攻坚成果、促进乡村振兴,实现碳达峰、碳中和目标对农业农村现代化具有重要意义。

2022年2月,《中共中央 国务院关于做好2022年全面推进乡村振兴重点工作的意见》中提出:要全力抓好粮食生产和重要农产品供给、强化现代农业基础支撑、坚持守住不发生规模性返贫底线、聚焦产业促进农村发展、扎实稳妥推进乡村建设、突出实效改进乡村治理、加大政策保障和体制机制创新力度、坚持和加强党对"三农"工作的全面指导等八个方面。

2022年4月,文化和旅游部、教育部、自然资源部、农业农村部、国家乡村振兴局、国家开发银行联合印发《关于推动文化产业赋能乡村振兴的意见》(以下简称《意见》)。《意见》明确,到2025年,文化产业赋能乡村振兴的有效机制基本建立,汇聚和培育一批积极参与文化产业赋能乡村振兴的企业、机构和人才,推动实施一批具有较强带动作用的文化产业赋能乡村振兴重点项目,形成一批具有市场竞争力的特色文化产业品牌,建成一批特色鲜明、优势突出的文化产业特色乡镇、特色村落,推出若干具有国际影响力的文化产业赋能乡村振兴典型范例。

2022年11月,中共中央、国务院印发《乡村振兴责任制实施办法》指出,实行中央统筹、省负总责、市县乡抓落实的乡村振兴工作机制,构建职责清晰、各负其责、合力推进的乡村振兴责任体系,举全党全社会之力全面推进乡村振兴,加快农业农村现代化。

2023年2月,农业农村部印发《关于落实党中央国务院2023年全面推进乡村振兴重点工作部署的实施意见》,坚持和加强党对"三农"工作的全面领导,坚持农业农村优先发展,坚持城乡融合发展,锚定建设农业强国目标,全力守住确保国家粮食安全和不发生规模性返贫两条底线,扎实推进乡村发展、乡村建设、乡村治理等重点任务,全面推进乡村振兴,加快农业农村现代化,建设宜居宜业和美乡村,为全面建设社会主义现代化国家开好局起好步打下坚实基础。

中国的乡村振兴战略政策脉络发展见表3-3。

表 3-3 中国乡村振兴战略政策脉络

发布时间	发布部门	文件名称	主要内容
2017年10月	党的十九大	党的十九大报告:《决胜全面建成小康社会夺取新时代中国特色社会主义伟大胜利》	党的十九大报告明确提出乡村振兴战略,并强调实施乡村振兴战略是建设现代化经济体系的重要基础
2018年2月	中共中央 国务院	《中共中央 国务院关于实施乡村振兴战略的意见》	实施乡村振兴战略的目标任务是:到2020年,乡村振兴取得重要进展,制度框架和政策体系基本形成;到2035年,乡村振兴取得决定性进展,农业农村现代化基本实现;到2050年,乡村全面振兴,农业强、农村美、农民富全面实现
2018年9月	中共中央 国务院	《乡村振兴战略规划(2018—2022年)》	明确了今后五年的重点任务,提出了农业科技进步贡献率等22项具体指标,首次建立了乡村振兴指标体系。按照集聚提升、城郊融合、特色保护、搬迁撤并这4种类型,明确了分类推进乡村振兴的方法和步骤。细化实化了乡村振兴各项工作,部署了数字农业农村、智慧农业等82项重大工程、重大计划、重大行动
2019年6月	国务院	《关于促进乡村产业振兴的指导意见》	在以往政策的基础上进行了集成、延伸、拓展、细化和实化,乡村产业定位更加准确,乡村产业振兴的路径更加清晰,并强调产业振兴是解决农村一切问题的前提
2020年7月	农业农村部	《全国乡村产业发展规划(2020—2025年)》	明确了乡村产业的发展目标:到2025年,农产品加工业营业收入达到32万亿元;培育一批产值超百亿元、千亿元优势特色产业集群;乡村休闲旅游业优化升级,年接待游客人数超过40亿人次,经营收入超过1.2万亿元;乡村新型服务业类型丰富,农林牧渔专业及辅助性活动产值达到1万亿元,农产品网络销售额达到1万亿元;农村创新创业更加活跃,返乡入乡创业人员超过1500万人
2021年3月	中共中央 国务院	《中共中央 国务院关于全面推进乡村振兴加快农业农村现代化的意见》	文件指出把乡村建设摆在社会主义现代化建设的重要位置,全面推进乡村产业、人才、文化、生态、组织振兴,充分发挥农业产品供给、生态屏障、文化传承等功能,加快农业农村现代化,促进农业高质高效、乡村宜居宜业、农民富裕富足
2021年3月	财政部、国家乡村振兴局、国家发展改革委、国家民委、农业农村部、国家林业和草原局	《中央财政衔接推进乡村振兴补助资金管理办法》	为支持巩固拓展脱贫攻坚成果同乡村振兴有效衔接,原中央财政专项扶贫资金调整优化为中央财政衔接推进乡村振兴补助资金。中央财政2021年预算安排衔接资金1561亿元,比上年增加100亿元

续表

发布时间	发布部门	文件名称	主要内容
2021年6月	第十三届全国人民代表大会常务委员会第二十八次会议	《中华人民共和国乡村振兴促进法》	将国家粮食安全战略纳入法治保障，为解决耕地和种子"两个要害"提供法律支撑。填补了我国乡村振兴领域的立法空白，标志着乡村振兴战略迈入有法可依、依法实施的新阶段
2021年9月	中国银保监会	《支持国家乡村振兴重点帮扶县工作方案》	银行业金融机构要持续加大信贷投放，努力实现重点帮扶县各项贷款平均增速高于所在省份贷款增速，力争到2025年底，各重点帮扶县存贷比达到所在省份县域平均水平
2021年12月	国家乡村振兴局中华全国工商业联合会	《"万企兴万村"行动倾斜支持国家乡村振兴重点帮扶县专项工作方案》	通过重点民营企业对接、东西部协作对接、省内民营企业对接三种渠道，力争实现民营企业与160个重点帮扶县的对接全覆盖，通过"帮县带村"等形式，逐步向行政村延伸
2022年2月	中共中央、国务院	《关于做好2022年全面推进乡村振兴重点工作的意见》	《意见》强调，聚焦产业促进乡村发展，要持续推进农村第一、二、三产业融合发展，大力发展县域富民产业，加强县城商业体系建设，促进农民就地就近就业创业，推进农业农村绿色发展
2022年4月	文化和旅游部、教育部、自然资源部、农业农村部、国家乡村振兴局、国家开发银行	《关于推动文化产业赋能乡村振兴的意见》	《关于推动文化产业赋能乡村振兴的意见》是全面推进乡村振兴、加快农业农村现代化的必要举措，为文化产业赋能乡村振兴明确了具体路线图
2022年5月	中共中央、国务院	《乡村建设行动实施方案》	《乡村建设行动实施方案》明确了乡村建设行动路线图，确保到2025年乡村建设取得实质性进展，农村人居环境持续改善，农村公共基础设施向村覆盖、向户延伸取得积极进展，农村基本公共服务水平稳步提升，农村精神文明建设显著加强，农民获得感、幸福感、安全感进一步增强
2022年11月	中共中央、国务院	《乡村振兴责任制实施办法》	实行乡村振兴责任制，坚持以习近平新时代中国特色社会主义思想为指导，增强"四个意识"、坚定"四个自信"、做到"两个维护"，实行中央统筹、省负总责、市县乡抓落实的乡村振兴工作机制，构建职责清晰、各负其责、合力推进的乡村振兴责任体系，举全党全社会之力全面推进乡村振兴，加快农业农村现代化
2023年2月	农业农村部	农业农村部关于落实党中央国务院2023年全面推进乡村振兴重点工作部署的实施意见	在工作布局上，重点推进"三个协同"。一是协同推进产能提升和结构优化。二是协同推进成果巩固和农民增收。三是协同推进乡村建设和乡村治理。

阶段四：政策体系不断完善（未来展望）

乡村振兴政策体系的建设将是一个长期的过程，未来的发展方向包括：进一步加强乡村基础设施建设，提升乡村生活品质；推动农村产业升级，培育新型农业经营主体；促进农村土地制度改革，优化土地资源配置；加强乡村文化建设，保护和传承乡村文化遗产等。

总之，中国乡村振兴政策体系经历了从关注农业生产到改善民生、从农村改革到乡村振兴的演化过程。随着时间的推移，政府对乡村振兴的重视程度不断提升，政策措施也在不断完善，旨在实现乡村经济的可持续发展，提升农民的获得感和幸福感。

二、中国乡村振兴战略着力点

中国乡村振兴战略是中国政府提出的重要战略，旨在推动农村经济发展、改善农民生活条件、促进农民持续增收，以及推进城乡一体化发展。下面是对该战略政策的一些解读。

1. 提供资金支持

中国政府通过资金投入支持乡村振兴，包括设立农村振兴发展基金、启动乡村振兴战略专项债券等，用于农村基础设施建设、农业产业发展、农村环境治理等方面。

2. 推动农民产业升级

乡村振兴战略鼓励农民发展多种经营形式，推动农村产业升级和农产品加工提质增值，通过农业科技创新、现代农业发展，提高农产品质量和附加值，增加农民收入。

3. 加强农村基础设施建设

乡村振兴战略致力于改善农村基础设施，包括农村道路、供水、电力、通信等方面的建设，提高农村基础设施水平，为农民提供更好的生活条件和发展环境。

4. 推进农村改革

乡村振兴战略推进农村土地制度改革、农村集体产权制度改革等方面的改革措施，以促进农村经济的发展和农民权益的保护。

5. 加强乡村文化建设

乡村振兴战略强调乡村文化的保护和传承，保护农村历史文化遗产，提升农村文化内涵，推动乡村旅游、乡村教育、社区文化建设等方面的发展。

中国乡村振兴战略的意义不仅在于推动农村的经济发展和农民收入的增加，更重要的是实现城乡发展的协调与一体化。乡村振兴可以促使农村地区的发展更加平衡，提高农民的生活质量，减少农民外出务工带来的社会问题，实现全面小康社会的目标。

同时，乡村振兴战略也可以借鉴欧美国家的城镇化经验，以改善农村基础设施，发展农村产业和服务业，提高农民的生活品质和幸福感。

三、乡村振兴与数字化融合带来的产业机遇

乡村振兴与数字化融合发展，是指利用数字技术和互联网智能化手段，推动乡村经济、社会和生态环境的全面改善和提升。运用数字化的手段可以解决乡村发展中的信息不对称、资源匮乏、服务不足等问题，有助于提升农业生产效率、改善农村居民生活水平，进而实现乡村振兴战略的目标。

首先，数字化为乡村振兴提供了智慧农业、远程医疗、电子商务等新的发展机遇。智能家居、智慧农业和数字化服务平台的发展，为农村居民提供了更便捷的生活服务，促进了农村居民的生活品质。例如，杭州余杭区借助"互联网+"的模式，建立了全球首个集网购、供货、直播、培训于一体的农产品电子商务产业园。通过数字化平台，农民可以直接将农产品销售到线上市场，实现农产品的精准销售和物流配送，提高了农民收入。

其次，数字化为乡村社会和生态环境提供了更好的服务和管理手段。农业物联网、智能农机具和精准农业技术的应用，可以实现精确的土壤调控、农作物管理和农业生产过程监测，提高农民收益和农产品质量，同时减少资源浪费和环境污染。例如，借助大数据技术，可以实现农业灾害监测、土壤水质监测、农田环境保护等工作的精准化和智能化。

最后，数字化还可以带动乡村产业升级和创新。利用大数据分析和人工智能，可以挖掘农村地区特色产业和优势资源，促进产业的发展和提升产品的附加值。比如，数字化技术可以推动乡村旅游和文化创意产业的发展，提升农村景区

的吸引力和游客体验；数字化技术还可以帮助农村地区开展电子商务和远程劳动，促进乡村产业结构转型和就业创业机会的增加。

总的来说，乡村振兴与数字化融合发展具有重要意义。政府应加大对数字化技术在农村地区的投入和支持，鼓励企业和创新团队在数字化农业、数字化农村和数字化服务领域进行技术研发和应用推广。同时，要加强农村地区的基础设施建设和数字化能力培育，提升农村居民数字素养，确保数字化与乡村振兴的发展互为促进、互为支撑。

第五节
数字经济

近年来，全球数字经济蓬勃发展，主要经济体加快数据空间建设探索，将行业数据空间作为数据流通的关键基础设施，推动产业数字化转型由生产研发向供应链协同、绿色低碳方向延伸，持续打造产业生态合力。中、美、欧三大主要数字经济体因其所处数字经济发展的阶段及国情的不同，其制定的数字经济政策也各有特点。美国以维护其在全球数字产业链中的领先地位为核心，欧盟以抢占数字经济领域规则主导权为目标，我国以统筹数字经济发展与网络空间安全为抓手，倡导构建全球数字空间命运共同体。

一、欧美等国的数字化战略

（一）美国：维护全球"技术主导 + 规则引领"地位

2012年5月，白宫发布了一项数字化战略计划，主要目标是抓住数字化机遇，构建一个21世纪平台以更好地服务美国人民，从根本上改变联邦政府为内外部客户提供服务的方式，鼓励全民创新。在此基础上，以"以信息为中心建设共享平台、以客户为中心建立安全隐私平台"为原则，政府采取了一系列相关配套措施来加速其数字化战略的落地。2016年2月，美国商务部部长、总统行政办公室、国家科学与技术委员会、先进制造国家项目办公室，向国会联合提交了首份《国家制造创新网络计划：战略规划》《国家制造业创新网络计划：年度报告》，加速推进制造创新发展。2019年美国政府颁布了《美国主导未来产业》战略规划，以加强政府在推动产业发展方面的主导权。2020年10月，颁布《关键与新兴技术国家战略》，积极推动构建技术同盟，加强对通信及网络技术、数据科学及存储、区块链技术、人机交互等关键和新兴技术的全球引领。2021年6月，美国参议院通过《2021年美国创新与竞争法案》，重点聚焦数字技术、数字安全、数字规则等关键领域。

（二）欧盟：倡导新工业和数字主权

为了加速数字化国家战略落地，抢占未来经济科技制高点，2013年12月，欧盟委员会批准实施了其科研创新计划"地平线2020"。此外，英国的"高价值制造"战略、法国的"新工业法国"计划，也都意在持续推动技术创新与制造业的深度融合，推动数字化转型在内的制造业创新发展。2016年，德国政府在其《德国数字化战略2025》中提出了迈向数字化的10项行动计划，包括在德国经济的核心领域推进智能网联、强化数据安全和数据保护、利用工业4.0加强德国制造业的地位、利用数字化技术使研发和创新达到具有竞争力的水平等。2017年3月，英国政府出台了《英国数字化战略》，旨在通过建造一流的数字化基础设施、实施先进的技能培训及有效的监管，使英国成为开展先进研究、试验或实施新技术以及推进数字化业务的领先国家。

除了注重科技创新和新制造，欧洲各国还竭力通过在规则上出台相应的数字化政策为自身赢得未来发展主动权，主要表现在三个方面：一是将征收数字税作为限制IT巨头的招牌措施。二是制定高标准数据保护规则。《2020全球数据合规法律观察报告1.0版本》显示，95%的欧盟国家已制定数据保护法。调研数据显示：许多企业，特别是在欧洲有业务且受到《通用数据保护条例》（GDPR）管辖的企业，在开展全球数据保护合规工作时，会选择先做GDPR的合规，然后再将依据GDPR建立的合规措施和流程以尽量少的改动复制到各国，以实现内部流程的统一和减少差异化管理。三是加大反垄断审查力度。如欧盟委员会完成了对谷歌的第三次反垄断执行，德、英、法等国也频频主动出击，并尝试将隐私保护、平台规则透明化、数据安全等更多因素纳入反垄断监管范畴，对全球互联网平台反垄断监管形成重要示范作用。欧盟委员会于2020年12月15日推出《数字服务法》（Digital Service Act, DSA）和《数字市场法》（Digital Market Act,

DMA）提案，旨在借《数字服务法》加强数字平台在打击非法内容和假新闻及其传播方面的责任，借《数字市场法》加强守门人平台进行规制与监管，防止科技巨头对企业和消费者施加不公平条件。

二、中国的数字经济政策脉络

（一）国家—省二级数字经济政策体系

党的十八大以来，我国高度重视数字经济发展，重点实施网络强国战略和国家大数据战略，推动加快数字中国建设，从中央到地方，出台了一系列政策举措，构建了既有顶层设计又有具体措施的政策支持体系，形成了推动数字经济发展的"组合拳"。从2017年至2023年，"数字经济"六度被写入政府工作报告。从"互联网+""数字中国"到"数字化转型"再到"数实融合"和数字产业集群，数字经济发展重点特色鲜明，在国家战略部署和历史方位中的未来发展路径日渐清晰（见图3-4）。

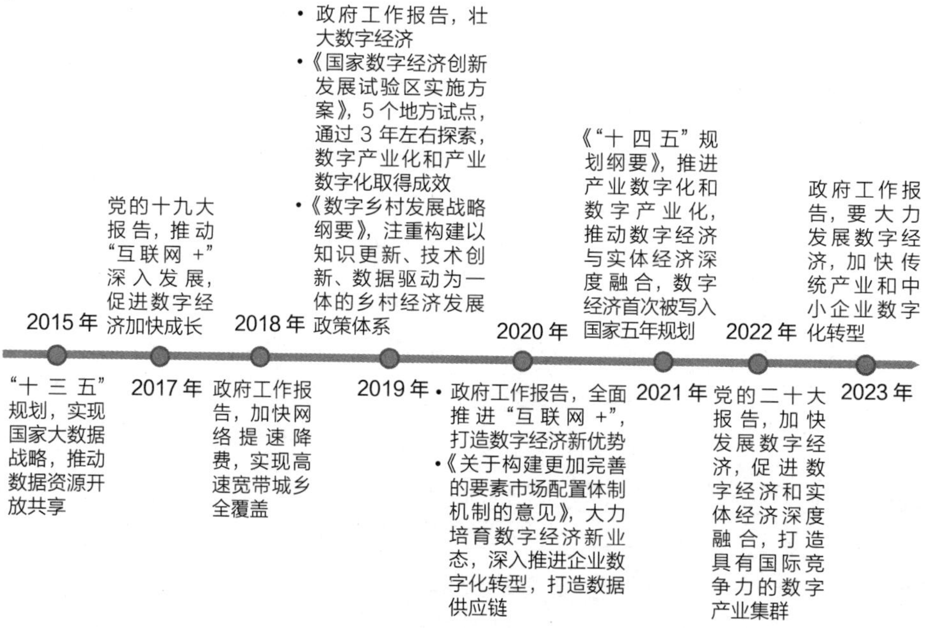

- 政府工作报告，壮大数字经济
- 《国家数字经济创新发展试验区实施方案》，5个地方试点，通过3年左右探索，数字产业化和产业数字化取得成效
- 《数字乡村发展战略纲要》，注重构建以知识更新、技术创新、数据驱动为一体的乡村经济发展政策体系

- 《"十四五"规划纲要》，推进产业数字化和数字产业化，推动数字经济与实体经济深度融合，数字经济首次被写入国家五年规划

- 政府工作报告，要大力发展数字经济，加快传统产业和中小企业数字化转型

2015年 — 党的十九大报告，推动"互联网+"深入发展，促进数字经济加快成长 — **2018年** — **2020年** — **2022年**

"十三五"规划，实现国家大数据战略，推动数据资源开放共享 — **2017年** 政府工作报告，加快网络提速降费，实现高速宽带城乡全覆盖 — **2019年** 政府工作报告，全面推进"互联网+"，打造数字经济新优势；《关于构建更加完善的要素市场化配置体制机制的意见》，大力培育数字经济新业态，深入推进企业数字化转型，打造数据供应链 — **2021年** 党的二十大报告，加快发展数字经济，促进数字经济和实体经济深度融合，打造具有国际竞争力的数字产业集群 — **2023年**

图 3-4　数字经济政策发展历程

随着数字经济的国家战略框架逐步深入到智能制造、数据要素、新兴产业等重点领域，地方层面也积极抢抓数字基础设施建设、数字产业化和产业数字化、数据要素价值化新机遇，纷纷出台服务于数字经济发展的政策文件，包括数字经济发展行动计划、产业规划、专项政策等。截至2023年9月，全国31个省、自治区、直辖市均出台了数字经济相关规划和政策举措，标志着我国数字经济国家—省（自治区、直辖市）二级政策体系日渐完善，如表3-4。

表 3-4 我国部分地区数字经济政策分类汇总

类型	地区	时间	政策名称
行动计划	广西	2018年9月	《广西数字经济发展三年行动计划（2018-2020年）》
	广西	2021年12月	《广西数字经济发展三年行动计划（2021-2023年）》
	江西	2020年4月	《江西省数字经济发展三年行动计划（2020—2022年）》
	北京	2020年9月	《北京市促进数字经济创新发展行动纲要（2020—2022年）》
	北京	2022年5月	《北京市数字经济全产业链开放发展行动方案》
	广东	2020年11月	《广东省建设国家数字经济创新发展试验区工作方案》
	天津	2021年8月	《天津市加快数字化发展三年行动方案（2021-2023年）》
	福建	2022年4月	《福建省做大做强做优数字经济行动计划（2022-2025年）》
	云南	2022年4月	《云南省数字经济发展三年行动方案（2022-2024年）》
	青海	2023年4月	《青海省数字经济发展三年行动方案（2023-2025年）》
产业规划	上海	2022年6月	《上海市"十四五"数字经济发展规划》
	北京	2021年8月	《北京市"十四五"时期 高精尖产业发展规划》
	浙江	2021年6月	《浙江省"十四五"数字经济发展规划》
	广东	2021年9月	《广东省数字经济促进条例》
	江西	2022年6月	《江西省"十四五"数字经济发展规划》
	河北	2020年4月	《河北省数字经济发展规划（2020—2025年）》
	重庆	2021年12月	《重庆市数字经济"十四五"发展规划（2021-2025年）》
	重庆	2022年1月	《重庆市"十四五"电子商务发展规划》
	宁夏	2021年9月	《宁夏回族自治区数字经济发展"十四五"规划》
	辽宁	2021年1月	《数字辽宁发展规划（2.0版）》
	吉林	2021年6月	《吉林省数字政府建设"十四五"规划》
	黑龙江	2022年3月	《黑龙江省"十四五"数字经济发展规划》

续表

类型	地区	时间	政策名称
	山西	2021年8月	《山西省加快推进数字经济发展的实施意见》
	江苏	2021年8月	《江苏省"十四五"数字经济发展规划》
	安徽	2020年6月	《"数字江淮"建设总体规划（2020-2025年）》
	山东	2021年7月	《山东省"十四五"数字强省建设规划》
	河南	2021年12月	《河南省"十四五"数字经济和信息化发展规划》
	湖北	2021年11月	《湖北省数字经济发展"十四五"规划》
	湖南	2020年1月	《湖南省数字经济发展规划（2020-2025年）》
	海南	2020年7月	《智慧海南总体方案（2020-2025年）》
	海南	2022年8月	《海南省碳达峰实施方案》
	四川	2021年11月	《四川省"十四五"数字经济发展规划》
	贵州	2021年12月	《贵州省"十四五"数字经济发展规划》
	陕西	2022年4月	《陕西省"十四五"数字经济发展规划》
	甘肃	2021年9月	《甘肃省"十四五"数字经济创新发展规划》
	内蒙古	2021年1月	《内蒙古自治区"十四五"数字经济发展规划》
	西藏	2023年4月	《西藏自治区加强数字政府建设方案（2023-2025年）》
	新疆	2022年11月	《新疆自治区数字政府改革建设方案》
	云南	2023年3月	《云南省数字政府建设总体方案》
专项政策	重庆	2018年5月	《重庆市深化"互联网+先进制造业"发展工业互联网实施方案》
	重庆	2019年11月	《重庆市鼓励电子商务产业发展若干政策》
	江苏	2019年5月	《关于加快推进第五代移动通信网络建设发展的若干政策措施》
	安徽	2020年4月	《支持5G发展若干政策》
	湖北	2020年6月	《关于加快发展数字经济培育新的经济增长点的若干政策措施》
	黑龙江	2022年3月	《黑龙江省支持数字经济加快发展若干政策措施》
	黑龙江	2021年10月	《推动"数字龙江"建设加快数字经济高质量发展若干政策措施》
	山东	2022年10月	《关于深化改革创新促进数字经济高质量发展的若干措施》
	湖北	2023年5月	《湖北省数字经济高质量发展若干政策措施》

续表

类型	地区	时间	政策名称
	辽宁	2022年7月	《辽宁省加快发展数字经济核心产业的若干措施》
	江苏	2022年5月	《全省人力资源社会保障系统服务数字经济发展若干措施》
	河北	2021年12月	《关于破解瓶颈制约助推数字经济健康发函的若干措施》
	内蒙古	2022年12月	《关于加快推进数字经济发展若干政策的通知》
	贵州	2022年4月	《支持工业领域数字化转型的若干政策措施》
	云南	2022年5月	《关于大力推动数字经济加快发展若干政策措施》
	深圳	2023年6月	《深圳市关于加快培育数字创意产业集群的若干措施》
	上海	2021年7月	《上海市促进城市数字化转型的若干政策措施》
	杭州	2023年7月	《关于加快推动人工智能产业创新发展的实施意见》
	南京	2022年10月	《关于对数字经济等新技术新产业新业态新模式实行包容审慎监管的实施意见》
	厦门	2022年3月	《加快推进软件和新兴数字产业发展若干措施》

（二）我国数字经济政策特点

1. 数字经济政策近年密集发布

2021年是"十四五"规划的开局之年，也是各地数字经济相关产业规划密集出台的一年。据统计，近80%的数字经济政策在"十四五"时期出台，如图3-5。究其原因，有两点：一是"十四五"时期数字经济转向高质量发展，全球以5G、人工智能、物联网等为代表的新一代信息技术与实体经济的融合不断加深，数字贸易、无人工厂等新业态及新模式不断涌现。截至2022年，数字经济占GDP比重为41.5%，持续成为拉动经济增长的重要引擎。二是随着我国数字经济规模不断扩大，各领域对信息技术软硬件的依赖程度不断加深，加速IT产业技术创新和结构优化升级，基础硬件、基础软件、行业应用软件迎来国产替代潮，国家安全可控体系和能力建设取得突破性进展。

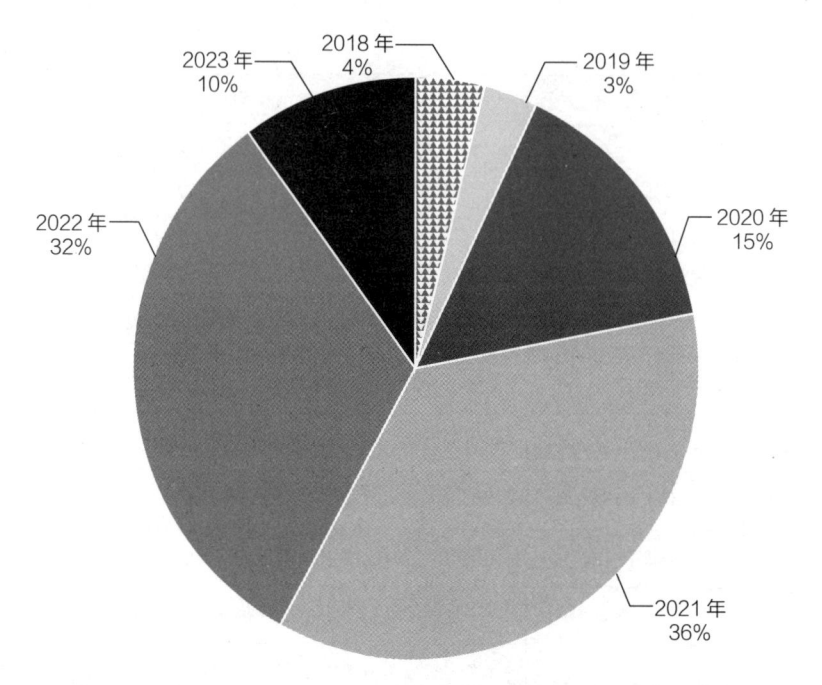

图 3-5　截至 2023 年 9 月，31 个省份数字经济政策出台时间分布

2. 形成产业规划为主，行动计划和专项政策为辅的政策框架体系

产业规划是数字经济政策顶层设计的"先手棋"，产业规划侧重培育数字经济领域产业发展。据统计，截至 2023 年 9 月，各地出台的数字经济相关政策中，产业规划占比 49%，行动计划占比 15%，专项政策占比 34%（如图 3-6）。我国由产业规划主导、行动计划和专项政策落实的数字经济政策框架体系初步形成。

另据零壹智库、数字化讲习所不完全统计，2022 年 1 月至 2023 年 3 月，中央及各地方政府出台了 137 项数字经济相关政策，其中中央 9 项，地方政府 128 项。其中，含有"十四五"规划词条的政策数量占比为 23.36%。在专项政策中，综合型数字经济政策占比较高，为 22.63%，其次是数字化转型政策和数字政府政策，分别占比为 9.49% 和 7.30%。而人才政策、高质量发展政策、数字城市政策和数字经济产业政策的数量占比在 1%～6% 之间，细分领域政策占比不高，如图 3-7 所示。

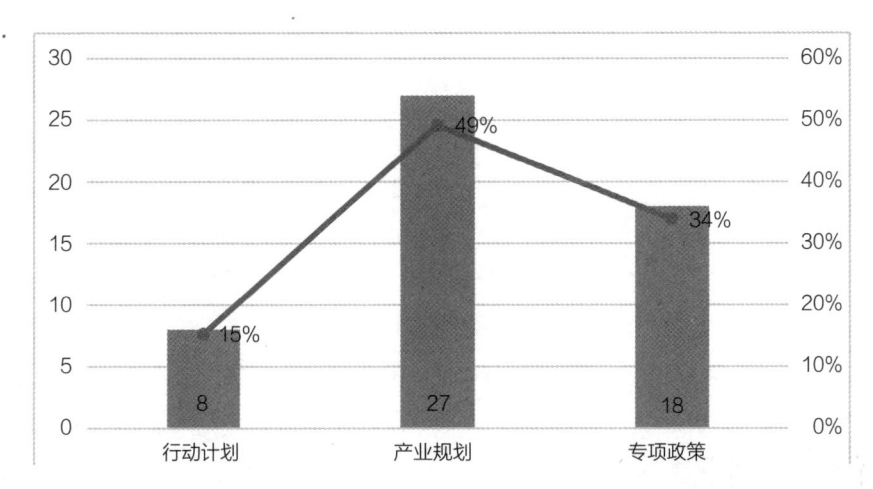

图 3-6　截至 2023 年 9 月，31 个省份数字经济政策类型

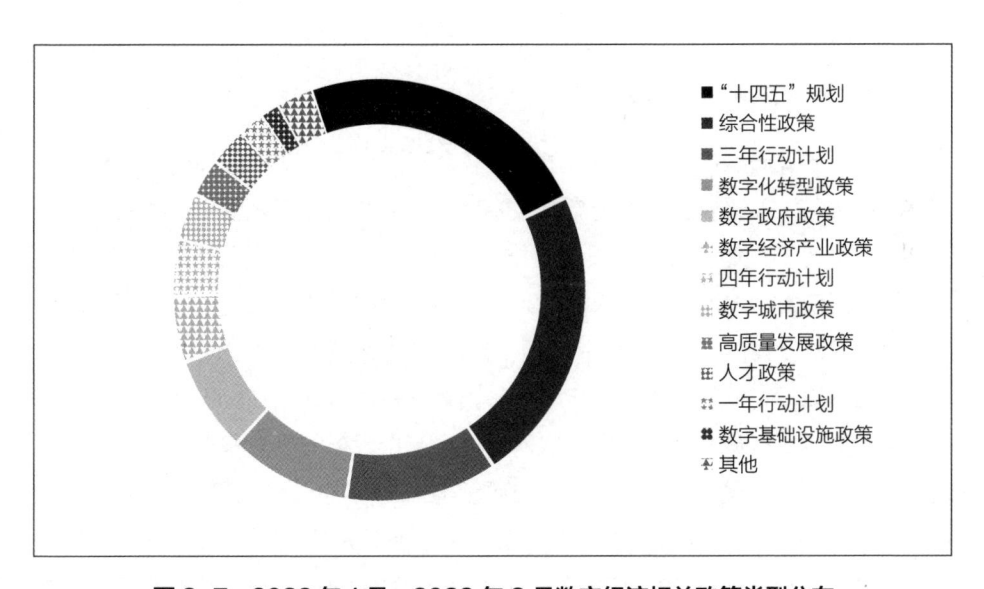

图 3-7　2022 年 1 月—2023 年 3 月数字经济相关政策类型分布

资料来源：中国政府网、数字化讲习所、零壹智库

3. 区域数字经济政策各有侧重

因各地资源禀赋、区位条件、产业基础、数字经济发展水平不同，数字经济

政策布局也各有侧重。数字经济发展领先的省份，已逐步突破自身省域空间限制，着眼于统筹数字经济发展全局，前瞻布局数字经济未来产业集群、制定数字经济规则，辐射带动周边地区形成"雁阵行列"。如北京落实首都城市战略定位，出台《北京市"十四五"时期高精尖产业发展规划》，建设国际科技创新中心，构建高精尖经济结构，推动京津冀产业协同发展。广东积极布局数据要素市场，印发实施《广东省企业首席数据官建设指南》，规划数据要素价值化开发管理框架。浙江出台《浙江省数字经济促进条例》，探索数据确权、数据管理及数据开放共享等举措。数字经济发展起步相对较晚的省份，如新疆、西藏、青海、云南等，以数字政府建设为切入点，以政府数字化带动全省数字基础设施建设和产品硬件的数字化改造。

三、未来数字经济政策趋势

（一）数字基础设施加快部署

数字基础设施是数字经济的大动脉。联合国把数字经济分成以 ICT 为核心的数字基础设施、以平台为核心的新兴数字经济产业和由数字化转型驱动的传统行业转型三部分，其中数字基础设施是推动物理世界与数字世界融合的核心力量，决定数字经济发展的潜能和竞争力。2017 年亚太经合组织通过《APEC 互联网和数字经济发展路线图》，明确了 11 项重点任务，数字基础设施建设位列第一。

从全球来看，欧盟、美国、日本、韩国等发达国家注重在超级计算、人工智能、网络安全、智能驾驶、工业互联网等数字基础设施的投资和布局，通过战略规划、专项行动、民营资本注入和补贴政策等措施，实现数字基础设施的规模化扩张。从国内来看，"十四五"期间，围绕数字基建从中央到地方形成政策举措"同频共振"，优化基础设施布局、结构、功能和系统集成，逐步夯实数字经济发展支撑。2022 年 1 月，工业和信息化部办公厅、国家发展改革委办公厅联合印发《关于促进云网融合 加快中小城市信息基础设施建设的通知》，增强中小城市网络基础设施承载和服务能力，推进应用基础设施优化布局，建立多层次的算力供给体系。2022 年 7 月，住房和城乡建设部、国家发展改革委联合印发《"十四五"全国城市基础设施建设规划》，鼓励中小城市结合发展需求和产业特点，构建高速、可靠、安全、弹性的"网络+平台+应用"服务体系。地方层面，河南、云南、湖南等省份出台数字基础设施建设"十四五"规划，贵州、陕西、深圳等地区发布推进新型数字基础设施三年行动计划。

（二）数据立法渐成政策重点

随着数据作为关键生产要素被写入2019年十九届四中全会公报，激活数据要素价值、防范数据安全风险便逐渐成为数字经济政策的重要着力点。截至2023年9月，全国有超20个地区出台数据相关条例（见表3-5），在用好"数据权力"、实现数据跨部门、跨区域流动，保障数据资源高效利用等方面，探索中国特色的数字治理路径。如国内数据领域首部基础性、综合性立法文件《深圳经济特区数据条例》明确提出"数据权益"概念。国内首部以公共数据为主题的地方性法规《浙江省公共数据条例》，为省域范围内公共数据的收集、归集、存储、加工、传输、共享、开放、利用，划定了一条法律的安全红线。

表3-5 我国部分地区数据条例政策汇总

序号	省市	生效时间	条例名称
1	上海	2022年1月	《上海市数据条例》
2	深圳	2022年1月	《深圳经济特区数据条例》
3	北京	2023年1月	《北京市数字经济促进条例》
4	江苏	2022年8月	《江苏省数字经济促进条例》
5	浙江	2022年3月	《浙江省公共数据条例》
6	广东	2021年9月	《广东省数字经济促进条例》
7	河北	2022年7月	《河北省数字经济促进条例》
8	山东	2022年1月	《山东省大数据发展促进条例》
9	安徽	2021年5月	《安徽省大数据发展条例》
10	福建	2022年2月	《福建省大数据发展条例》
11	重庆	2022年7月	《重庆市数据条例》
12	黑龙江	2022年7月	《黑龙江省促进大数据发展应用条例》

续表

序号	省市	生效时间	条例名称
13	辽宁	2022年8月	《辽宁省大数据发展条例》
14	吉林	2021年1月	《吉林省促进大数据发展应用条例》
15	贵州	2019年10月	《贵州省大数据安全保障条例》
16	天津	2019年1月	《天津市促进大数据发展应用条例》
17	四川	2023年1月	《四川省数据条例》
18	海南	2019年11月	《海南省大数据开发应用条例》
19	山西	2020年7月	《山西省大数据发展应用促进条例》
20	陕西	2023年1月	《陕西省大数据条例》
21	广西	2023年1月	《广西壮族自治区大数据发展条例》

数据来源：中羿产业观点

（三）促进数实融合政策持续深化

推动数字经济和实体经济深度融合是构建新发展格局的重要途径，也是打造新型工业化、构建现代产业体系的关键引擎。从全球来看，随着新一轮科技革命和产业变革的深入发展，全球产业数字化转型浪潮正在加速推进。美国、德国、日本和法国等世界主要经济体纷纷聚焦产业数字化转型战略布局。从国内来看，我国"十四五"规划和2035年远景目标纲要明确提出"促进数字技术与实体经济深度融合，赋能传统产业转型升级"，《"十四五"数字经济发展规划》把"数字经济与实体经济融合取得显著成效"作为数字经济发展目标之一[1]。全国31个省市无一例外将数字化转型、数字经济核心产业发展、"互联网＋先进制造业"、数字经济与实体经济融合等作为数字经济发展着力点，出台相关专项政策大力推进。

---

[1] 石建勋，朱婧池.全球产业数字化转型发展特点、趋势和中国应对[J]，《经济纵横》2022,11.

（四）数字经济治理框架日益健全

为更好统筹发展与安全，全国各地在促进新兴数字产业发展的同时，也在积极探索能够有效规范数字经济健康发展的数字经济治理制度框架。如《江苏省数字经济促进条例》聚焦数字产业化和产业数字化两方面，为江苏数字经济发展提供法治保障。南京市对电子商务、平台经济等新经济模式实行审慎监管的举措，给予合理的"预警观察期"。

第六节
绿色发展

数字创新赋能绿色发展的政策理念已经成为许多国家和地区推动可持续发展的重要措施。数字技术的创新和应用可以在许多方面促进绿色发展和环境保护，包括能源、交通、农业、工业等领域。从国际上看，2022年6月，欧盟委员会发布《2022年战略预见报告：新地缘政治环境中的绿色化和数字化双转型》明确提出要加速向绿色化和数字化双转型，并强调在绿色与数字外交、双转型监管与评估框架等方面加大政策支持力度。美国的绿色发展政策体系包括许多不同的政策、计划和倡议，美国着重从立法角度部署数据和智能技术脱碳行动框架，加强数字基础设施建设，推动智能技术在关键行业脱碳中的应用。如2022年9月，美国能源部发布《工业脱碳路线图》和《美国国家交通脱碳蓝图》，提出了智能制造和数据分析技术在工业脱碳中的应用路径，以及利用数字技术从增强生活便利性、减少出行、优化改善物流等基础层面助力交通脱碳。

从国内看，我国党和政府高度重视数字化绿色化协同发展，在数字化转型、绿色化发展及数字化绿色化融合发展方面出台了一系列政策措施，强化深度融合大数据、第五代移动通信等新兴技术，引领高碳工业流程的零碳和低碳再造及数字化转型。此外，中国31个省、自治区、直辖市政协都新设了"环境资源界"或"资源环境界"界别，释放强化绿色发展信号。从人员构成来看，第十四届全国政协"环境资源界"85名委员的背景涵盖生态环境、自然资源、海洋、林业、地质等多个领域，三成以上是专家学者，也不乏来自生态环境部门、能源部门、水利部门、自然资源部门的领导干部，这将从全局上聚合国家和地方环境资源人才，有力推动实现"双碳"目标，保障能源安全。

一、国际："规则+技术+资本"构建数字低碳路线图

近年，美国、欧盟、日本、韩国等从脱碳路线、技术创新、清洁能源、投资计划等方面出台了一系列推进工业碳中和的文件。其中，代表性的战略和政策文件主要有《美国工业脱碳路线图》《欧洲研究区能源密集型行业低碳技术路线图》《重新赋能欧盟计划》《日本2050碳中和绿色增长战略》《韩国工业与能源碳中和大型愿景与战略》等。

（一）美国：数字技术赋能碳减排

美国能源部《2020年能源法案》部署了数据和智能技术在数据中心和智能建筑节能减排、核能开发、智能电网建设等领域的应用行动。2021年6月宣布发起了"能源攻关计划"，旨在未来十年内将低碳氢气的成本降低80%，降至1美元/公斤，凭借创新的氢能技术激发清洁氢能方面的需求。2021年出台的《基础设施投资和就业法案》提出加强能源基础数据设施建设，实施国家能源建模系统计划，制定数字气候解决方案，利用人工智能、自动化、传感、建模等智能技术提高能源生产和使用效率。美国重视工业领域脱碳，大力支持技术研发应用和绿色基础设施建设。2022年美国能源部发布《工业脱碳路线图》，分阶段提出工业脱碳关键技术路径和主要碳排放行业的技术需求，同期还宣布了一项1.04亿美元的融资资助，用于推进工业脱碳技术的发展，通过一系列技术创新路径和数字赋能，加速推动工业脱碳和保持工业全球领先地位。

（二）欧盟：以规则引领数字化绿色化双重转型

欧盟委员会重视通过立法和出台框架性政策引导数字化和绿色化双重转型，并制定了一系列转型发展战略政策，加强两者之间的协同联动作用。《2022年战略前瞻报告：新的地缘政治背景下实现绿色化和数字化转型》分析了双重转型的联动作用和涉及的人工智能、数字孪生、物联网等关键数字技术，将关键行业双重转型的战略自主性、绿色外交、数字外交等作为关键行动领域。2022年12月，

欧洲议会和欧盟各国政府就欧盟碳排放交易体系改革方案达成临时协议，协议内容包含对现有电力、工业及航空设置更为严格的排放上限，逐步取消工业部门免费碳配额，2028年计划引入覆盖建筑和道路运输的平行碳市场（欧盟碳排放交易体系2号）等一系列措施。该举措不仅体现了欧盟政府为应对气候变化不断提升气候雄心，助力实现2030年将碳减排量较1990年减少55%的气候目标，同时更增强了碳市场投资者的信心。

此外，欧盟还制定了能源密集型行业低碳技术路线图，推动工业高耗能行业加快脱碳进程；重点支持CCUS、氢能、先进核能等低碳和零碳技术创新，推出REpowerEU计划加速清洁能源转型。这样一来，即使能源危机引发短期波折但也不会改变中长期低碳发展目标。

（三）日韩：重视资本和技术对工业碳减排的联动作用

日本引导民间资本参与低碳技术创新和应用项目，重视利用人工智能和物联网等数字技术赋能行业节能减排，重点发展海上风电、氨燃料、氢能、核能、汽车和蓄电池等领域，积极参与制定减排技术与设备国际标准，加速推动工业低碳转型。日本出台了一系列政策来推动低碳减排，如《革新环境技术创新战略》强调利用数字技术建设弹性电网，开发分布式能源控制技术，推进"智能城市基础设施"国际标准建设；《第六次能源基本计划》指出利用数字技术提升供应链的物流效率、优化能源使用和控制系统、提升发电效率和电力系统安全性等；《巴黎协定下的长期战略》提出利用人工智能等技术降低交通、运输、建筑、农业等行业碳排放，到2050年实现地区层面供需控制数字技术的部署。此外，《2050年碳中和绿色增长战略》提出半导体和通信产业等14个行业的碳中和目标和重点任务，包括打造绿色数据中心和研发绿色数字技术等。

韩国是行业及温室气体覆盖范围广泛的碳市场的典型代表。在行业覆盖范围方面，韩国将电力、工业、建筑、交通、国内航空及废弃物行业纳入需履约行业，设立引领低碳经济的世界四大工业强国目标，鼓励企业绿色技术革新与开展国际合作并进，通过立法推动碳中和进程。韩国碳市场建立之初，对气候政策有话语权的政府组织倾向于采取行政管理手段而非碳交易机制来达到控排效果，而与政府组织联系紧密的代表性商业组织（如钢铁企业）并不支持气候相关政策的出台。在各方利益平衡下，具有较宽松的碳交易额度和可商议的企业减排目标的韩国碳市场由此形成。

二、中国：数字化绿色化协同转型

2010年，政府文件还没有提出"低碳经济"这个词，因为中国的工业化、城市化还处于快速发展阶段，能源结构又以煤炭为主导，谈低碳是奢侈的。2020年提出"碳中和"，最主要的动力是我们有了技术突破和制度引导。第一是数字技术发展助力传统高能耗能源技术改良甚至被替代。如煤电技术改良，从亚临界、超临界到超超临界，碳排放从450克/度电下降到270克/度电。颠覆性技术如光伏发电成本在10年间下降了近90%。第二是制度的规范和引导。随着数字经济发展和新型工业化进程的推进，中国政府通过政策制定和财政扶持，建立了一系列支持数字化绿色化协同转型的政策和措施，旨在通过数字化技术的应用和绿色发展的推进，实现经济和环境的协同转型。主要分为以下几个方面。

1. 数字化转型

中国政府鼓励企业和机构采用先进的数字技术，提升生产效率，推动创新和转型升级。政策措施包括鼓励技术创新和绿色科技的发展，通过科技项目资助、绿色科技创新基金等举措，为云计算、大数据、人工智能、物联网等新一代信息技术的发展提供支持和资金保障。

2. 绿色化发展

中国政府致力于推动经济发展与环境保护的协同发展，鼓励高效能源利用、清洁能源开发利用、节约资源和减少污染等绿色发展举措，加大对绿色产业的支持力度，推动建立绿色发展政策体系。

- 环境保护法律法规体系：中国制定了一系列环保法律法规，包括《环境保护法》《大气污染防治法》《水污染防治法》等，以确保环境保护的法制基础。
- 能源节约法律法规体系：中国制定了一系列能源节约法律法规，包括《节约能源法》《可再生能源法》等，以促进能源的有效利用和可再生能源的发展。
- 指导性规划体系：中国制定了一系列国家和地方的规划，包括《中国21世纪议程——中国21世纪人口、环境与发展白皮书》《中共中央 国务院关于完整准确全面贯彻新发展理念做好碳达峰碳中和工作的意见》《2030年前碳达峰行动方案》等，为绿色发展提供了战略指导和整体规划。
- 经济激励政策体系：中国通过财税、金融、奖励等政策手段，鼓励企业和个人参与绿色发展。例如，实施能源税、碳排放交易制度、绿色金融政策等，以促进绿色产业的发展和环保技术的应用。
- 国际合作与共治体系：中国积极参与国际环保合作，加强与国际组织和其他国家的交流与合作，共同应对全球环境问题。

3. 协同发展

政府强调统筹推进数字化转型和绿色化发展，通过协同发展战略，推动经济、环境和社会的整体优化。政策措施包括优化资源配置，促进绿色产业与数字经济产业的融合发展，实现双赢的经济和环境效益。如《"十四五"工业绿色发展规划》提出加快人工智能、物联网、云计算、数字孪生、区块链等信息技术在绿色制造中的应用，以数据为驱动提升行业绿色技术创新、绿色制造和运维服务水平。《科技支撑碳达峰碳中和实施方案（2022—2030年）》提出深度融合大数据、第五代移动通信等新兴技术，引领高碳工业流程的零碳和低碳再造和数字化转型。此外，《信息通信行业绿色低碳发展行动计划（2022—2025年）》《贯彻落实碳达峰碳中和目标要求 推动数据中心和5G等新型基础设施绿色高质量发展实施方案》《新型数据中心发展三年行动计划（2021—2023年）》指出建设绿色基础设施和绿色产业链供应链等，推动信息通信行业绿色低碳高质量发展。

综上所述，中国数字化绿色化协同转型政策旨在通过数字化技术和绿色发展的双重推进，调整能源结构、提高能源利用效率、加快绿色技术创新和产业结构调整，实现经济社会的可持续发展。政府通过政策支持和市场引导，促进数字化和绿色化的融合与协同发展，为中国的转型升级提供了重要的战略导向和政策支持。

三、"双碳"目标带来的产业机遇

中国绿色发展政策为中国带来了许多产业机遇。这些政策面向的是可再生能源、清洁技术、节能环保等领域，旨在推动中国向低碳经济转型。

首先，可再生能源产业是绿色发展政策的重点支持领域之一。中国拥有丰富的太阳能、风能、水能等可再生能源资源，政府鼓励企业开发利用这些资源。因此，太阳能发电、风能发电等可再生能源产业得到了快速发展。中国已成为全球最大的太阳能板和风力发电机生产国，带来了大量就业机会和经济增长。

其次，清洁技术是绿色发展政策的另一个重要方向。中国政府支持研发和应用清洁技术，以减少环境污染和提高资源利用效率。例如，电动汽车和新能源汽车的发展受到政策扶持，又进一步推动了电动汽车产业链的快速发展。此外，环保设备制造、废物处理技术等清洁技术也得到了大力支持，为相关产业提供了广阔的市场空间。

最后，节能环保产业也受益于绿色发展政策。中国政府鼓励企业推进节能减排措施，推动高效节能产品的研发和应用。节能环保产业包括节能灯具、智能家居、建筑节能材料、环保工程等。在快消品行业，随着人们对环保意识的提高，产品绿色采购、包装、设计等将成为绿色供应链的重要组成部分，未来发展潜力巨大。

总的来说，中国绿色发展政策带来的产业机遇主要涵盖可再生能源、清洁技术和节能环保等领域。这些政策的实施促进了相关产业的发展，并带来了经济增长和就业机会。

此外，全球气候治理将重塑国际贸易格局。当前，低碳已在国际贸易规则中逐渐成为重要因素，未来可能会进一步发挥重要作用甚至改变国际贸易的格局。加强与国际社会的合作，积极参与全球气候治理，分享低碳发展经验，推动低碳要素纳入贸易规则，避免形成新的贸易壁垒。

第四章

发现潜力赛道

赛道之新,在于需求之新、场景之新、逻辑之新、规则之新。

——杨卓凡记

在不确定性突显的商业社会中，新增"独角兽"仍然是最能反映一个区域创新踊跃程度和市场水温的指标。胡润研究院发布的《2023全球独角兽榜》显示，全球独角兽企业①数量最多的行业是金融科技（171家），其次是软件服务（136家）、电子商务（120家）和人工智能（105家），如图4-1所示。

排名（变化）	行业	独角兽数量	数量变化	总价值占比
1（0）	金融科技	171	+32	17%
2（0）	软件服务	136	+2	10%
3（0）	电子商务	120	-2	8.5%
4（0）	人工智能	105	+21	6.2%
5（0）	健康科技	92	+12	4.5%
6（0）	网络安全	62	+22	3.5%
7（+1）	区块链	53	+23	4.8%
8*	企业服务	45	+27	2.1%
9（-2）	生物科技	42	+11	1.9%
9*	物流	42	+23	3%
排名和数量变化对比一年前；*新进前十				

图 4-1　全球前十名的独角兽企业所处行业

资料来源：胡润研究院

全球独角兽正在颠覆金融服务、企业管理解决方案和医疗健康等行业。79%的独角兽企业销售软件和服务，主要来自金融科技、软件服务、电子商务和人工智能领域。21%销售实体产品，主要来自新能源、生物科技、食品饮料和半导体领域。其中，中国的独角兽企业主要来自人工智能、半导体和电子商务领域。

---

① 全球独角兽企业统计范围：成立于2000年之后，价值10亿美元以上的非上市公司。——作者注

第一节
新科技

关于数字新科技发展，有三个趋势值得关注。一是数据流越来越大，速度越来越快，延迟越来越低，连接效率越来越高。为应对这一趋势，需要采取支持广泛覆盖的非对地静止轨道（NGSO）卫星数据采集、部署5G服务等措施，帮助解决偏远地区的网络挑战。二是人工智能和数据分析，机器学习可以为企业提供许多机会。三是金融科技（钱包、数字银行和低价值支付系统）、自动化和机器人（由通用计算、云技术和人工智能驱动）、空间技术（降低发射成本，快速建造低延迟、低地球轨道卫星；可再生能源和气候技术）等新兴颠覆性技术。

一、人工智能：从 ChatGPT 看产业新变革

当前世界经济增长仍然乏力，其根本原因是还没有产生类似蒸汽机、电力和信息技术等具有引领性、基石性的新技术，不能广泛促进全要素生产率提高和资本深化，推动经济增长。随着以新一代信息技术和人工智能为核心的新一轮科技革命实现突破，世界经济面临的供给侧约束将得到根本缓解，数字化和智能化技术的大规模运用将带来深刻变化，推动新一轮世界经济增长，跨越技术革新也成了企业发展的必然趋势。以劳动力费用的变化为例，新技术的应用提出了对技术交付模式的需求，应用新技术可以大大降低企业的劳动成本，更为有效地实现商业目标。

（一）人工智能的演进

近年来，伴随互联网、物联网、5G等信息通信技术及产业的发展，全球数据量呈现爆发式增长，此外，Web 3.0 转型产生了更多的分布式数据，大数据、大模型推动人工智能螺旋式发展，呈现出技术化、智能化（让算法达到极致）、智慧化（让理解达到极致，以人机交互为标志）等特征。

人工智能技术近年来的发展不仅仰仗于大数据和算法，更是算力不断增强的结果。从人工智能的演化来看，20世纪80年代至2010年初被视为基于规则（知

识、专家系统）的人工智能，即将规则融合到大数据中，把"大数据"变为"好数据"。深度学习出现之前，训练机器学习（ML）系统需要的算力每 17 至 29 个月翻一番。深度学习出现之后，整体趋势加速，算力每 4 至 9 个月翻一番。研究发现，2010 至 2022 年，机器学习（ML）训练算力增长了 100 亿倍，2015 至 2016 年，出现了大模型的新趋势。

人工智能自动创作进入"文本生成视频"新阶段。2020 年百度的大脑图文转视频技术 VidPress 问世，该技术能够由人工智能自动剪辑生成视频，只需要一键输入上传 Word 稿件、新闻网址即可在短时间生成视频。2022 年 9 月，元宇宙 meta 平台公司率先发布一种人工智能应用，使用者登录网页后输入一句话，系统可在一分钟内生成契合语意的视频。谷歌公司随后发布了两款性能更强的同类产品，该产品可根据使用者需要切换视频风格和呈现故事情节。2023 年，阿里达摩院低调地在魔搭社区放出了"文本生成视频大模型"。这类创新应用的竞相推出意味着人工智能自动创作从"文本生成图像"阶段进入"文本生成视频"时代。

人工智能自动创作应对复杂问题的能力达到新高度。开放人工智能公司研发的智能聊天程序"聊天生成预训练转换器"在推出初期，对中文用户的回应尚有不足，但经过一段时间的测试学习，该程序已经能理解诸如"关公战秦琼"等颇具中国特色的表述。该程序还可根据用户要求生成专业度和准确性相当高的文本。《科学》网站披露，曾有实验将 50 篇由该程序生成的论文摘要与其他由人类写作的摘要混合，结果审阅者将其中 16 篇误判为由人类创作。

（二）人工智能大模型带来的产业影响

美国引领的新一轮人工智能自动创作能力升级将带来两大重要影响，一是激活人工智能产业链，带来算力、数据、算法乃至下游应用快速增长；二是给文化、医药、电商等行业带来发展新机遇，有望为经济增长注入新动能。

1. 激活人工智能上下游产业链

（1）**技术服务商，尤其是"软件即服务（SaaS）"企业处于领先地位**：86%的技术服务商表示，在抢占市场份额和培养消费者忠诚度的过程中，人工智能发挥了关键作用。实践中，在针对技术基础设施的投资不断增加的背景下，过去 5 年多以来，超过 1700 亿美元的风险投资投向了人工智能硬件、软件平台和算法领域。该领域的创新主力——顶尖的云服务提供商，包括亚马逊云平台、谷歌、微软 Azure 等，更是投入了大量资金，共同推动能力加速建设。

（2）**芯片制造商**：由于人工智能技术需要大量的运算能力，芯片制造商可以研发更高效、更强大的处理器和加速器，以满足人工智能应用的需求。

（3）**数据提供商**：大规模数据是训练人工智能模型的重要基础，数据提供商可以通过整合、标注和销售大数据，为人工智能相关企业提供数据支持。

（4）**算法和软件开发商**：人工智能的核心是算法和软件，开发商可以研发新的算法和软件工具，以解决复杂的问题，满足各行各业的人工智能需求。

（5）**应用服务商**：人工智能技术的应用广泛，应用服务商可以为不同行业提供个性化的人工智能解决方案，提升效率和竞争力。

总的来说，人工智能产业链上下游都有巨大的发展机遇，从硬件到软件，从数据到应用，都有潜力产生独角兽企业。

2. 给其他行业发展带来机遇

（1）**或将改写文化传播行业内容创作规则**。在影视行业，人工智能自动创作可以按照预设风格快速生成影视剧本，从而缩短制作周期，甚至可通过简单提示就能完成节目制作。英国电视四台 2022 年播放的圣诞演讲就采用了人工智能自动创作模式，人工智能仅依据"创作与英国国王查尔斯三世此前演讲相类似内容"的简单提示，就生成了所有演讲内容。美国媒体称，人工智能自动创作将改变互联网内容创作规则。

（2）**助力医药研发和金融服务提速增效**。人工智能自动创作能力升级可提高医学影像质量，有助于辅助诊断，还可克服医疗数据不足的困难，自动寻找带有特定性质的分子结构，大幅降低新药研发和临床试验的科研成本。据美国高德纳咨询公司预测，到 2025 年，超过 30% 的药物和材料将通过人工智能自动创作被发现。人工智能自动创作还可实现金融资讯自动化生产，提升金融机构内容运营效率。

（3）**为教育、电商等领域注入新活力**。人工智能自动创作可为教育工作者提供新的教学工具，比如制作虚拟历史人物直接与学生对话，把教学内容变得立体化。在电商领域，人工智能自动创作可生成更逼真的三维商品模型，帮助商家构建三维购物空间，提升消费者沉浸式"云逛街"体验，还可打造 24 小时在线的虚拟主播，赋能直播带货。

（三）人工智能领域主要独角兽企业

人工智能赛道上的独角兽企业是指在人工智能领域取得了巨大成功并具有极高市值的企业。以下是一些人工智能赛道上的独角兽企业。

1. 商汤科技（SenseTime）

总部位于中国的 SenseTime 是全球领先的人工智能公司，专注于计算机视觉和深度学习技术的研发和应用。其技术被广泛应用于视频监控、人脸识别、智能驾驶等领域。

2. DeepMind

DeepMind 是一家由英国人创立的人工智能研究公司，于 2014 年被谷歌收购。DeepMind 致力于研发具有人类智能水平的通用人工智能，并在多个领域取得了重大突破，如围棋、医疗诊断等。

3. OpenAI

OpenAI 是一家非营利性研究机构，旨在推动人工智能的发展，使其造福全人类。OpenAI 的使命是确保人工智能技术的利用符合伦理原则，并保持公平和透明。

4. UiPath

UiPath 是一家全球领先的机器人流程自动化软件公司，提供企业级的自动化解决方案。UiPath 的机器人软件可以模拟和执行人类用户的电脑操作，用于自动化日常办公中烦琐的重复性任务。

二、元宇宙

元宇宙是数字与物理世界相互融通作用的沉浸式互联空间，是新一代信息技术融合创新的集大成者。元宇宙的出现，将革新人类与世界的交互方式，加速生产生活数字化升级，催生数实融合的新产业、新模式、新业态，培育经济发展的新动能，开辟未来产业的新赛道，打造制造强国、质量强国、网络强国、数字中国建设的新引擎。

（一）基本发展态势

1. 概念简介

"元宇宙"的概念最早出现在 1992 年美国知名科幻作家尼尔·斯蒂芬森出版

的小说《雪崩》之中，这也是第一本以虚拟现实为特色的赛博朋克小说。元宇宙本身不是一种新技术，而是一个理念和概念，它需要整合不同的新技术，如5G、6G、人工智能、大数据等，并强调虚实相融。

元宇宙可理解为下一代互联网，将基于不同的终端，产生不同的人与人、人与事物的时间和空间的不同连接和体验。元宇宙主要表现出五大特征：逼真的沉浸式体验、完整的世界结构、巨大的经济价值、新的运行规则和潜在的不确定性。

2. 发展情况

彭博数据显示，全球元宇宙市场规模有望由2020年的5000亿美元增长到2024年的8000亿美元，复合年均增长率为10%。

（1）国外的元宇宙发展现状

美国政府制定了一系列政策，如《21世纪就业法案》等，支持区块链、通信、VR、AR等特定技术领域的研究，推动发展先进通信技术与沉浸式科技来加强美国的全球经济竞争力。美国科技巨头如Meta、微软、谷歌等积极布局元宇宙，进行元宇宙投资、技术开发和收购，旨在获得技术优势。

欧洲的互联网市场基本被美国科技巨头垄断，欧盟对元宇宙持高度谨慎态度。欧盟制定了《人工智能法案》《数字服务法案》和《数字市场法案》等政策来加强隐私保护和对互联网企业的监管。在元宇宙时代，预计欧盟将继续推动对虚拟世界的监管，维护欧盟市场的竞争与活力。

日本的元宇宙市场正在加速构建，已有多家动漫游戏、社交媒体和市场交易企业宣布进军元宇宙。日本虚拟货币公司FXCOIN牵头成立了元宇宙协会，加深与日本政府的沟通，并呼吁其他金融公司和游戏公司加入，加速推动元宇宙布局。

韩国政府大力推动元宇宙相关项目，已经联合500多家公司和机构（如三星、KT、LG等）组建成立了韩国元宇宙联盟。在韩国财政部2022年预算中，政府计划斥资2000万美元直接用于元宇宙平台开发。

（2）国内的元宇宙发展现状

党的二十大以来，我国陆续出台政策促进数字产业发展。《"十四五"数字经济发展规划》提出，深化人工智能、虚拟现实、8K高清视频等技术的融合，拓展社交、购物、娱乐、展览等领域的应用，促进生活消费品质升级；《金融科技发展规划（2022—2025年）》提出，依托5G技术高宽带、低时延的特点，将AR、

MR等技术与银行场景深度融合，推动实体网点沉浸式、交互式升级。

此外，许多地方政府已经出台元宇宙相关政策。《上海市电子信息产业发展"十四五"规划》提出，加强元宇宙底层核心技术基础能力前瞻研发；《2022年武汉市政府工作报告》提出，推动元宇宙、大数据、云计算等与实体经济融合；《2022年合肥市政府工作报告》提出，未来五年合肥将瞄准元宇宙等领域前瞻布局未来产业；《关于加快北京城市副中心元宇宙创新引领发展八条措施》提出，规划"1个创新中心+N个特色主题园区"的元宇宙产业空间布局，打造实数融合文旅新场景。

（二）关键核心技术

元宇宙的崛起离不开庞大技术体系的支撑，支撑元宇宙的关键核心技术包括核心基础技术、沉浸体验技术和融合创新技术三大类。

1. 核心基础技术

发展关键基础软件，是开发面向元宇宙终端的智能操作系统和中间件的坚实底座，包括物联网技术、移动通信技术和算力技术。

（1）物联网技术（Internet of Things，IoT）

物联网通过品类众多、互联互通的智能传感器承担物理世界数字化的前端采集与处理功能，同时也承担了元宇宙虚实共生的虚拟世界去渗透或管理现实世界的功能。

（2）移动通信技术

5G和下一代无线通信技术（6G）可提供元宇宙所需的高带宽、低时延的互联网基础设施，大力发展太赫兹技术、空天海地一体化技术、确定性网络技术、基于人工智能的空口技术等移动通信技术，有效支撑数据密集型的元宇宙应用。

（3）算力技术

算力是支撑元宇宙海量数据实时计算的基石，目前基础算力、智能算力、超算算力通过一体化算网智能供给元宇宙，未来人工智能计算、边缘计算、量子计算将成为推动元宇宙发展的主力技术。此外，还应推动研发具备高度并行的处理能力、低内存延迟、创新架构、低功耗能的元宇宙计算芯片。

2. 沉浸体验技术

推进生物学和信息科学交叉领域研究，研发数字化视、听、触、嗅、味等感知技术，开展五感融为一体的立体沉浸式体验技术，为元宇宙重大技术突破提供支撑。

(1) 虚拟现实技术（VR）

VR技术用计算机生成的3D内容，为用户提供关于视觉、听觉等感官来模拟现实，有极强的"沉浸感"与"临场感"。通过VR头戴式显示器，用户可以完全沉浸在虚拟环境中。根据设备的不同，用户还可以用手或眼睛与元宇宙中的虚拟元素进行互动。

(2) 增强现实技术（AR）

AR技术将虚拟元素投射到真实世界，从而将真实世界信息和虚拟世界信息"无缝"集成。AR增强现实技术，可以将原本在现实世界的一定时间空间范围内很难体验到的实体信息（视觉信息、声音、味道、触觉等），通过元宇宙人工智能模拟仿真后再叠加，将虚拟的信息应用到真实世界，被人类感官所感知，从而达到超越现实的感官体验。

(3) 混合现实技术（MR）

MR技术将虚拟内容与现实世界结合起来，产生新的可视化环境，环境中同时包含了物理实体与虚拟信息，并且必须是"实时的"。在混合现实中，虚拟物体作为真实世界的自然组成部分，遮挡在真实物体后面。真实物体也会影响虚拟元素的阴影和光照。

3. 融合创新技术

推动区块链、人工智能、数字孪生、云计算与沉浸式体验技术的深度融合，打造高稳定、高拟真、超低时延的实时互动服务引擎，可以构建可信、开放数字底座，打造万物互联、虚实共生的智能元宇宙。

(1) 区块链技术

区块链技术是支撑元宇宙经济体系的基础。它通过分布式账本、智能合约、共识机制等技术，建立元宇宙去中心化清结算平台和价值传递机制，保障价值归属与流转，实现元宇宙经济系统稳定、高效、透明和确定性运行。

(2) 人工智能技术

人工智能技术几乎覆盖元宇宙的所有领域。例如，通过计算机视觉技术渲染虚拟场景，通过自然语言处理和智能语音交互技术打造实时交互的大语言智能模型，通过机器学习和深度学习技术挖掘元宇宙数据价值，迭代创新元宇宙应用场景。

(3) 数字人技术

虚拟数字人是由计算机图形学、图形渲染、动作捕捉、深度学习、语音合成等计算机手段创造及使用，并具有外貌特征、人类表演能力、人类交互能力等多重人类特征的综合产物。在未来的元宇宙中，不只是人与人的交互，也会有很多人与人工智能的交互，甚至人类的意识会以"数字人"形式实现"永生"。

（三）产业应用场景

当下的元宇宙产业发展处于早期阶段，早期的投资应把握最有业绩支撑且最有可能转移到元宇宙领域的数字娱乐内容，比如数字游戏、数字流媒体、展览展示等。游戏公司（如 Roblox、Epic Games 等）、科技巨头（如 Meta、微软、腾讯、字节跳动等）、半导体巨头（如英伟达、高通等）、创业公司（如 Rokoko、Superworld 等）悉数入局，拟加大后续在元宇宙领域中的布局。

1. 国外巨头布局现状

（1）Roblox

2021 年 3 月，Roblox 在纽交所上市，以"元宇宙第一股"的称号点燃了元宇宙这一概念。于 2006 年发布的 Roblox 是一款大型多人在线沙盒游戏创建平台，为玩家提供沉浸式高自由度的虚拟世界。根据 Roblox 的数据，其 2022 年全年营收为 22 亿美元，全年日活用户超过 5600 万，全球用户数同比增长 23%，注册用户超 2 亿，用户生成内容超过 3200 万，每日平均用户时长超过 2.5 小时，是社交媒体的 5 倍。

（2）Meta

Meta 公司，原名 Facebook，创立于 2004 年。2021 年 9 月，Facebook 投资 5000 万美元成立 XR 计划研究基金，用于元宇宙生态规则的探索和研究。同年 10 月，扎克伯格宣布将把 Facebook 更名为 Meta，同时公布了打造办公、游戏、社交、教育、健身等元宇宙版图计划。目前，Meta 已经推出了 VR 设备 Oculus、MR 设备 Project Cambria、触感手套、数字货币 Diem 和基于 VR 的 Horizon Home、Horizon Workrooms、Horizon Worlds 等元宇宙产品。

（3）英伟达（NVIDIA）

英伟达致力于从产业角度引领"元宇宙即服务"潮流，打造"工程师元宇宙"。2022 年 9 月，NVIDIA 推出用于构建和运行工业元宇宙应用的 Omniverse 平台，首批客户包括 RIMAC Group、西门子和 WPP 等。在该平台上，创作者、设计师、研究人员和工程师能够连接主要设计工具、资产与项目，能够在共享的虚拟空间中协作和迭代。除此之外，开发者与软件提供商能够在 Omniverse 的模块化平台上轻松地构建和销售扩展程序、应用、连接器和微服务，扩展其功能。

（4）微软

微软元宇宙布局主要体现在办公和游戏行业。2022 年 2 月，微软宣布要在将虚拟体验协作平台 Mesh 植入办公软件 Teams 内部建立元宇宙，利用 3D 数字人、语音交互和体感智能技术打造沉浸式虚拟会议场景。同时，微软在 Xbox 等游戏平台中的热门游戏《我的世界》《模拟飞行》等已经在一定程度上接近元宇宙。此外，微软为驱动元宇宙开发了多款产品，如 Microsoft HoloLens、Microsoft Mesh、Power Platform、Azure 等，实现物联网、数字孪生、混合现实等功能。

2. 国内巨头布局现状

（1）腾讯

腾讯是国内最能从元宇宙概念受益的互联网公司之一，基于底层技术如游戏引擎、云服务、IDC，和中层应用社媒平台、游戏生态，以及上层组织对 PCG 部门的战略调整，具备布局元宇宙的优越条件。早在 2012 年，腾讯就斥资 3.3 亿美元投资 40% 的股份成为 Epic Games 的大股东，该公司开发的虚幻引擎是元宇宙的重要基础软件。2020 年，马化腾提出虚实融合的"全真互联网"概念，旨在通过虚拟现实技术构建教育、金融、建筑、交通和工业的真实世界。同年 11 月，腾讯与 Wave 公司合作探索虚拟演唱会技术。2021 年，腾讯推出数字藏品平台《幻核》，并投资有"社交元宇宙"之称的 Soul。同年 12 月，腾讯在跨年之际推出全国首个虚拟音乐嘉年华 TMELAND。2022 年，腾讯 QQ 上线超级 QQ 秀，以虚幻 4 引擎为基础构建元宇宙世界。同年 6 月，腾讯宣布成立 XR 部门，在未来将拓展更多元宇宙应用场景。

（2）字节跳动

字节跳动已经建立起庞大的内容运营体系，旗下产品有抖音、火山、飞书等。元宇宙能将内容信息由二维升至三维，让用户在虚拟世界中体验信息真实感。2021 年 9 月，字节跳动正式收购 VR 一体机公司 PICO，将自身内容优势与 PICO 的虚拟现实优势强强联合。2022 年，以火山引擎为基础创新 VR 直播，字节跳动举办了多场明星演唱会及虚拟直播和秀场直播。此外，字节跳动基于安卓系统开发了 PICO OS 5.0，专为 VR 一体机设备设计的 UI 系统，提供 VR 软件开发工具包与一站式解决方案，促进元宇宙产业生态的发展。

（3）网易

网易的元宇宙布局中，"底层技术+前端设备+内容场景"三驾马车齐头并进。首先，在底层技术方面，网易自研的"天玄"区块链引擎支持单链每秒 30 万笔交易。网易伏羲虚拟交互引擎自 2017 年诞生至今，积累了丰富的技术经验，拥有超过 200 项的发明专利。网易与华为联合成立的 5G 云游戏创新实验室，为元宇宙中的云计算打下了基础。其次，在前端设备方面，网易大力研发元宇宙硬件设备，发布了 AR 眼镜 HoloKit、VR 游戏平台网易影核和有道可穿戴设备等产品。最后，在内容场景方面，网易推出了古风格斗游戏《逆水寒》、虚拟形象社交网络游戏 IMVU、数字藏品游戏 Genies、虚拟人软件开发数据包"有灵"，并发布了网易瑶台提供沉浸式年会、招聘活动、线上会议、虚拟展览、线上拍卖等新业态场景应用。

3. 关键核心应用场景

元宇宙技术在实际业务中都有不同程度的应用。核心场景是元宇宙前沿技术的最佳试验场和应用孵化器，重点涉及商业运营、课堂教育、文旅出游、品牌娱乐、智能制造、医疗健康、协同办公、数字城市等。

（1）游戏：未来游戏社交的模式将进一步升级为 VR 游戏社交、VR 电影社交（如豆瓣）和 VR 旅行社交（如马蜂窝）等。

（2）商贸：利用 VR、AR 技术对产品进行虚拟展示，比如 Alliance Studio 建立 3D 虚拟现实商城，虚拟商城导航轻松传送、浏览商店和产品。

（3）教育培训：使用者通过 VR、AR 头显设备进入虚拟教育空间，打破了教育行业的时空依赖。STRIVR 产品可被适用于员工培训中，使得员工采用率大幅提高、培训次数减少、员工精通时间缩短。

（4）文化：利用仿真交互技术把古建筑文化遗产数字化，打破了时间和空间的限制，提高了文物的展出效果和展出效率。例如，故宫 AR 文旅展融合人脸、手势识别及体感互动，使得参展者可以自由轻松地获取信息，对历史文化遗址的保护、更新、推广、延续具有重要的长远意义。

（5）制造：数字孪生可以用于制造生产中产品设计、工艺优化、质量管理、供应链管理、预测性维护、分析客户体验等流程。例如，在汽车制造领域，西门子使用数字孪生技术模拟和验证产品开发的每个步骤，避免实际生产零件可能发生的故障。

（6）医疗：数字孪生可以用于药物临床试验、医疗护理服务、手术预演等医疗场景，有助于为患者提供更高效、更有效的服务，同时还可通过人工智能构建患者全生命周期的数字预测模型，提供全生命周期的预测记录分析和决策支撑。

（7）社交：鼓励内容创作者构建虚拟世界，在元宇宙中创建内容与互动。例如，Horizon Worlds 支持用户以空间建造者身份进入虚拟空间，获得真实的协作和分享体验，探索不断创造发展的虚拟世界。

（8）影视：创作互动平台为影视、综艺、短视频等内容形态提供了创新动力。例如，腾讯视频面向全网上线互动创作平台，鼓励原创者积极参与；爱奇艺推出互动视频制作插件，推动"零门槛"编辑互动视频等。

（9）智慧城市：区块链技术将城市的信息基础设施、能源基础设施、交通基础设施等与区块链相结合，发挥了数据的巨大价值。例如，雄安新区在建设初期，就开始积极运用区块链技术为自身的智慧城市建设赋能。

金融：区块链技术能够连接全球金融系统，更高效、低成本地进行交易支付。元宇宙中的经济活动支持虚拟商品交易，这些商品可通过纯粹的数字货币购买，区块链技术使得虚拟货币交易成为可能。

总而言之，元宇宙的各项技术最终将走向融合，赋能各种应用场景，实现生产力的解放、洞察力的飞跃、决策力的提升和商业升级。

三、5G

（一）全球发展态势

据《5G 商业模式创新发展白皮书（2023）》，截至 2023 年 3 月，5G 网络已覆盖全球 30.2% 的人口，全球 5G 用户达到 11.5 亿，渗透率达到 13.4%。VIAVI Solutions 在第七次年度《5G 部署现状》报告中指出，全球超过 90 个国家和地区的 2497 个城市拥有商用 5G 网络，另有 23 个国家正在开展 5G 预商用试点，32 个国家已表达部署 5G 的意向。5G 商用范围从主流发达地区向欠发达地区不断拓展，欧洲、亚太地区、北美是 5G 网络建设先发地区，主要国家和地区基本实现商用；南亚、东欧、中南美洲、非洲等地区陆续进行 5G 网络部署与预商用。

从全球建设进展看，目前中国 5G 网络已经全部过渡到独立组网（SA）模式，最早实现 5G 超清视话（VoNR）商用，5G 网络已经能够做到基本的连续覆盖，在基站数量上、技术成熟上领先其他市场 2～3 年。5G 独立组网（SA）通常被认为是"真正的" 5G，其相较于非独立组网（NSA），能够实现更广泛的应用和创收，而非独立组网（NSA）在增强型移动宽带（eMBB）之外的应用相对有限。

丹麦斯特兰德咨询公司（Strand Consult）的数据显示，许多欧洲国家仍相当依赖包括华为、中兴在内的中国 5G 设备，其中塞浦路斯对上述中国 5G 设备的依赖度高达 100%，荷兰超过 72%，奥地利逾 6 成，德国为 59%，英国亦高达 41%。截至 2022 年底，欧洲多国对中国 5G 设施相当依赖，如图 4-2 所示。

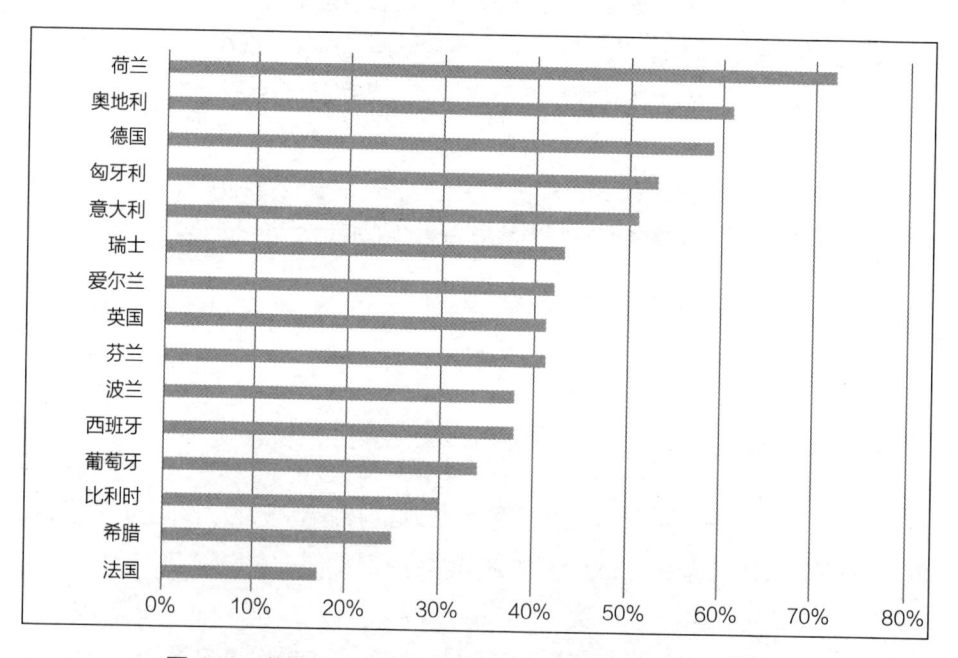

图 4-2　截至 2022 年底，欧洲 5G 网络中的中国设备占比

资料来源：《亚洲时报》

（二）产业发展机遇

1. "5G+工业互联网"：制造业数字化转型的关键支撑

随着企业对网络性能和安全性的要求不断提高，私有 5G 网络正在成为一种备受关注的无线选项。相较于公共 5G 网络，私有 5G 网络通常由企业自己部署和管理，具有更高的安全性和更好的可控性，可以帮助企业更好地满足其特定的业务需求。例如，在生产制造领域，私有 5G 网络可以支持大规模机器通信和物联网设备连接，从而提高生产效率和可靠性。数据显示，制造业私有 5G 网络部署占公开部署的 44%，其次是物流、教育、运输、体育、公用事业和采矿业。工信部数据显示，5G 已成为行业经济数字化转型和经济社会高质量发展的关键支撑，打造了"5G+工业互联网""5G 工厂"等中国品牌，行业应用已经融入 60 个国民经济大类，加速向工业、医疗、教育、交通等重点领域拓展深化，应用案例数累计超过 5 万个。工业互联网"百城千园行"纵深推进，标识解析体系服务企业超过 27 万家，具有一定影响力的工业互联网平台超过 240 家，产业规模突破 1.2 万亿元。一些典型的"5G+工业互联网"应用包括远程操控无人机进行巡检、实时监测机器设备状态、虚拟现实培训等。

随着数字技术的融合创新与发展，5G 将与人工智能、大数据、区块链等新兴技术相结合，进一步提升智能化水平和数据分析能力。产业应用方面，在传统制造业、矿山、医疗、能源、港口等先导行业已经实现规模复制，在全国 500 多家医疗机构、近 1800 家工厂企业、200 多家采矿企业、250 多家电力企业得到商业应用，并逐步渗透到农业、物流、城市管理等各个领域，形成全面的数字化智能化生态系统。

未来，"5G+工业互联网"的应用将更加关注数据安全和隐私保护，尤其是在涉及到关键基础设施和敏感数据的环境下。此外，全球"5G+工业互联网"的合作和标准化趋势将加强，各国和企业间将会加强合作，共同推动"5G+工业互联网"的发展和应用。

2. "5G+超高清视频"：医疗、教育、娱乐、安防等行业新驱动

超高清视频是具有 4K（3840×2160 像素）或 8K（7680×4320 像素）分辨率，符合高帧率、高位深、广色域、高动态范围等技术要求的新一代视频形式。根据中国电子信息产业发展研究院发布的《超高清视频产业发展白皮书（2023

年)》显示，截至 2022 年底，我国超高清视频产业规模超过 3 万亿元。超高清产业链如图 4-3 所示。

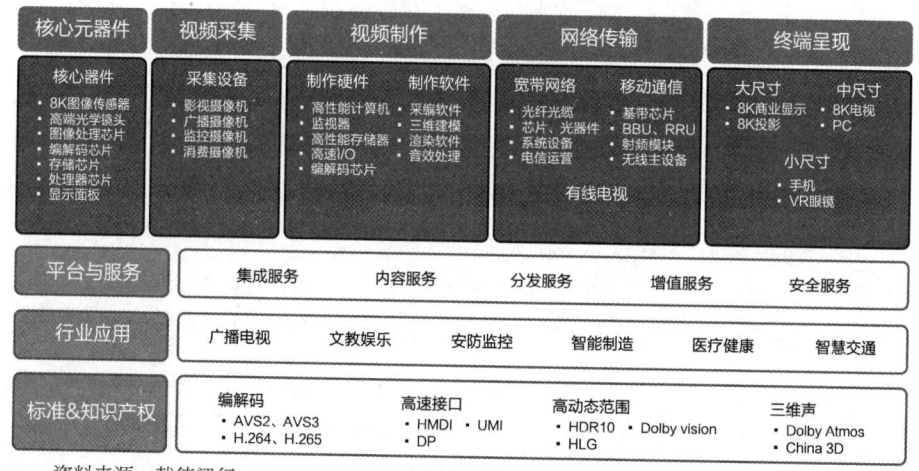

核心元器件	视频采集	视频制作	网络传输	终端呈现
核心器件 • 8K图像传感器 • 高端光学镜头 • 图像处理芯片 • 编解码芯片 • 存储芯片 • 处理器芯片 • 显示面板	**采集设备** • 影视摄像机 • 广播摄像机 • 监控摄像机 • 消费摄像机	**制作硬件** • 高性能计算机 • 监视器 • 高性能存储器 • 高速I/O • 编解码芯片 **制作软件** • 采编软件 • 三维建模 • 渲染软件 • 音频处理	**宽带网络** • 光纤光缆 • 芯片、光器件 • 系统设备 • 电信运营 **移动通信** • 基带芯片 • BBU、RRU • 射频模块 • 无线主设备 **有线电视**	**大尺寸** • 8K商业显示 • 8K投影 **中尺寸** • 8K电视 • PC **小尺寸** • 手机 • VR眼镜

平台与服务	集成服务	内容服务	分发服务	增值服务	安全服务

行业应用	广播电视	文教娱乐	安防监控	智能制造	医疗健康	智慧交通

标准&知识产权	**编解码** • AVS2、AVS3 • H.264、H.265	**高速接口** • HMDI · UMI • DP	**高动态范围** • HDR10 · Dolby vision • HLG	**三维声** • Dolby Atmos • China 3D

资料来源：戴德梁行

图 4-3 超高清产业链

5G 与超高清、AI、VR 等技术深度融合，驱动远程医疗、远程教育、远程办公、智能巡检、智能缺陷检测等领域发展潜力。

在医疗健康领域，"5G+ 超高清"可以促进医院利用远程医疗进行诊疗及手术。例如，2021 年，四川省第一个利用 5G 网络、医疗机器人、360 度 8K 全景摄像头、8K 的 VR 眼镜等技术手段的"5G+ 医疗机器人 +VR 探视系统"正式在外科重症病房应用。

在教育领域，"5G+ 超高清"直播互动课堂、"5G+AR/VR"沉浸式教学、"5G+虚拟仿真实验 / 训"等，开始覆盖教学、考试、培训、评价、校园管理等环节。

在文化娱乐领域，VR、5G 与超高清结合，助力云博物馆、云演唱会、云直播等应用场景落地，如 2023 年，央视春晚首次实现"8K 超高清 + 三维菁彩声"春晚直播，首次使用我国自主研发的 8K 超高清摄像机参与春晚摄制，利用总台首创的智能伴随技术实现高清 4K、8K 版春晚同步制作。

在智慧城市领域，博冠光电股份打造了广州市黄埔区大朗村"透明旧改" 8K+5G 示范应用、广州市越秀区 8K+5G 城市风光慢直播等众多智慧城市应用案例。

在安防巡检领域，巡检机器人自动巡航到指定点位进行高清摄像，利用 5G 网络将现场情况传送到服务器，进行 AI 图像处理和智能检测，输出巡检报告，从而实现巡检效率提升。

在缺陷检测方面，由于制造业设备缺陷检测情况复杂，肉眼难以识别，通过在设备平台上部署超高清视频摄像机，以 5G 为桥梁，将 AI 的计算机视觉分析算法等领域连接起来，传输图像并进行 AI 分析，可以准确定位出物体的详细信息，准确判别出异常状况并发出告警，实现 5G+AI 的超高清视频采集、传输、处理新模式。

（三）重点独角兽企业

1. "5G+ 工业互联网"领域

在 5G+ 工业互联网领域，有几家企业被认为是独角兽企业。

一是云从科技。云从科技是一家专注于工业物联网领域的企业，提供 "5G+工业互联网" 解决方案。其主要应用场景包括智能制造、智能物流、智能能源等。

二是腾讯产业互联网。腾讯产业互联网是腾讯集团旗下的子公司，致力于推动 "5G+ 工业互联网" 的发展。其主要应用场景包括智能制造、智能交通、智慧城市等。

三是中国移动产业互联网公司。中国移动产业互联网公司是中国移动旗下的子公司，专注于 "5G+ 工业互联网" 领域。其主要应用场景包括智能制造、智能农业、智慧能源等。

2. "超高清 + 云视频应用"领域

"超高清 + 云视频应用" 产业链具备长期高成长性，未来可以重点关注以下企业。

一是掌握核心编转码技术的企业，如优质智能视频技术算法与视频云服务提供商当虹科技、专业的视频技术服务平台企业数码科技。

二是云视频应用优质企业，如 SIP 话机龙头亿联网络，其运用 "VCS+ 云视讯" 打开成长新空间；"云 + 端 + 行业" 全产业链布局的云视频应用企业会畅通信；网络设备二线龙头星网锐捷，在云课堂、智慧党建等云视频应用领域深度布局）；电话会议龙头二六三，深度布局云视讯。

三是内容分发服务（CDN）优质企业，如 CDN 龙头网宿科技致力于打造新一代智慧云视频平台。

第二节
新产品

以新一代信息技术和人工智能为代表的新的通用目的技术和使能技术①，在市场应用的过程中不断迭代并趋于成熟，加速推进了车联网、智能制造、远程医疗等一批先导产业的涌现，同时逐步渗透到纺织服装、能源等传统产业部门，为全球经济增长和包容性发展提供了新动能。

从赛道统计的新增独角兽数量来看，新能源与清洁技术、生命科学与健康等领域仍然是全球创新主阵地。2022年全球范围内80%的新晋独角兽公司来自上述领域（如图4-4所示）。

主要板块的独角兽增长变化

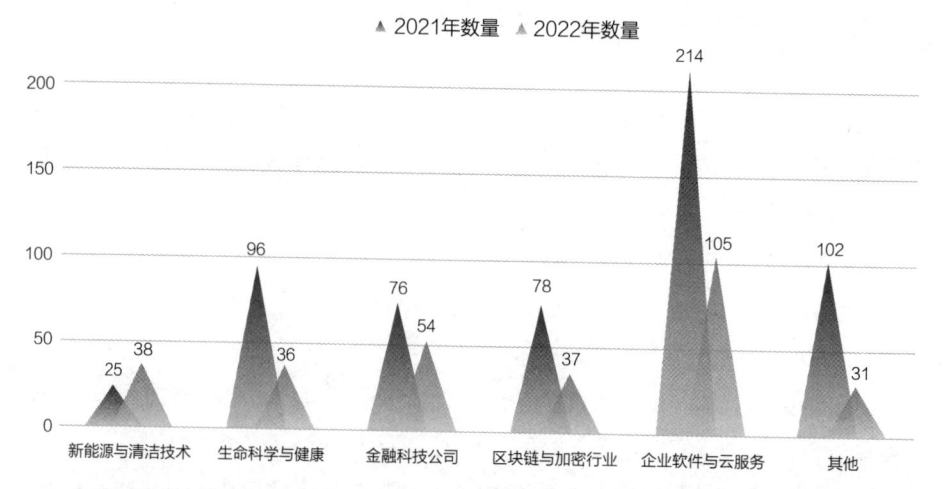

▲ 2021年数量　▲ 2022年数量

板块	2021年数量	2022年数量
新能源与清洁技术	25	38
生命科学与健康	96	36
金融科技公司	76	54
区块链与加密行业	78	37
企业软件与云服务	214	105
其他	102	31

图4-4　2021—2022年按行业分类的全球主要板块的独角兽增长数量

资料来源：福布斯中国

---

① 通用目的技术和使能技术这两个概念在学术文献或政策文件中被广泛使用，但目前并无被广泛接受的标准定义。本文中的通用目的技术指的是具有广泛应用领域并能够促进经济增长和生产率显著提高的技术，使能技术指的是在特定产业领域能够促进科学与技术大规模工程化和商业化应用的技术。——作者注

一、智能网联汽车

汽车产业加速变革,市场对汽车的智能化和新能源需求明显,智能化、网联化正在重塑行业发展新格局,智能驾驶已成为中国展现国家技术实力、创新能力和产业配套水平的新名片之一,呈现出广阔的发展前景。

智能网联汽车本质上是通过搭载先进传感器、控制器等装置,运用人工智能、5G 通信等新技术,实现车与人、路、云端信息交互的技术发展方向,智能网联汽车正逐步发展成为智能移动空间和应用终端。围绕智能网联汽车所孵化、成长起来的汽车电子零部件、车辆系统集成和面向智能网联功能的运营和服务行业正与主机车厂一起构成整个智能网联汽车产业生态。继手机智能化之后,智能消费端又一个新的蓝海赛道——智能汽车将接力消费电子,成为拉动智能消费的新动力。

(一)行业环境

从政策导向来看,从 2015 年起,智能网联汽车开始迈入明确的产业化道路。2015 年,国家首次从顶层对智能网联汽车的发展做出重要规划,发展智能网联汽车正式被上升至国家战略高度,无人驾驶被列为汽车产业未来转型升级的重要方向之一。2017 年,工信部、发改委、科技部联合发布《汽车产业中长期发展规划》,提出"智能网联汽车推进工程",对自动驾驶汽车渗透应用做出明确规划。2018 年工信部等部门出台《智能网联汽车道路测试管理规范(试行)》,对测试主体、测试驾驶人、测试车辆等提出要求,进一步规范化自动驾驶汽车测试。2022 年 4 月,北京市智能网联汽车政策先行区正式发布《乘用车无人化道路测试与示范应用管理实施细则(试行)》,北京成为国内首开乘用车无人化运营试点的城市。总体而言,政策端对汽车智能化趋势的推动作用凸显。

智能网联汽车的发展与新能源汽车技术进步及市场渗透率的不断提升密不可分。从市场主体来看,新能源汽车对供应链的整合度更高,"蔚小理"等造车新势力企业在产品创新迭代能力和车辆"智能化"程度提升意愿等方面的优势进一步推动了智能网联汽车的发展。从车辆动力架构来看,新能源汽车通过电控、电驱和电池"三电系统"来控制撤离的动力系统,其架构更偏向于电气化结构,能够为智能网联汽车提供更快的响应速度和更高的电气化设备集成度。

（二）行业链条

智能网联汽车作为一个综合性、集成化的产业赛道，其技术体系复杂、产业链较长、行业间交叉融合多，具有规模化的产业带动效应。智能网联汽车产业链的关键环节见表4-1。

表4-1 智能网联汽车产业链关键环节

环节划分	具体分类
信息感知	外部传感：激光雷达、毫秒波雷达、超声波雷达、车载摄像头等 车身传感：车姿传感器、惯性传感器、微机电系统传感器
智能决策	车规级芯片：MCU、SOC等 计算平台：车端计算平台、云端计算平台等 车载系统：QNX、Linux等 软件算法：图像处理、ADAS、机器学习等
主机整合	整车集成：传统整车制造、整车OEM代工等 智能座舱：车载移动终端、HUD、人机交互等 整车控制：线控转向、电子油门、线控制动等
网联通信	车端设备：T-BOX、TSP、OBU等 路侧设施：通信设施、边缘计算中心、配套基础设施等
地图路径	高精度地图、规路径划等
使用服务	增值服务、运营服务、测试认证、信息服务等

（三）代表企业

表4-2所列为智能网联汽车的部分代表性企业及其业务领域。

表4-2 智能网联汽车部分代表性企业

企业	业务领域	企业	业务领域
比亚迪	整车制造	华为	自动驾驶解决方案
理想汽车	整车制造	百度	自动驾驶解决方案
北汽蓝谷	整车制造	文远知行	自动驾驶解决方案
广汽集团	整车制造	Momenta	自动驾驶解决方案
地平线	车规级芯片	万集科技	激光雷达
寒武纪	车规级芯片	镭神智能	激光雷达

续表

企业	业务领域	企业	业务领域
领目科技	车规级芯片	速腾聚创	激光雷达
四维图新	高精度地图	德赛西威	智能座舱
高德地图	高精度地图	中科创达	智能座舱
宇瞳光学	车载相机	大唐高鸿	车联网模组
舜宇光学	车载相机	广和通	车联网模组
承泰科技	毫米波雷达	千方科技	定位系统
行易道	毫米波雷达	千寻位置	定位系统

（四）面临问题

作为人工智能、大数据和物联网等技术同汽车产业相结合的新兴产业赛道，智能网联汽车的发展极大地改变了产业方向、产业形态和产业链条，同时，事物的变革与发展意味着新矛盾的产生，也带来了一些新问题，其中，相较工程技术类问题，部分规则性问题对产业下一步发展的影响将会更加明显。

一是行驶与运营准入资格问题。 在我国，传统机动车上市需要符合准入管理制度的同时还需满足相关法规、技术规范强制性要求。但由于智能网联汽车的产品和功能迭代还在持续进行，也就缺乏统一技术标准，而当前现有的准入管理制度和认证标准也不适用于智能网联汽车。尤其是在无人驾驶车辆道路测试等环节，各地在测试主体、安全评估标准、测试道路区域等方面并未形成统一政策，甚至还有较大差异。智能网联汽车上路行驶还对高精度地图信息数据有着较强的依赖，目前我国相应的遥感影像公开使用管理规定也还无法满足智能网联汽车上路的实际要求。

二是数据安全监管问题。 为了使得自动驾驶、个性化体验等功能精准度不断提升，智能网联汽车通常会不断地感知、收集、存储和处理大量数据信息，其中既包括驾驶员和乘客的个人信息，也包括空间信息等公共数据。目前针对这些数据缺乏合理、可落地的监管规则，如整车生产企业与智能系统提供企业谁来承担主要数据安全责任、数据采集主体应采集和利用数据信息的范围和边界如何界定、数据传输信息的安全规范保障应该达到何种标准等。

二、工业软件

工业软件一般指专用于或者主要使用场景为工业领域，能够提高工业企业研发、制造、管理水平和工业装备性能的软件。近年来，制造业的数字化转型逐步进入深度推进阶段，工业软件行业开始受到政府、企业和投融资机构的高度关注。工业软件行业的发展已被提升到国家战略发展高度，部分领域工业软件的产业化获得了大量政策支持，极大地促进了行业的快速发展。

从当下产业特点来看，目前，行业界正迎来用新技术、新架构、新方法来打造新一代工业软件实现弯道超车的关键机遇，行业和市场对工业软件的云化和开源两个方面具有较强的兴趣。

（一）行业环境

从政策角度来看，国家层面持续推出各类相关政策规划，持续推动行业快速发展。2021年12月，工信部等八部门发布《"十四五"智能制造发展规划》，提出开发面向产品全生命周期和制造全过程各环节的核心软件。2021年11月，工信部发布《"十四五"软件和信息技术服务业发展规划》，提出重点突破工业软件。研发推广计算机辅助设计、仿真、计算等工具软件，大力发展关键工业控制软件。突破三维几何建模引擎、约束求解引擎等关键技术，探索开放式工业软件架构、系统级设计与仿真等技术路径。重点支持三维计算机辅助设计、结构／流体等多物理场计算机辅助计算、基于模型的系统工程等产品研发。

从市场角度来看，由紧迫的国产化需求带来的市场机遇较为广阔。尤其是各重点企业出于探索先进技术和保护企业数据等因素，对国产研发设计类工业软件的应用需求旺盛。而伴随我国工业化进程的不断加深，制造业企业也开始更加关注生产效率的提升和数据资源的积累，如原有的劳动密集型的工业体系，表现出对管理软件的高度重视。这些都为工业软件行业的发展提供了广阔的市场空间。

（二）行业链条

目前工业软件产业主要包括研发设计软件、生产控制软件、信息管理软件及嵌入式软件四个方面，具体内容如表4-3所列。

表 4-3　工业软件关键环节及分类

环节划分	具体分类
设计研发类	CAD 类、CAE 类、CAM 类、CAPP 类、PDM 类、PLM 类、BIM 类、EDA 类等
生产控制类	MES 类、DCS 类、SCADA 类、EMS 类、APS 类等
信息管理类	ERP 类、FM 类、HRM 类、EAM 类、CRM 类、SCM 类和 BI 类等
嵌入式类	控制系统类、通信系统类、信号系统类、能源电子类、汽车电子类、安防电子类等

（三）代表企业

表 4-4 所列为工业软件行业部分代表性企业及其细分领域。

表 4-4　工业软件部分代表性企业

细分领域	企业名称	细分领域	企业名称
管理软件	东软集团	控制软件	宝信软件
	用友网络		罗博特科
	金蝶软件		和利时
	今天国际		科远智慧
	东方国信		中自集团
	启明信息		福大自动化
	科大国创		中冶赛迪
	汉得信息		瑞斯康达
	太极股份		华中数控
嵌入式	华为		黄河旋风
	南京南瑞		国电南自
	汇川技术		亚控科技
	四方股份	研发软件	华大九天
	埃斯顿		广联达
	华力创通		中望龙腾
	亚威股份		山大华天
	哈工智能		芯华章
	沈阳机床		数码大方
	秦川机床		国睿科技

（四）面临问题

从技术趋势来看，在工业软件平台的加持下，工业软件已经逐步开始从数字化向网络化演进，未来集成、互联、协同等特点将更加明显。这种形势下，我国工业软件需要加快追赶补齐，积极应对行业发展问题，改变当下管理软件强、工程软件弱、高端软件明显不足的基本特征，避免后期差距进一步拉大。

一是核心技术对外依赖度高。工业软件产业的基础能力强的国家，往往都是历史上长期引领或参与工业化进程的工业强国，相较之下，我国工业软件积累明显不足，工业场景需求全，但供给侧核心产品缺口较大，如研发设计类工业软件的国产化率依然停留不足10%，三维几何引擎、计算机辅助工程求解器等基础核心技术大都依赖于国外厂商授权或直接利用开源内核。

二是产业生态不成熟。国外不少工业软件企业都脱胎于大型工业企业的数字化部门，如法国的达索系统等。而目前我国航空、航天、船舶、轨道等领域的工业企业对自主工业软件的带动孵化作用不明显，主导作为缺位，在产品创新设计、仿真模拟、工艺流程控制等领域大部分还是依赖国外工业软件，一定程度上拉大了我国与发达国家在工业软件领域的差距。

三、机器人

从定义来看，机器人是一种能灵活地完成特定的操作和任务，并可再编程序的多功能操作器。基于行业研究角度，机器人可以划分为工业机器人、服务机器人和特种机器人三大类。

当前，随着全球数字化发展进程提速，资本、人才、技术等要素不断锚定机器人领域，推动机器人产业迎来创新发展、升级换代的重要机遇期。一方面，从未来应用来看，机器人产业将是未来智能制造的重要组成部分，如工业机器人能够加快生产线自动化的同时，实现危险环节代人操作和高精度工艺加工。另一方面，机器人产业将一定程度上带动多行业先进技术的融合发展，如人形机器人作为刚柔耦合的复杂动力学系统，能够有力带动新一代信息技术、高端制造、新能源、新材料等产业的集聚发展。

（一）行业环境

从政策环境来看，2019年10月，工信部、国家发改委等十三部门印发了《制造业设计能力提升专项行动计划（2019—2022年）》，对多功能工业机器人、服务机器人和特种机器人设计等领域的发展提出了行动意见。2021年12月，工信部、国家发改委等八部门印发《"十四五"智能制造发展规划》，内容涉及工业机器人、协作机器人、自适应机器人等细分产业领域。2021年12月，工信部、国家发改委和科技部等十五部门印发《"十四五"机器人发展规划》，提出到2025年，我国成为全球机器人技术创新策源地、高端制造集聚地和集成应用新高地，机器人产业营业收入年均增速超过20%。

经过产学研用各界的共同努力，当下我国机器人产业进入快速发展阶段。应用端，我国已成为全球机器人最大的应用市场。供给端，京津冀、珠三角和长三角地区机器人产业集群初步成形。创新端，我国企业在精密减速器、高性能伺服驱动系统、智能控制器、智能一体化关节等关键部件上接连取得了阶段性突破。链条端，我国机器人产业已基本形成从零部件到整机再到集成应用的全产业链体系。

（二）行业链条

机器人产业链相关环节如表4-5所列。

表4-5　机器人产业链

产业环节	行业领域	细分产品
关键零部件及软件	工业机器人	伺服驱动系统、控制器、减速器等
	服务机器人	芯片、人机交互系统、人工智能系统等
	特种机器人	通信模组、导航模组、能源模组等
集成制造	工业机器人	本体制造类：工业机器人（并联机器人、坐标机器人、关节机器人等）制造、服务机器人（农业机器人、矿山机器人、医疗机器人等）制造、特种机器人（水下机器人、安防机器人、危险环境作业机器人）制造等 系统集成类：离线编程、系统仿真、集成设计、应用工具包等
	服务机器人	
	特种机器人	

（三）代表企业

从市场需求和企业主体情况来看，目前工业机器人发展相对成熟，服务机器人处于新产品不断研发的创新迭代阶段，而特种机器人还处于起步阶段，正快速与各类使用场景结合更新。表 4-6 所列为机器人产业的部分代表性企业及其细分领域。

表 4-6　机器人产业的部分代表性企业

细分领域	企业名称	细分领域	企业名称
关键零部件及软件	汇川技术	工业机器人本体制造	埃斯顿
	绿的谐波		埃夫特
	秦川机床		新松机器人
	双环传动		图灵智造
	卧龙电驱		勃肯特
	兆威机电		阿童木
	金力变速科技		科大智能
	旷视科技		节卡机器人
	禾赛科技		极智嘉科技
服务机器人集成制造	科沃斯	工业机器人本体制造	远大智能
	石头科技		博众精工
	天智航		珞石科技
	大艾机器人	工业机器人系统集成	京山轻机
	迈步机器人		广州数控
	楚天科技		大族激光
	妙手机器人		兰剑智能
	威高集团		德晟机器人
	三坛医疗	特种机器人集成制造	朗驰欣创
	国电智能		合时智能科技
	中信重工		赛为智能
	国自机器人		千智机器人

（四）发展思考

目前，机器人行业呈现出跨行业技术融合不断深化、云化和智能化转型持续加速等技术特点，凭借在信息技术方面的深厚积累，我国在机器人行业的发展中展现出了一定优势。而在市场需求方面，得益于我国完整的工业体系，国内机器人应用的新应用场景和商业模式呈现出迸发态势，为国内机器人企业带来了广阔市场。事实上，近年来我国机器人企业充分利用了熟悉国内市场需求、具有更低的成本的优势实现了较快发展，不少创新型企业通过从规模不大的利基市场或者系统集成等技术壁垒相对较低的产业链环节切入，不断推动数字技术与机器人的融合，培育了特色各异的产品赛道。

但必须承认的是，我国机器人产业在重点产品技术水平和产品质量特别是关键基础零部件的稳定性与可靠性及高速、高精、重载等高端整机产品方面还与世界领先企业存在一定差距，要瞄准两个方面加快实现行业新突破。

一是关键核心技术突破。包括机器人操作系统、轻量化设计、多机器人协作等共性技术，以及高质量、高稳定性减速器、伺服电机、驱动器和控制器等关键零部件等。

二是产业跨界融合突破。一方面推进机器人与5G、物联网、人工智能、扩展现实等数字技术深度跨界融合，提升机器人的云化和智能化水平。另一方面推动机器人研发、生产制造企业与农业、采掘业、制造业等实体经济部门共同推进细分赛道工业机器人的合作创新。

第三节
新模式

一、数据服务

数据作为新型生产要素，对传统生产方式变革具有重大影响，因此要构建以数据为关键要素的数字经济。2019年10月，党的十九届四中全会首次将数据纳入生产要素范畴；2022年12月，党中央、国务院印发《关于构建数据基础制度更好发挥数据要素作用的意见》，为最大化释放数据要素价值、推动数据要素市场化配置提出了最新指引。

（一）数据服务基本概念背景

1. 背景情况

近年来，大数据如浪潮般席卷全球，并深刻改变了人们的生活、工作和思维方式。世界上越来越多的国家开始从战略层面来看待大数据，在政府治理、电子商务、信息消费、工业制造等领域融入大数据可视化思维和技术。数据是知识经济的原材料，是软件定义世界的基础，是驱动人工智能算法引擎持续转动的燃料，是网络空间不停流动的血液，是推动数字经济持续发展的关键生产要素。在新一代信息技术的驱动下，数据作为新生产要素，如融合之水在研发、生产、经营、流通等各个环节流转不息，带动产业全方位、全角度、全链条改造创变。

根据数据信息知识及智慧的体系（DIKW体系，见图4-5），数据、信息、知识、智慧可以纳入到一种金字塔形的层次体系，每一层比下一层都赋予的一些特质，都是在下一层的基础上加工处理形成定的。

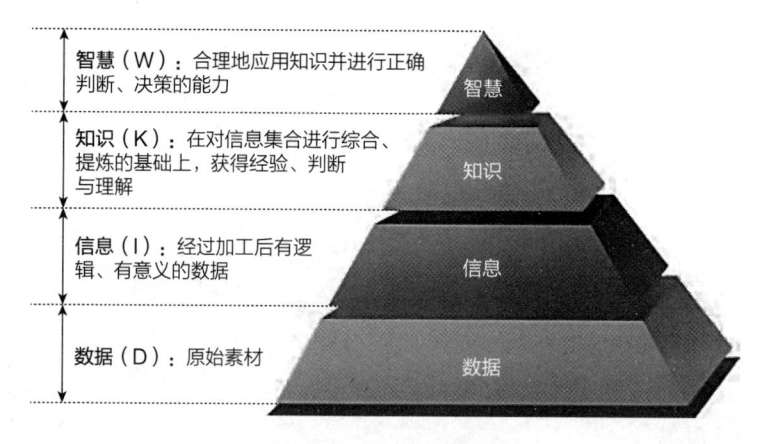

图4-5 DIKW体系

2. 数据服务的概念

数据服务是指提供数据采集、数据传输、数据存储、数据处理（包括计算、分析、可视化等）、数据共享、数据销毁等各种数据存在形态的一种由信息技术驱动的服务。即企业可通过数据中台等技术环节，封装了相关的关键数据实体，将数据采集、数据传输、数据存储、数据处理、数据交换等数据的各种形态转化为可以重复高效利用的软件服务。

数据服务的内容非常丰富，数据采集服务、数据传输服务、数据存储服务、数据处理服务等都是常见的数据服务能力。

（二）数据服务关键技术解析

近年来，伴随着数据时代的发展，数据服务的内涵也不断丰富，从面向海量数据的存储、处理、分析等需求的核心技术延展到相关的管理、流通、安全等其他需求的周边技术，逐渐形成了一整套技术体系，重点涵盖核心基础技术、数据管理技术、建模分析技术和安全流通技术。

1. 核心基础技术

大数据时代，数据量大、数据源异构多样、数据实效性强等多样特征催生了高效完成海量异构数据存储与计算的技术需求。数据服务基础技术从传统集中式计算架构、关系型数据库、单机存储变为大规模并行处理（MPP）的分布式计算架构。围绕海量网页内容及日志等非结构化数据，出现了基于 Hadoop 和 Spark 生态体系的分布式批处理计算框架；面向对于时效性数据进行实时计算反馈的需求，出现了 Apache Storm、Flink 和 Spark Streaming 等分布式流处理计算框架。

2. 数据管理技术

数据管理技术总是随着需求的变化而不断发展提升，一般认为有三个发展阶段：人工管理、文件系统和数据库管理系统。现阶段，数据集成、元数据、数据建模、数据标准管理、数据质量管理和数据资产服务等技术集成于数据管理平台，作为开展数据管理的统一工具，更加自动化、智能化的数据管理平台助力数据管理工作高效进行。基于机器学习的人工智能广泛应用数据管理平台的各项职能，以减少人力成本、提高治理效率。

3. 分析应用技术

数据分析应用技术能够发掘数据资源的内在价值，包括以商业智能（BI）工具为代表的简单统计分析与可视化展现技术，以传统机器学习、基于深度神经网络的深度学习为基础的挖掘分析建模技术等。早期机器学习领域中也有Apriori、FP-Growth等经典的频繁模式挖掘算法，用以实现对关联规则的挖掘分析。通过组合使用图数据库、图计算引擎和知识图谱，使用者可以对图结构中实体点之间存在的未知关系进行探索和发掘，充分获取其中蕴含的依赖关系的图结构。专注于图结构数据的图分析技术正成为数据分析技术的新方向。

4. 安全流通技术

数据安全流通技术助力安全合规的数据使用及共享。在数据价值的释放初现曙光的同时，数据安全问题也愈加突显，数据泄露、数据丢失、数据滥用等安全事件层出不穷，对国家、企业和个人用户造成了恶劣影响。如何应对大数据时代下严峻的数据安全威胁，在安全合规的前提下共享及使用数据，成为备受瞩目的问题。访问控制、身份识别、数据加密、数据脱敏等传统数据保护技术正积极向更加适应大数据场景的方向不断发展，同时，侧重于实现安全数据流通的隐私计算技术也成为热门发展方向。

（三）数据服务融合能力构建

当前，数字化转型已成为大势所趋。依托新一代信息技术融合应用，数据要素赋能作用持续显现，引发系统性、革命性、群体性技术突破和产业变革，催生融合发展新技术、新产业、新模式、新业态。数字化转型正炼数成金、融旧焕新，有效促进组织变革和模式创新，实现资源优化配置、要素有效供给，推动产业结构优化升级和高质量发展。

对于实体经济企业而言，应按照数字经济与实体经济深度融合的发展理念，引导组织围绕其发展战略，坚持以数据为发展内生驱动，以发展需求为关注焦点，以夯实信息化和数字化基础设施为支撑，以围绕全产业链、全生命周期及企业研发设计、生产制造、经营管理和营销服务等业务应用为切入点，以推动数字技术应用、产品服务创新、组织模式变革、商业价值模式创新和智能生态构建为方向，以打造融合能力为主线，稳定获取预期成效，持续提升总体效能效益。面向以实体经济企业为主体的组织数据服务融合能力构建，给出简要框架如图4-6所示。

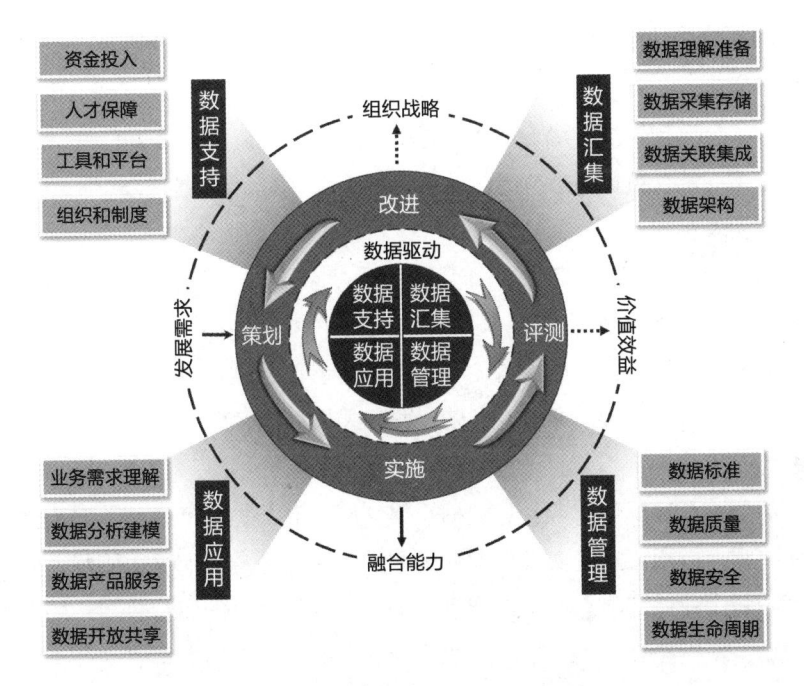

图 4-6　数据服务融合能力构建框架

图 4-6 简要展示了依托数据要素驱动引导组织持续推进战略循环（发展方向）、要素循环（关键内容）和实施循环（融合路径），以稳定可持续的实现融合发展的理念、方法和机制的基本内容，其中：

战略循环（组织战略—发展需求—融合能力）：组织战略应充分融入数字经济与实体经济深度融合的发展理念，识别和明确与战略相匹配的融合需求，通过打造相适宜的融合能力，获取预期的融合效益，实现战略落地，通过对战略循环过程的跟踪评测，实现企业战略、融合需求、融合能力和融合效益的互动和改进。

要素循环（数据支持—数据汇集—数据管理—数据应用）：围绕拟打造的融合能力及其目标，依托数字技术和信息化手段等的基础性作用，优化业务流程，调整组织结构，不断夯实数据驱动的融合基础支撑，实现数据资源的有效汇集，提升数据管理能力，开展与业务需求相关联的数据应用活动，持续挖掘数据要素的创新驱动潜能。

管理循环（策划—实施—评测—改进）：基于组织战略循环中识别和确认的融

合需求和拟打造的融合能力，围绕数据支持、数据汇集、数据管理、数据应用四个方面关键内容，建立策划、支持、实施与运行，评测与改进机制，规范融合过程，持续优化迭代，推动融合能力的螺旋式提升，稳定获取预期的融合效益。

对于组织依托数据服务构建融合能力的关键方面，简要描述如下：

1. 数据支持

该部分涉及实施过程相关的资金投入、人才保障、工具和平台、组织和制度等基础条件和资源保障等内容，以确保资源的可获得性、及时性、适度性和协调性，充分发挥资源价值，建立并不断完善适宜、绿色和可持续的发展环境。组织应确保有效提供、配置、评估、优化和维护这些基础条件和资源。

2. 数据汇集

该部分涉及数据理解准备、数据采集存储、数据关联集成和数据架构等核心内容和要求。数据汇集是实现企业业务和数据深度融合的前提，随着企业在各业务环节中和企业外部汇总和集聚产品数据、运营数据、价值链数据、外部数据等庞大数据，积极探索不同环节和主体之间数据的自由流动和有效交互，为能力构建提供了数据要素和资源。企业在数据汇集时，应着重关注与发展需求密切相关的核心数据。

3. 数据管理

该部分涉及数据标准、数据质量、数据安全和数据生命周期等核心内容和要求。数据管理是实现企业业务和大数据深度融合的有效保障，伴随着数据管理能力的提升，能有效的提升数据赋能的实施效率和精度，减少实施过程中的代价和冗余，为能力构建提供制度和组织支撑。企业在实现数据管理时，应着重关注与发展需求密切相关的管理内容，注重管理活动的有效性、拓展性和适宜性。

4. 数据应用

该部分涉及业务需求理解、数据分析建模、数据产品服务和数据开放共享等核心内容和要求。数据应用是实现企业业务和数据深度融合的核心目标，随着数据的逐步汇集和有效管理，企业开始在不同业务环节和单元开展分析、判断、决策、优化和控制等应用，并逐步实现了跨企业的业务协同和模式创新等突破，有效实现和获取预期的效益效能。组织在开展数据应用工作时，应围绕发展需求，明确和识别能力构建和打造的范围和边界，注重数据应用的实效性和可落地。

（四）数据服务典型产业案例

1. 华为

华为数据管理引擎 DME 平台是面向全场景的智能存储管理平台，具备融合、智能、开放三大优势，简化存储管理与运营维护，提升数据中心运营效率，使能存储全生命周期自动驾驶。通过统一的管理界面，南北向开放的 API，统一纳管华为存储、三方存储、交换机和主机，完成资源的发放、运维、保护，以及未来将实现流动的能力。在云端运维管理场景下，华为提供 DME IQ，利用云端强大的计算资源做 AI 模型训练，实现存储设备的远程智能运维和移动运维，能够 100% 遵循 RESTful API 标准化规范，易学习且具有良好的兼容性，实现存储性能、容量和硬盘等多维度的智能风险预测，预测准确率 90% 以上；并且能实现 70% 的性能、容量问题自闭环。

2. 蚂蚁金服

针对互联网金融、传统金融、电子商务等行业存在的各种欺诈行为，蚂蚁金服研发了数据服务反欺诈产品——蚁盾。该产品基于蚂蚁金服体系的海量数据、积累多年的风控模型经验，实现了一整套灵活可配置的风险决策引擎，面向互联网金融、传统金融机构、电子商务等行业，帮助客户识别交易欺诈、支付欺诈、商户欺诈、网络信用欺诈、企业内部欺诈等风险，以帮助提升风险识别和管理能力，降低风险成本。产品面世以来，在蚂蚁金服内部各业务线的核身、风控等场景，以及兴业银行、阳光保险、一号店、滴滴等多家外部金融、电商平台上都得到了成功应用并持续产生价值。

在蚂蚁金服内部，蚁盾产品成功应用到平台登录、找密、认证、风险核身等环节，作弊、欺诈账户和行为检测，异常环境发现等业务风控环节，涉及数十个业务和场景。在外部，蚁盾的风险评分、知识管理、风险报告等功能在传统金融、互联网金融、电商等各行业数十家客户平台上广泛应用，用于作弊和欺诈检测、核身、异常环境发现等业务和场景。蚁盾产品总调用量达到数十亿，日均调用量在千万以上。

3. 海尔

为了支持海尔网络化战略及互联工厂的实现，海尔提出打造"制造业全流程数据管理平台"产品，针对制造业大数据的分析技术核心是要解决重要的三个问题——隐匿性、碎片化及低质性，以应对制造企业对全流程大数据技术应用的需求。全流程数据管理平台包含3个数据流、5个功能层、12个业务模块。平台前瞻性地规划了四大目标：一是客户数据可视化，提高工作效率，监控风险预警；二是数据资产化，依靠软件系统来实现对数据的精确智能管理；三是用数据驱动互联工厂发展，利用这些大数据，实现对设备预警及检修、工艺配比优化、质量问题追溯，甚至排产等进行分析，提高效率和质量；四是实现用户付薪，信息实时显示驱动决策，将用户在网上的评价评论进行语义分析和结构化，最终变为可衡量用户评价的指标，以该指标对员工进行考核，驱动实时决策。目前，海尔全流程数据管理平台已实现海尔互联工厂体系内100家企业的数据服务，并通过发掘产业链间的数据价值，实现上下游超过5000万元的收入增长，可以完整支撑海尔互联工厂生态体系，帮助传统制造企业实现数据驱动的转型升级。

4. Datablau

北京数语科技有限公司是一家企业数据资产管理软件提供商，潜心打造世界级数据管理产品，帮助企业理解数据、融合数据，最终实现全面化数据驱动运营。其核心产品Datablau DDC是企业级数据资产目录服务平台，通过Datablau特有的模型体系、数据自学习技术及虚拟数据访问系统，提供对数据的脱敏操作，将数据共享做到字段级和记录级控制，与BI产品集成，提供统一访问接口。DDC数据资产目录服务平台为企业提供统一的数据资产共享和应用平台，极大提高了数据利用效率，同时保证了数据的安全可控。

5. 云上贵州

云上贵州系统平台是贵州省委省政府为推进全省政府数据资源集聚、共享、开放和应用，自主搭建的全国首个全省政府数据和公共数据"统筹存储、统筹标准、统筹共享、统筹安全"的云计算和大数据基础设施平台，是推进全省大数据战略的核心载体，是提升政府社会治理能力、服务民生和发展大数据产业的重要支撑。

云上贵州系统平台可为政府部门提供信息化项目建设所需的计算、存储、网络资源，转变了传统的信息化建设模式，实现对数据的存储、计算、带宽进行集约管理，节约资源、提升效率，并逐步实现政府数据资源整合、开放和利用，提升政府治理能力，给贵州省大数据产业的长远发展带来经济价值和社会效益。目前，云上贵州系统平台已承载66个用户，共计418个应用系统，其中54家政务用户总计部署 392 个应用系统，20 个云单位部署 290 个应用系统，其他 34 个政府部门总计部署 102 个应用系统，12 个非政务用户部署 26 个应用系统，对数据存储资源、计算资源和带宽资源实施有效集约化管理。

二、新电商

（一）新电商的内涵

新电商是随着新一代信息技术的发展，以用户为中心，对传统电商的人、货、场进行链路重构而产生的电商新形态新模式。

从交易主体来看，新电商交易主体呈现出由电子商务平台、实体企业和零星个人主体共同主导的局面。从应用场景来看，新电商从传统电商的图文、视频模式过渡到视频直播、社交直播等多场景融合模式。从商业模式来看，新电商从传统电商时代的自主搜索过渡到智能推荐或由网红、主播推荐，从信息、交易撮合向个性化、综合化服务延伸。

从消费端来看，围绕人、货、场的重构，新电商主要类型表现为社区电商、社交电商、直播电商等，如表 4-7 所列。

表 4-7　新电商对人、货、场的重构

主要类型	人	货	场
社区电商	社区居民	生鲜农产品	便利店、社区商超
	特点：用户集中化，在一、二线城市发酵更快，对产品的新鲜、品质更敏感	特点：产销直供	特点：新零售
社交电商	社交时长充裕的群体，如粉丝、会员、店主、商业伙伴等	社交分享 社交内容	图文+视频
	特点：用户碎片化，在低线城市发酵更快，对价格更敏感	特点：以社交为切入点引流，提高获客转化率	增强用户互动性、信任感
直播电商	网红、店铺导购、MCN 机构	体验式商品 创新型内容	视频+直播图文+直播 社交+直播

资料来源：国家工业信息安全发展研究中心

从产业端来看，随着互联网与实体经济融合的深化，产业电商不断迭代进化，以数字化供应链为核心，衍生出面向上游产品、服务和能力供应商的数字化采购、SaaS 云化服务、供应链金融、制造产能共享等服务模式，以及面向下游经销商和用户的网络货运、数字化营销、个性化定制（C2M）、直播带货等新业态新模式。相较于传统产业电商，新电商的主要模式如表 4-8 所列。

表 4-8　产业新电商的主要模式

发展阶段	作用环节	作用机制	主要服务模式
传统产业电商	交易流程数字化	订单驱动，订单倒逼用户使用，培养使用习惯，沉淀交易数据	交易撮合服务
	生产流程数字化	实现生产要素的全面连接	智慧工厂解决方案
产业新电商	供应链流程数字化	沉淀物流、仓储等供应链数据，对接企业供应链系统及银行系统	数字化供应链服务
	产业链接数字化	利用数字化工具链接产业上下游制造资源和制造能力	个性化、综合化服务

资料来源：国家工业信息安全发展研究中心

（二）新电商的特点[①]

与传统电商相比，新电商的主要特征表现为以下方面：一是从功能型消费向体验式消费的转变；二是以产品为中心到以用户为中心；三是从单一场景到多场景融合。

在传统零售时代中，产品导向、渠道为王，本质上其商业逻辑是供给重于需求，采取"货找人"的方式，是一种弱关系触达。而在新电商时代中，圈层化和需求驱动要求坚持用户导向，聚焦目标消费者，用产品创新、体验与消费者"三观共情"，实现销售目的，本质上其商业逻辑是需求重于供给、"人创货"的强共情联动。比如元气森林主打无糖饮品，切中了消费升级背景下最大的一个细分消费趋势，那就是年轻一代、富裕起来的一代对更高品质健康饮品的需求，满足了新一代消费者对好味道、好颜值、好成分、好生活的向往。

新电商时代的品牌企业通过用户洞察，挖掘出新消费需求、创造出新消费场

[①] 国家工业信息安全发展研究中心、中国网络社会组织联合会、中国电子商务研究中心，新电商研究报告 [R]，2020.10.

景后，设计与核心能力相匹配的商业模式，从而打造完整的商业模式，这种打法成为不少头部新消费品牌崛起的商业范式。这更像是一场立体作战，"新"的背后是死磕产品体验，极致提升供应链效率，巧妙嫁接新营销方式，体现了深刻理解消费者需求的能力。

（三）新电商独角兽企业

智能制造、数字营销、5G运用、智能融合技术等数字技术助力传统电商转型升级，探索基于实体经济生产、运营、管理实时数据共享的"产业+互联网+金融"创新融合发展新模式，推动电商产业从"新业态"向"新常态"转变的过程中，也孕育了一批新电商"独角兽"[①]企业。

据胡润研究院统计，2023年全球独角兽企业数量达到1361家，同比增加303家。美国以占全球独角兽总数的49%（666家）领先，是疫情前（203家）的3倍。中国以316家位居第二，比疫情前（206家）增加了50%。印度保持第三位，有68家独角兽企业，是疫情前（21家）的3倍。全球独角兽企业数量快速增长既源于企业自身追求技术、产品、服务与商业模式创新的内生型驱动，也源于外部资本市场力量的外生型推动。

从行业分布来看，金融科技以171家独角兽领先，其次是软件服务136家和电子商务120家。在全球前十大独角兽中，中国新电商独角兽占据半壁江山，分别为字节跳动、蚂蚁集团、SHEIN、微众银行和菜鸟网络（见表4-9）。值得一提的是，新晋快时尚电商SHEIN（希音），目前已占据美国约1/3的快时尚份额，估值4500亿元。

表4-9 2023全球独角兽榜前10名

排名	排名变化—对比一年前	排名变化—对比疫情前	企业	价值（亿元人民币）	价值变化（亿元人民币）—对比一年前	价值变化（亿元人民币）—对比疫情前	国家	行业
《2023全球独角兽榜》前10名								
1	0	+1	字节跳动	13800	-10350	+8600	中国	社交媒体

[①] 中国独角兽企业标准：（1）在中国境内注册的，具有法人资格的企业；（2）成立时间不超过10年；（3）获得过私募投资，且尚未上市；（4）符合条件（1）（2）（3），且企业估值超过（含）10亿美元的称为独角兽企业。——作者注

续表

《2023全球独角兽榜》前10名

排名	排名变化—对比一年前	排名变化—对比疫情前	企业	价值（亿元人民币）	价值变化（亿元人民币）—对比一年前	价值变化（亿元人民币）—对比疫情前	国家	行业
2	+1	+6	SpaceX	9450	+2550	+7000	美国	航天
3	-1	-2	蚂蚁集团	8300	-2070	-2100	中国	金融科技
4	+12	+220	Shein	4500	+3100	+4400	中国	电子商务
5	-1	+5	Stripe	3800	-3100	+1900	美国	金融科技
6	+5	+5	微众银行	2300	+205	+900	中国	金融科技
7	+1	+77	Databricks	2150	-480	+1900	美国	大数据
8	New	New	Telegram	2070	New	New	阿联酋	社交媒体
9	+1	+129	Revolut	1950	-345	+1800	英国	金融科技
10	-1	+2	菜鸟网络	1850	-480	+600	中国	物流

资料来源：胡润研究院

在全球TOP100独角兽企业中，新电商独角兽企业总共56家，占比56%。而中国的新电商独角兽企业有16家进入全球百强名单，如表4-10所列，约占全球TOP100新电商独角兽企业的三成。广东、北京成为新电商独角兽企业创新活跃地。

表4-10 中国进入全球TOP100的新电商独角兽企业

排名	品牌产品	地区	行业	企业估值（亿元）	关联企业
1	字节跳动	北京	社交媒体	13800	北京抖音信息服务有限公司
3	蚂蚁集团	浙江	金融科技	8300	蚂蚁科技集团股份有限公司
4	SHEIN	江苏	网络购物	4500	南京希音电子商务有限公司
6	微众银行	广东	金融科技	2300	深圳前海微众银行股份有限公司
10	菜鸟网络	广东	物流	1850	菜鸟网络科技有限公司
19	京东科技	北京	数字科技	1300	京东科技控股股份有限公司
20	大疆	广东	数字科技	1250	深圳市大疆创新科技有限公司

续表

排名	品牌产品	地区	行业	企业估值（亿元）	关联企业
23	滴滴	北京	共享经济	1050	北京小桔科技有限公司
23	极兔速递	上海	物流	1050	极兔速递有限公司
28	小红书	上海	软件服务	1000	行吟信息科技（上海）有限公司
30	货拉拉	广东	物流	900	深圳依时货拉拉科技有限公司
48	得物	上海	网络购物	690	上海识装信息科技有限公司
48	元气森林	北京	社交电商	690	元气森林（北京）食品科技集团有限公司
63	蜜雪冰城	河南	社区电商	650	蜜雪冰城股份有限公司
84	平安智慧城市	广东	大数据	550	平安国际智慧城市科技股份有限公司
94	车好多	北京	电子商务	515	车好多旧机动车经纪（北京）有限公司

（四）新电商发展趋势[①]

一是全球新电商持续渗透，线上线下渐趋融合发展。 全球数字化转型加快，移动服务需求旺盛，移动电商、社交电商持续渗透。eMarketer 预计，2025 年移动电商销售额占电商销售额比重将达 67.6%，呈稳步增长态势。埃森哲研究显示，2025 年全球社交电商将是传统电商的 3 倍，规模将达到 1.2 万亿美元，占全球电商支出的 62%。社交电商与直播、短视频融合创新，成为在线购物重要流量入口。如 2021 年亚马逊通过社交媒体销售产品的比重增至 36%；抖音以短视频加直播的新兴形式构建了一个低成本的流量平台，吸引跨境卖家。全球电商增速仍高于实体，但二者差距持续缩窄，eMarketer 预计 2025 年将缩至 6.6%，这也表明，实体经济数字化对消费回暖拉动效应明显，线上线下呈现融合发展态势。

二是新电商加快区域布局，产业集聚效果初现。 从全球来看，直播带货、元宇宙等新模式从海外起步，但中国直播电商产业规模远超美国和西方发达国家。eMarketer 研究显示，2022 年中国直播购物市场规模达 4800 亿美元，约为美国

[①] 杨卓凡，新电商发展成效、面临挑战及发展建议 [J]，经济要参，2022，35.

直播购物市场规模（110亿美元）的44倍。从国内来看，长三角经济圈依旧领跑新电商发展；粤港澳大湾区借助区位优势发力跨境电商；京津冀一小时生鲜流通圈已经基本形成；成渝经济圈以直播电商激发经济新动能，东北三省以新电商赋能当地农业和汽车产业数字化转型。

三是各类电商平台多元创新，展现差异化发展潜力。京东通过数字化升级企业生产、流通、销售等环节，依托数据和算法建立起用户洞察、选品、定价、采购、履约、预测、C2M等智能供应链核心能力。淘宝升级智能化推荐、直播式卖货等方式，改造传统的"人找货"购物模式。拼多多升级社交电商模式，重点布局农产品领域，从流量入手获取市场；抖音提出"全域兴趣电商"的概念，从内容出发来吸引消费者。此外，还有一批新型电商从产品领域、购物模式、渠道等方式入手，寻求差异化优势。如2022年6月东方甄选粉丝量暴涨2000万，知识带货的直播新模式碾压叫卖式直播带货。

三、数字供应链

（一）什么是数字供应链

数字供应链，顾名思义包含两部分：供应链+数字化。按照美国运营管理协会（APICS）的SCOR供应链模型，供应链活动分为研究与计划、寻源采购、生产制造、物流交付（仓储与运输）、售后与支持等部分构成。数字供应链是指基于互联网、物联网、大数据、人工智能，以价值创造为导向，以数据为驱动，对供应链活动进行整体规划设计与运作的新型供应链。相比传统供应链，数字供应链各个运作环节、所有作业数据被量化和数字化，可以结合大数据技术与人工智能技术，对供应链数据进行切片可视化、分析、优化、KPI化、预测，甚至基于数字供应链平台进行模型格式化，利用RPA机器人技术进行智能调度，以代替人工作业。简言之，数字供应链以数字化手段提升供应链的速度和效能，为企业带来了经济效益，提升了流通效率。

根据美国物资搬运协会（MHI）和德勤共同发布的报告显示，80%的企业认为，数字供应链未来5年将占据统治地位，16%的企业认为数字供应链已经占据统治地位。受益于电子商务行业的快速发展、全渠道分销、电子产品渗透，以及供应链网络的全球化及快速的"最后一英里交付",借助直播、社交、短视频内容等媒体或平台,B2B 采购由企业资源计划(ERP)向供应商关系管理(SRM)迈进,B2B 营销从"商机获取"向"打造体验"延伸,催生供应链协同和全域营销服务新模式。Gartner 研究显示,82% 的 B2B 品牌选择通过社交媒体来与买家接触和互动,并预测 2025 年供应商和买家之间 80% 的 B2B 销售将通过数字渠道进行。甲子光年智库研究显示,2022 年中国采购数字化市场规模超 2000 亿元,预计 2026 年将形成万亿级市场。艾瑞咨询预测,2026 年中国供应链数字化服务收入规模将达到 4.4 万余元,与 2021 年相比,预计增长 57.1%。

过去十年,我国跨境电商经历了爆发式增长,海外仓模式也成为跨境电商获取物流成本优势、加快资金流转和提升竞争力的关键。据调查,有 14.7% 的跨境电商卖家表示其海外仓备货所需资金已经超过了公司总现金流的 60%,有 53.42% 的卖家表示资金紧张。越来越多的企业将打造联通上下游的系统平台作为发展数字供应链的重要举措。如跨境电商的数字供应链管理模式通过捕捉海外环境与消费者需求变化能力,针对商品的价值密度、销售量和波动性特征,制定差异化、科学合理的库存策略,可以有效解决传统海外仓模式下企业备货多、库存积压和现金流周转不畅等问题,助力企业提升科学的库存决策能力和灵活的海外仓补货能力。

优化平台是供应链迈向数字化的解决方案之一,政府、大型国央企等主体具备较强的实力、影响力与数字化能力,其打造的互联网平台能够有效对接上下游企业及终端客户,制定完善的平台规范和体系,协调不同供应链、不同环节之间的关系,实现优化资源配置、提升供应链运行效率的目的。如中国交建集团建立了包含采购、供应、供应链控制等环节的供应链信息系统,推进了业务、财务一体化与数智化供应链转型升级。

(二)数字供应链的主要应用场景

供应链的转型是业务转型,而不是数字化本身。数字供应链是从生产导向转向销售导向、从库存生产模式转向订单生产模式,建立一站式计划体系和快速响应的供应链。

首先,规划是供应链的核心。供应链数字化,需要解决计划系统数字化,供应链计划是一个从需求预测、生产计划再到采购计划的漫长过程。规划系统信息化必须是规划系统端到端的信息化、综合规划周期长短的信息化，这样才能充分发挥规划系统的最大价值。部分信息缺失，就像某一段高速公路没有得到修复，系统的整体价值将难以发挥。

其次，全渠道整合是供应链数字化的特征。全渠道供应链整合就是把多个销售渠道各自为政的多条供应链整合为一条供应链，支持各个渠道的销售。全渠道供应链整合最主要的特征就是订单集中与库存统管，把供应链中台化。

以下是数字供应链的重要应用场景。

1. 物流和运输管理

数字供应链可以帮助企业实时跟踪和管理物流和运输过程，提高运输效率和准确性。

2. 供应商管理

通过数字供应链，企业可以更好地管理供应商的选择、评估和合作关系，提高供应链的可靠性和效益。

3. 库存管理

数字供应链可以帮助企业实时监控和管理库存水平，减少库存过剩或短缺的情况，提高库存周转率和资金利用效率。

4. 订单管理

通过数字供应链，企业可以实时管理订单的接收、处理和配送，提高订单处理效率和客户满意度。

5. 预测和需求规划

数字供应链可以帮助企业通过数据分析和预测模型，准确预测市场需求，优化生产和采购计划，提高供应链的灵活性和响应能力。

6. 质量管理

数字供应链可以帮助企业实时监测和管理产品的质量标准和供应商的合规性，提高产品质量和供应商的可靠性。

7. 可追溯性和透明度

通过数字供应链，企业可以实现对产品和原材料的全程追溯，提高产品安全性和透明度，满足消费者和监管机构的要求。

8. 成本控制和效率提升

数字供应链可以帮助企业实时监管和控制供应链各环节中的成本，优化资源配置和流程，提高供应链的效率和竞争力。

（三）数字供应链独角兽企业

北京时间2023年5月25日凌晨，Gartner发布了2023年度全球供应链25强企业名单（如图4-7所示）及它们如何积极主动地实施供应链变革转型。

2023年度全球供应链25强企业名单

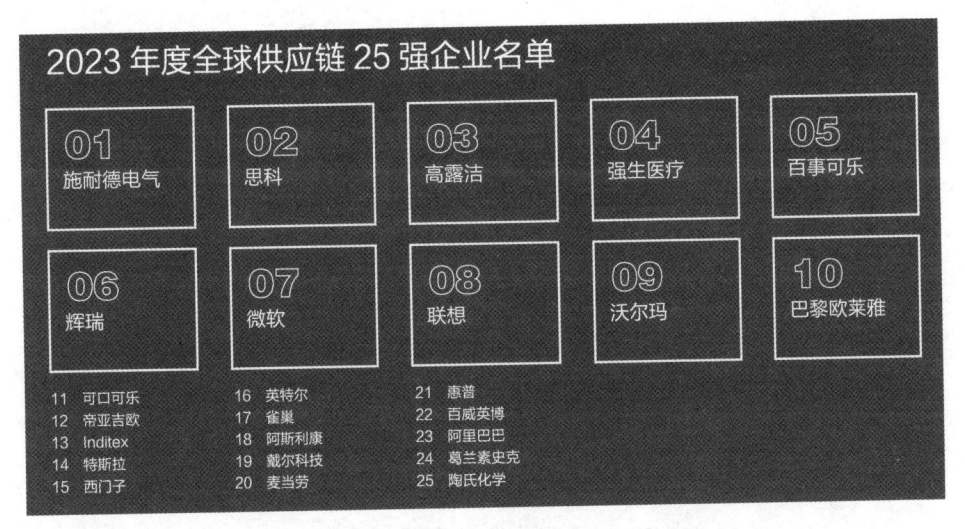

01 施耐德电气	02 思科	03 高露洁	04 强生医疗	05 百事可乐
06 辉瑞	07 微软	08 联想	09 沃尔玛	10 巴黎欧莱雅

11 可口可乐　　16 英特尔　　　21 惠普
12 帝亚吉欧　　17 雀巢　　　　22 百威英博
13 Inditex　　　18 阿斯利康　　23 阿里巴巴
14 特斯拉　　　19 戴尔科技　　24 葛兰素史克
15 西门子　　　20 麦当劳　　　25 陶氏化学

图4-7　2023年度全球供应链25强企业名单

资料来源：Gartner官网

近几年，物料短缺、能源涨价、物流中断、需求波动、自然灾害等多重外部挑战频繁扰动全球供应链。受此影响，英特尔、惠普、戴尔等ICT行业巨头供应链能力排名不可避免有所下滑（英特尔从第7降至第16名，惠普从第15降至第21名，戴尔从第17降至第19名）。

自Gartner全球供应链25强榜单发布以来，联想集团入围9次，是上榜次数最多的中国企业。另一家入围的中国企业是阿里巴巴，至今上榜5次，如图4-8所示。

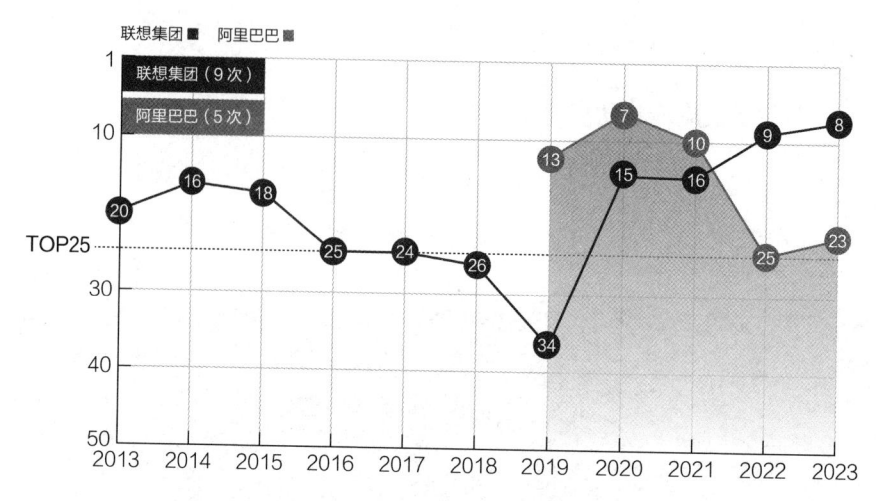

图 4-8　全球供应链 25 强上榜中国企业排名变化

资料来源：Gartner 官网

目前，数字供应链领域的独角兽企业数量还比较有限。以下是一些数字供应链领域的独角兽企业及它们的发展特点。

1. Flexport

Flexport 是一家总部位于美国的物流和供应链管理公司，成立于 2013 年。它通过数字化平台和数据驱动的解决方案，帮助企业实现全球供应链的可见性和运作效率的提升。Flexport 的特点是强调技术创新和数据驱动的供应链管理方法。

2. 京东物流

京东物流是中国京东集团旗下的物流子公司，成立于 2007 年。它通过借助京东集团的电商平台和物流网络，为企业和消费者提供全程物流服务。京东物流的特点是，整合了电商和物流的优势，提供了高效、可靠的供应链解决方案。

3. 菜鸟物流

菜鸟物流是中国阿里巴巴集团旗下的物流平台，成立于 2013 年。它通过数字化技术和物流网络的整合，为企业和消费者提供全球物流服务。菜鸟物流的特点是注重跨境物流和国际化业务，并且借助阿里巴巴集团的资源和技术实力，加速数字化供应链的发展。

4. Tradeshift

Tradeshift 创立于 2009 年，从欧洲丹麦起家，总部位于美国的旧金山市。

2023 年 5 月完成 2.5 亿美元 E 轮融资，聚焦供应链数字化。Tradeshift 是一个国际化的电子发票商务平台。该平台有三大功能：Tradeshift Buy、Tradeshift Pay 和 Tradeshift Go。Tradeshift Buy 是一个在线交易平台，该平台允许客户通过 Tradeshift 追踪汇率的动态发票系统，在汇率最为适合时进行交易和转账。其独创的 CloudScan 技术，能将 PDF 格式或者 E-mail 中的发票直接转变为格式化的表单数据存储在系统中，大大降低了录入成本。该平台还可根据不同的企业需求，进行个性化系统定制，加速交易的进行。此外，Tradeshift 还提供追踪工具及存储所有当前和过往发票的永久存储库，用户可以在 5 秒钟内找到此前的发票。Tradeshift Pay 云平台把供应链支付、供应链金融和基于区块链的早期支付集中到一个统一的端到端解决方案中，为用户提供电子钱包服务。该电子钱包不仅支持常规交易，还支持基于区块链的交易。Tradeshift Go 是一款商务旅行虚拟助手，该功能由 Tradeshift 和被其收购的一家旅行服务平台 Hyper 共同开发，Tradeshift Go 能够克服在商务旅途中长期困扰中小企业的普遍难题，包括信用卡争端、中介欺诈及交易流程效率低下等问题。Tradeshift 于 2013 年进入中国，其中国官网显示，Tradeshift 服务的总用户量约 80 万，服务对象中包含几十家世界 500 强企业、丹麦政府、英国国家卫生署等；2015 年营收较 2014 年同比增长近 250%；每月供应链交易额达数亿美元；业务覆盖全球 190 多个国家和地区。

第四节
新职业

党的二十大报告提出，要"支持和规范发展新就业形态"。一个新职业的诞生，离不开社会经济发展带来的市场需求、技术水平提升带来的生产工具、业态延伸带来的消费场景的影响。以信息技术为代表的新技术革命的到来推动了社会经济爆发式的成长，为各行业培育了一批又一批新业态，这些新业态的不断成长又带动了一大批新颖的、符合当下市场需求的新职业。

在当下就业形势越发严峻的背景下，新职业的诞生不仅丰富了各类经济形态，也为人才培养和社会就业提供了新的方向。近年来，直播带货、电子竞技职业选手、民俗管家等形形色色的新职业成为不少年轻人的新选择。除了社会业态培育，腾讯等一些平台化的企业围绕自己的产业生态，也构建了新的数字生态化的职业体系。表4-11所列为腾讯业务生态内的一些热门新职业。

表4-11 腾讯业务生态内的热门新职业

腾讯业务生态内的热门新职业	腾讯业务生态内的热门新职业
微笑表情包设计师	小游戏开发工程师
小程序独立开发者	公众号文案设计师
视频号创作和运营者	……

总体来说，新职业的层出不穷为不愿拘泥于传统就业渠道的广大年轻人提供了新的赛道和发展机遇。尤其是在人工智能、元宇宙、数字孪生等技术不断进步、应用不断成熟、业态不断拓展的趋势之下，新职业反过来又推动了业态的不断拓展、文化的不断融合和技术的不断进步。本节着重从数字化、绿色化这两个产业经济转型的大赛道出发，对数字职业和绿色职业的相关情况进行阐述。

一、数字职业

新技术革命带来的是数字经济的蓬勃发展，作为当下覆盖面最广、社会影响力最大的经济形态，数字经济还将继续壮大和不断完善。数据要素作为新型生产要素，是数字化、网络化、智能化的基础，也是数字经济持续发展壮大的核心资源。一方面，数据自身可以作为重要生产要素，不断地服务新产业、新业态和新模式的诞生与发展，推动数字产业化进程。另一方面，数据要素对其他产业具有乘数效应，能够拉动传统产业向数字化转型，推动产业数字化进程。

我国数据要素市场处于高速发展阶段，根据国家工业信息安全发展研究中心数据，预计2025年市场规模将达到1749亿元，2021—2025年CAGR达到25.6%。而从中国信息通信研究院发布的《数据要素交易指数研究报告（2023年）》来看，未来数据交易的变现能力将进一步提高，我国数据流通产业将会逐步壮大和延伸，预计2025年数据交易市场规模超过2200亿元。

随着数据要素重要性的愈发凸显，数据市场的构建也在快速探索和完善，正在加快融入社会生产、分配、流通、消费和社会服务管理等诸多环节。围绕着数据市场体系，也产生了一些数据生产运营的新兴业态，数据服务产业就是其中一个。目前数据服务产业链已经基本成形，数据源、数据基础、数据生产、数据产品、数据流通、数据应用、数据安全与治理、数据生态等各环节业态均已形成了多个细分的职业场景。

我国已经形成了门类较为齐全的数据服务产业链，涵盖了数据源、数据基础、数据生产、数据产品、数据流通、数据应用、数据安全与治理、数据生态等八类业态（如图 4-9 所示）。围绕数据服务产业链的形成，相关数字职业开始得到社会认可。

数据源服务 01	数据基础服务 02	数据生产服务 03	数据产品服务 04
· 公共数据源服务方 · 企业数据源服务方 · 个人数据源服务方	· 芯片设计 · 传感器设计 · 物联网服务 · 通信网络服务 · 数据中心服务 · 云计算服务	· 数据采集 · 数据存储 · 数据加工 · 数据标注 · 数据计算分析与可视化	· 语音数据产品 · 视觉数据产品 · 自然语言数据产品 · 空间数据产品 · 公共数据产品 · 企业数据产品 · 个人数据产品
数据流通服务 05	数据应用服务 06	数据安全与治理服务 07	数据生态服务 08
· 数据资产服务 · 数据交易 · 数据金融	· 公共数据应用 · 产业经济数据应用 · 生活消费数据应用	· 数据安全 · 隐私计算 · 数据治理	· 数据科学 · 咨询服务 · 认证培训 · 法律合规 · 司法仲裁

图 4-9　数据服务产业链

2022 年 9 月，由人力资源和社会保障部最新发布的《中华人民共和国职业分类大典（2022 年版）》净增了 158 个新职业，其中首次标注了 97 个数字职业。从产业分布来看，大部分数字职业集中在数字技术应用业领域，如数据安全工程技术人员、工业互联网工程技术人员；数字化效率提升业和数字要素驱动业领域，如智能楼宇管理员、互联网营销师；还有数字产品制造业和数字产品服务业领域，如农业数字化技术员等。从长远来看，数据作为一种虚拟物品在财产上的归属、分配、追溯等问题还存在一些探索空间，因此，未来数据服务产业还将在确权、定价、流通、监管等方面培育更多的新职业赛道。本节将结合当下已成形的新兴数字职业,从数据服务工程师、数据经纪人、数据合规师这几个新职业的角度进行概述。

(一) 数据服务工程师

数字经济的快速发展让数据服务商成为炙手可热的新市场角色,这个角色致力于为企业提供全方位的数据服务,帮助企业更好地了解和把握市场趋势,提高运营效率,实现商业增长。在当下数据服务市场中,处于行业领先地位的数据服务商主要集中在中、美两国,美国企业包括了IBM、亚马逊云科技、微软、谷歌等大型科技公司。而中国本土企业则以腾讯、阿里巴巴、百度和京东等互联网企业为代表。数据作为一种重要的新型生产要素,从企业分布和所属国籍来看,中美两国也在未来的产业升级方面占据了资源先机。这些企业在数据处理、存储、分析等方面拥有丰富的经验和技术,可以提供从数据采集到分析的全流程服务。

1. 数据服务工程师的职责

工程师的工作是让原始数据剥离源头,变成干净的数据,妥善保存并进行分析。更准确地说,数据工程师构建的系统(有时称为管道)可以移动、转换、清理并聚合数据,帮助企业更快获取信息。与大多数科技类职位一样,数据工程师的实际日常工作边界大部分取决于所在企业的规模。中小型企业需要更具综合性的专业人员,在这样的企业中,职位定义不太明确,数据服务工程师可能需要参与到各项工作中。而大型企业尤其是平台型企业的职员更多,可以分摊工作量,所以职位定义更加明确。

不管职位定义是否明确,一般来说,数据服务工程师需要承担的具体工作有以下几点:

(1) 查找符合业务需求的数据集;

(2) 开发算法,从而转换、清理和标准化数据;

(3) 构建、测试并维护数据库管道;

(4) 与业务团队合作,了解公司目标;

(5) 验证数据;

(6) 确保数据符合治理和安全政策。

2. 数据服务工程师应具备的技能

通常,数据服务工程师需要有较为典型的计算机科学与技术类专业背景(包括软件工程、大数据专业等），而随着高等教育阶段学科和专业交叉的不断深入，应用数学、统计学等对数据统计与分析较为擅长的学科专业向该职业转型中也会有一些比较性的优势。从技能角度来看，正常情况下，数据服务工程师需要具备以下全部或大部分技能。

（1）编码能力。编码是数据服务工程师日常工作的一部分，该技能一般体现在编写 SQL 脚本、ETL 管道、ELT 管道、Notebooks 等，需要从业者对 Python、R、Scala、SQL 和 Java 等程序语言中的若干个较为熟悉。

（2）了解数据库。数据在从诞生到消亡的全流程阶段，都离不开存储仓库。因此，对数据库知识的了解和掌握也极为重要。尤其是要根据工作对 SQL 和 NoSQL 两种数据库的使用有一定的了解。

（3）数据集成技术。数据服务工程师需要对 ETL 和 ELT 知识进行学习和了解。ETL 和 ELT 都是数据仓库中的非常重要的一环，是承前启后的必要步骤。一般认为二者在使用方面的区别主要在于场景需求方面，比如在小数据量级且转换过程不会过于耗时的场景下通常倾向 ETL，而数据量级较大且转换过程耗时的场景下则优先选择 ELT。

（4）大数据理解能力。作为一个数据服务工程师，对大数据的关键概念和技术的理解对工作大有裨益。从具体技术框架来看，目前 Hadoop 和它的 map reduce 是大多数技术的基础。

（5）对云计算的了解。不少数据服务企业目前也是云计算的提供商，如亚马逊云科技、阿里巴巴等，对云服务的数据管理工具的了解，是在不少企业从事这项工作的一个必要技术技能。

（6）了解数据安全知识。所有和数据打交道的环节，几乎都逃脱不了对数据安全知识了解的需求。因为数据服务工程师会持续的管理对用户数据和其他商业机密的访问。

（二）数据经纪人

数据经纪人是一种针对数据要素开展中介化业务的职业。从职业定义来看，数据经纪人需要在政府的监管下，具有开展数据经纪活动资质，还需具备生态协同能力、数据运营能力、技术创新能力、数据安全能力和组织保障能力，并具备围绕重点领域开展数据要素市场中介服务，推动数据流通规范化的能力，其宏观核心目标是如何让海量数据有序有效流通。而在业务层面，数据经纪人需要既了解数据拥有方的数据特点，也了解数据需求方的业务需求，能够从中撮合供需双方并帮助双方磨合出更适配的数据产品。2023年在北京举办的全球数字经济大会上，几十家交易场所、科研院所、数据商及数据交易中介机构发布了《数据经纪从业人员评价规范》的团体标准，该标准对数据经纪人的职责描述是为数据要素市场提供数据要素化辅导、数据产品服务入场交易。

广东作为数字经济强省和数字产业大省，在这方面的探索一直走在前列。2021年7月，《广东省数据要素市场化配置改革行动方案》正式印发，其中提到，"鼓励设立社会性数据经纪机构，规范开展数据要素市场流通中介服务。探索建立数据经纪人资格认证和管理制度，加强对数据经纪人的监管，规范数据经纪人的执业行为。""数据经纪人"的概念被首次提出，且"数据经纪人"被定位为隶属于数据交易场所的配套机构，为数据流通提供中介服务。而深圳在2022年1月发布的《深圳市建设营商环境创新试点城市实施方案》也提出，要建立数据可信流通的中介机制，构建"高效运行、保障安全、协同监管、公平交易"的数据经纪人体系，目的是推动粤港澳大湾区数据安全有序流通。从具体执行层面看，2022年5月，广州市海珠区公布了首批数据经纪人名单，进一步明确了数据经纪人的定义、类型及职责等，并将数据经纪人划分为技术赋能型、数据赋能型、受托行权型三个类别。

1. 数据经纪人的职责

目前来看，数据经纪人的业务范围具有跨行业特征，可以面向包括金融、医疗、保险、零售等不同的领域开展相关业务。其主要职责一般囊括以下几方面。

（1）数据收集和管理。数据经纪人需要帮助客户收集数据，并确保数据的完整性、准确性和安全性。也可进一步为客户提供数据管理服务，如数据的受托存储、数据备份和标准化归档等。

（2）数据分析与挖掘。数据经纪人通常需要根据客户的目标需求为导向，采用不同的分析技术和工具，对数据开展分析和挖掘工作。

（3）数据保护与安全。数据经纪人需要在数据的存储、分析过程中为客户提供如数据加密、数据备份和丢失数据回复等隐私、安全等服务保障。

（4）数据合规交易。数据经纪人的核心职责是将自持数据进行出售，或受客户委托售卖受托数据，并保障该交易流程的合规性。

2. 数据经纪人应具备的技能

数据经纪人目前所需的职业技能较为多元化，这是由于经纪人这个角色本身属于一个市场化的前台角色，但又要求具有一定的行业背景，以便能够聚合来自多个来源的信息，并将经过清洗或分析的数据出售给其他组织。因此，通常情况下，数据的交易需要明确给予客户一些基于数据的行业建议，所以数据经纪人也可以理解为是具有市场交易能力的行业数据咨询研究者。一般来说，数据经纪人应具备以下三方面的技能。

（1）行业研究能力。数据经纪人需要对售卖的数据所处行业具有一定的认知和分析研究能力。

（2）数据采集分析能力。数据经纪人需要对常见的数据分析软件工具具有一定的操作能力，如 Excel、VBA 等 EXCEL 生态工具、SAS、SPSS 等数理统计工具、PowerBI、Tableau 等 BI 工具及 Python、R 等程序语言工具等。

（3）资源对接能力。数据经纪本身是一个前台业务性的工作，因此需要在行业内具有一定的资源对接能力。

（三）数据合规师

在了解这个职业之前，首先需要对数据合规工作进行理解。数据合规是指组织或个人在收集、存储、处理和使用个人信息时，遵循相关法律法规和规范性文件的要求，保护个人信息安全的过程。我国现代化的数据合规体系包括政府、企业、个人、第三方专业服务机构、中介服务机构等相关方，是一个由各方共同参与的公共体系。数据合规业务所面向的对象主要包括公共数据、企业数据、个人数据，涉及国家安全、公共安全、商业秘密、个人信息安全、知识产权、数据产权等。

2022年12月19日，中共中央、国务院发布《关于构建数据基础制度更好发挥数据要素作用的意见》对数据合规方面做出了指导性规定，统称"数据二十条"。"数据二十条"要求"压实数据处理单位数据治理责任"。因此，数据合规责任单位在享有数据产权、知识产权等法定权利的同时，承担数据合规管理已经成为了政府机构、企业等单位的法定职责，都应当构建主体内部的数据合规管理体系，避免发生重大数据安全事故，防范、降低自身数据违规风险，保障自身及每一个数据单元权利主体的合法权益。

数据合规领域的诞生和发展是伴随着互联网技术的发展和数字化转型的加速而兴起的。从社会角度来看，数据要素价值的不断提升，诱发了不少企业、个人在个体利益和群体数据安全上寻求个体利益、有意忽视群体数据安全的行为，因此，数据合规是企业不可避免的责任和义务。从企业角度来看，数据作为重要的生产要素，企业如果需要利用数据开展业务，就必须保证数据来源的合规性，保证数据池的干净合法，否则基于该数据来源所衍生出的各类数据服务产业就很有可能涉及法律问题。

1. 数据合规师的职责

以企业为例，企业中数据合规师的职责通常有以下几点。

（1）合规风险评估。数据合规师对内需要为企业的某一个特定商业项目开展评估数据合规风险，如实物、虚拟产品、软件类产品、信息服务产品、业务模式场景等。

（2）合规体系构建。数据合规师需要对企业目前的业务现状进行数据合规风险评估，并且根据适用法律的要求对企业进行差异化分析、提出整改建议，帮助企业建立数据合规体系。

（3）数据出境申报。基于数据要素的易流动性，数据合规师还需要根据《数据出境安全评估办法》等相关法律法规的要求，为公司进行数据出境安全风险自评估，并完成数据出境安全评估申报工作。

2. 数据合规师应具备的技能

基于合规判定工作的特殊性，数据合规师通常需要具有法律相关的学科背景，事实上企业等用人单位更希望从业者具有计算机与法律类交叉的学科背景，如具有计算机专业学历、教育背景，且持有国家统一法律职业资格证书的人群。数据合规师应具备的技能包括以下几个方面。

（1）熟悉相关法律法规。数据合规师需对《中华人民共和国网络安全法》《中华人民共和国个人信息保护法》等法律法规具有较深的了解。

（2）相关政策的评估制定能力。数据合规师需要能够制定涉及隐私等方面的合规的政策，并能够根据具体情况对此类政策进行评估。

（3）具备对数据业务的合规评估能力。数据合规应当具备评估企业等机构的数据业务活动是否符合相关法律法规和行业标准的能力。

（4）相关事件的应对能力。数据合规师应当具备协助企业应对数据泄露和侵犯个人隐私事件的能力，包括进行调查、制订应对方案等。

二、绿色职业

碳达峰、碳中和是实现经济社会更高质量可持续发展的必要路径，正在悄然改变能源与经济结构，推动产业转型升级，也催生了一批绿色职业。蓬勃发展的绿色新职业，折射出经济社会绿色低碳发展带来的全新需求。当前，农业、制造业、服务业等领域都开始促进绿色经济转型升级，产生了一些新的技术领域和技术要求，这既为经济社会发展的绿色化转型提出了人才需求，又为社会带来了一批又一批新兴的就业岗位。在2022年版《中华人民共和国职业分类大典》中，绿色职业标识数量为134个，约占职业总数的8%。其中涉及节能环保领域17个，清洁生产领域6个，清洁能源领域12个，生态环境领域29个，基础设施绿色升级领域25个，绿色服务领域45个。截至2023年3月底，国内现存绿色低碳相关企业达到187万家。2020年至2022年新注册量同比分别增长19.5%、54.38%、29.29%。而中国石油和化学工业联合会数据预计，"十四五"期间中国需要的"双碳"人才数量在55万至100万，绿色职业将成为未来新职业赛道中的重要组成。本节将结合当下已明确职责的主流绿色职业方向，从碳汇计量评估师、碳资产管理师和综合能源服务师等新职业角度为读者做出概述。

（一）碳汇计量评估师

碳汇是指从空气中清除二氧化碳的过程、活动、机制。碳汇计量目前主要是指确定森林吸收并储存二氧化碳的多少，换言之就是森林吸收并储存二氧化碳的能力。基于《联合国气候变化框架公约京都议定书》对各国分配二氧化碳排放指标的规定，一种虚拟交易，即碳汇交易应运而生，这是通过市场机制实现森林生态价值补偿的一种有效途径。

1. 碳汇计量评估师的职责

而随着各国对减排目标的加强和碳排放市场的逐渐成熟，碳汇计量评估师的发展前景愈发广阔。从国家层面看，许多国家都已经或者正在实施碳汇市场机制，这种机制需要碳汇计量评估师进行碳排放测算和交易认证。从企业层面看，基于国家政策的引导，企业也对碳足迹和碳排放开展计量研究，需要碳汇计量评估师来提供相关服务。从定义来看，碳汇计量评估师的核心职责是运用碳计量方法学，对森林、草原等生态系统开展碳汇计量、审核、评估。从工作职责来看，碳汇计量评估师日常需要承担如下几项工作。

（1）负责为碳汇项目的设计和实施提供碳汇计量方案和监测方案方面的服务。

（2）承担对碳汇项目在碳汇量、生态效益等方面的评估和持续监测任务。

（3）承担碳汇项目报告的撰写和审核工作。

（4）及时对碳汇市场进行分析和预测，了解市场发展趋势。

2. 碳汇计量评估师应具备的技能

通常，碳汇计量评估师一般需要有较为典型的环境科学、林学等专业背景。在实际工作开展中，还需要深入理解气候变化、碳汇市场等领域的知识，具体包括以下几个方面。

（1）具有环境科学等方面的专业知识，并对碳汇及碳汇项目领域的相关政策和法规有一定的研究。

（2）具有碳汇计量、生态效益评估、社会效益评估等方面的专业技能。

（3）具备与项目团队、政府部门、企业等各方开展业务沟通和协调的能力。

（二）碳资产管理师

1. 碳资产管理师的职责

从具有前瞻性的宏观定义来看，碳资产管理师是为碳资产的所有者实现碳资产的增值保值管理，并帮助企业运营全程的碳资产综合管理业务，包括碳资产开发、碳盘查、碳审计、碳资产计量、碳资产评估及低碳品牌建设等的专业人员。事实上，目前碳资产管理师所承担的工作主要是管理企业的碳排放量和碳减排计划，以及管理企业的碳交易和碳市场投资。目前，开设这部分工作岗位的主体主要集中在电力、水泥、钢铁、造纸、化工、石化、有色金属等需要控制碳排放的高排放行业。碳资产管理师目前所承担的工作职责一般有以下几个方面。

（1）负责监测企业的碳排放量，并负责对外开展碳排放量信息披露的相关工作。

（2）立足企业生产经营实际，制订碳减排计划，设定减排目标、措施以及减排时间表。

（3）定期开展企业的碳资产评估，对碳减排项目和碳交易项目的经营收益情况开展阶段性评价。

（4）帮助企业开展碳配额交易、碳信用交易和碳市场投资等业务。

（5）跟踪关注符合企业需求的碳减排政策、碳减排技术和项目。

2. 碳资产管理师应具备的技能

碳资产管理师对学历教育背景一般比较多样化，这是因为碳资产管理工作通常需要与企业自身的主营业务进行对接。除环境科学与工程等专业外，不少从业者也具有热能动力、新能源、化学化工等能源类专业背景。碳资产管理师应具备的技能主要有以下几点。

（1）熟悉碳资产开发的流程管理。

（2）对温室气体排放、节能减排等相关行业知识及国家政策、法规和标准。

（3）具有项目文本撰写能力和数据分析能力。

（三）综合能源服务师

1. 综合能源服务师的定义

从字面概念来看，综合能源是一个较为宽泛的概念，似乎所有与能源有关的服务都可以计入综合能源服务的范畴。事实上，这种理解也并非毫无道理。随着"双碳"目标的提出和一系列政策的落实，对产业而言，如何降低碳排放的核心技术之一就是，打破原有各能源供应（如供电、供气、供冷/热等）系统单独规划、单独设计和独立运行的既有模式，在规划、设计、建设和运行阶段，对不同能源供应系统进行整体上的协调、配合和优化，并最终实现一体化的综合能源供用系统。这种技术方向能够推动社会效能趋向最优，同时可以促进可再生能源规模化利用，打造多元供给保障体系。但在实际的人才培养环节，高校缺乏对综合能源人才的培养机制，这种机制的构建和成熟也不是短期内可以实现的，因此从就业角度提出培养和供给"综合能源服务师"的建设，必然会催生综合能源服务这种新的服务模式，对传统能源服务提出转型的挑战。

从业务和职业角度来看，综合能源服务有两层含义，首先是指综合能源，涵盖多种能源，包括电力、燃气和冷热等；其次是指综合服务，包括工程服务、投资服务和运营服务，在这个层次中的综合服务已不仅仅是技术业务角度，还包含资金、资源和技术等提供服务业务的核心要素。因此，综合能源服务业务就是帮助企业寻求打破电力、煤炭、油气、水、冷、热等各个行业的壁垒的路径，为企业降低能源成本，提高能效，实现更清洁、更环保、更绿色的功能融合发展。

2. 综合能源服务师的职责

具体职能上，综合能源服务师通常处于服务提供的角色，从专业技术服务企业的角度来看，综合能源服务师的工作职责通常包括以下几个方面。

（1）对综合能源市场开展分析研究和预测，提供综合能源服务的技术思路。

（2）梳理企业对能源的使用需求，并使用能效诊断对企业用能效率等方面进行分析。

（3）对企业项目外部能源环境开展调研，分析冷、热、电、气等多种能源供应、使用及能效等状况，策划、制订综合能源利用节能降耗方案。

（4）推动综合能源项目建设启动、计划、组织、执行、控制管理。

3. 综合能源服务师的技能要求

从专业背景来看，目前综合能源服务师通常以能源类专业为主，如电力系统及自动化、热能与动力工程、新能源等相关专业。由于该职业对专业技能的综合性要求，具体技能需求也较为多样，很难以单一的技能清单进行阐述。但一般需要从业人员在分布式能源、储能、微网、配网、需求侧、碳资产、售电等项目与业务方向领域有一定的专业技术积累。

下 篇

谋划新图景

第五章

洞见数字未来

数字未来，已奔涌而来，又润物无声。

——杨卓凡记

走向数字化已成为全球共识。从宏观经济角度来看，数字化已成为经济增长的新引擎。研究显示，平均来看，数字经济占全球 GDP 的 40%，即使在低收入国家，数字经济占 GDP 的份额也达到了 17%。从全球平均增速来看，数字经济增速是 GDP 增速的 2 倍[1]。特别是在高收入国家，其增速甚至是 GDP 增速的 3 倍以上。这表明，数字经济对经济增长的拉动作用显著，其潜在价值不容低估。著名研究咨询公司罗兰贝格预测，2016 年至 2025 年，制造业的数字化潜在价值最高，将达到 6.4 万亿美元。制造业中约有 90% 的中小微企业，这表明中小微制造企业是数字化转型的关键领域。同时，我们也可以看到，农业数字化的潜在价值高达 1.2 万亿美元，为农村创新创业和中小微企业数字化转型带来了广阔的发展前景。

第一节
需求侧：数字新消费势力崛起 [2]

一、什么是数字新消费

具体什么是"数字新消费"，目前尚无统一的定义。狭义上看，数字新消费是指由数字技术等新技术、线上线下融合等新商业模式及基于社交网络和新媒介的新消费关系所驱动的新消费行为，表现为以网络购物、直播带货、数字文化、在线医疗等为代表的数字消费新业态、新模式。因为它具有"增量"和"升级"的特点，所以从本质上来说数字新消费应该是所有零售企业共同追求的目标。但在目前，数字新消费实际上是由网络零售业所引领和发动，传统零售业逐步跟进

---

[1] 数据来源：中国信息通信研究院、罗兰贝格。
[2] 资料来源：国家工业信息安全发展研究中心、中国网络社会组织联合会、中国电子商务研究中心，新电商研究报告 [R], 2020.10.

的，这一切都与消费市场升级深度绑定。

从数字新消费的发展特点来看，一方面，数字新消费源于优质供给支撑。"漂洋过海去消费"，曾经是不少国内消费者的无奈之举，突显了国内市场有效供给不足的窘境。近年来，国内一些企业主动创新，从以前"埋头搞生产"到现在"开拓新品牌""拥抱新需求"，不断推出更合消费者口味的产品和服务；柔性制造技术不断应用，产品大批量个性化定制，更好地满足了多样化、个性化需求；人工智能、大数据引入生产，把消费者需求数据化，确保生产线上的产品就是人们需要的产品。可以说，新消费、新体验在满足消费者个性化、多样化、品质化需求的背后，正是新业态、新供给的不断形成，是供给水平的不断优化提升，反映着供给侧结构性改革的成效。另一方面，数字新消费源于科技的日益进步。信息化和科技的日新月异为消费插上了翅膀：移动支付的普及给顾客带来更多方便；人脸识别技术的应用，把无人超市带到百姓身边，购物体验再度刷新；智慧物流的不断升级，让网购配送速度从次日达到当日达再到定时达，配送时效持续提升；人工智能、大数据、云计算的发展又会开辟出诸如智能汽车、无人飞机等许多全新的市场。新科技带来新便利、新市场，这些真实发生在每个消费者身边的场景，又将实实在在地带动引领新消费。

数字新消费之所以被寄予厚望，是因为它归根结底是建立在通过新技术、新模式、新关系去满足14亿中国消费者对美好生活的需求向往之上，而且也使消费变得更人性和更有效率，甚至倒逼商品供给侧结构性改革和产业升级。

二、数字新消费引起巨大变革

在日常生活中，新消费正在迅速渗透，大量的消费场景正在被重塑，消费链条正在变得越来越短，也使得C2M反向定制等生产模式成为可能，最终使社会整体效率得到提高。可以说，新消费不仅仅是一场消费盛宴，更是新时代一场影响深远的伟大革命。

1. 人的层面：从性价比到自我价值

数字新消费是基于新一代消费者自我意识觉醒，带来的"从心出发"的商业新逻辑改变。中国数字化新基建带来了消费壁垒的显著降低，各种选择、一键可达、7天无理由可退，都为消费者卸下了消费心理包袱，唤醒了消费者的自我消费意识。消费者从追求物质满足发展到渴望心理脱贫，商品的实用性不再是影响他们购买行动的决定性因素，取而代之的是情归属，而情感归属也成为品牌价值观的核心表达。产品的体验价值和社交价值比重被明显放大，新一代消费者开始为自己所热爱的、所喜欢的设计买单，为自身的情感买单。

2. 货的层面：从好产品到新物种

如果说传统零售时代以生产满足人们某种需求的物品或者服务为前提，重点在于供给，以规模生产提效率，借深度分销找用户；那么，新消费时代则需要产品或服务能带来超越预期的惊喜。新消费时代的品牌往往从细分品类切入，靠品类创新引爆流行，以此获得基础用户，进而通过口碑式社交裂变来塑造品牌。比如喜茶、奈雪的茶、茶颜悦色等创造了新茶饮赛道，江小白创造了新酒饮赛道等。潮玩手办、新酒饮、新茶饮、抗糖代餐、睡眠经济、智能小家电等领域，不仅仅以一个新品牌的面目出现，更表现出了物种再造的特点。

3. 场的层面：从中心化到去中心化

传统零售时代，营销是注意力的竞争，是以品牌为中心的沟通，高举创造大众喜好的大传播、大分销的旗帜。这种"中心化"思维指引下的营销行为，更重视花钱买流量、买效果，营销 KPI 偏向于曝光次数、直播销量、购买转化等效果指标。而数字新消费时代面对的是一个复合消费场，人群圈层化、需求多元化、沟通明晰化、触点多元化孕育出了短视频、直播等"平台+社群""内容+货架"模式，因此数字新消费通过快速建立去中心化、以用户为导向、以场景和体验为核心的互动平台，借助社群性共情共创，迅速捕获消费新趋势，提升供应链效率和供给的适配性。平台中以兴趣为主要维度的"人货匹配"，让从"刷"到"买"的需求得以延伸。如小红书、哔哩哔哩（B站）等互联网平台降低了信息不对称，一定程度上解决了国货产品存在的信任问题。国货品牌正通过统一货权管理、大促保障方案等多项供应链保障措施，满足年轻人对消费效率的需求。

4. 管理层面：从保守求稳到敏捷自驱

工业时代成立的公司追求稳定成长，注重稳定风控，优化成长，其组织结构设计强调的是强职能分工、长流程监测。而互联网时代成立的公司强调敏捷自驱，试错迭代，从传统线性价值链组织模型转变为以终端用户需求为核心的"小前台大中台"结构，组织变得更敏捷，从消费者需求调研和洞察到产品研发、品牌营销、售后服务等各个环节，更有利于对消费端变化做出快速反应，及时迭代内部组织能力。

5. 贸易范围：从国内市场到全球联动

随着数字经济浪潮席卷而来，全球化趋势不可逆转，新消费背景下的跨境贸易得到快速发展，总体交易额不断攀升，贸易范围不断扩大，服务体系日益完善。一是中国快递和新消费企业通过建立全球重要节点城市贸易和物流集散枢纽、海外仓等方式，构建起海陆空一体化国际物流生态网络，实现了全球联动。二是新消费企业在海外通过引入图文、视频、直播、小程序、微信公众号等工具，提高了全球流量导入，增加了消费者认知度，提升了我国商品的品牌价值，为商品海外流通奠定了基础。

第二节
供给侧：数字化转型全面提速

近年来，以互联网、大数据、人工智能为代表的信息技术加速创新，日益融入经济社会发展各领域、全过程，数字化转型已成驱动全球经济发展的重要引擎和重塑全球价值链的变革性力量。2021年，全球47个主要经济体数字经济规模为38.1万亿美元，较上年增长5.1万亿美元，占GDP比重的45.0%，同比提升1个百分点，数字经济在国民经济中的地位稳步提升，数字经济发展活力持续释放。根据MarketsandMarkets最新报告预测，全球数字化转型市场规模将从2021年的5215亿美元增长到2026年的12475亿美元，并预测期内CAGR为19.1%。

随着新一轮科技革命和产业变革的深入发展，全球产业数字化转型发展均表现出以政府的发展战略为主导、以新型数字基础设施的建设与合作为基础、以加快推进数字技术和人工智能等领域创新为战略选择、以提升公民数字素养和数字技能人才为重要支撑、以传统制造业的数字化改造和转型升级为主赛道的发展特征[1]。

一、数字技术加速向产业端渗透

新一代信息技术加速赋能千行百业，推动产业链上下游数据贯通，不断提升

---
[1] 石建勋，朱婧池.全球产业数字化转型发展特点、趋势和中国应对[J].经济纵横，2022(11).

产业链各环节数字化水平。《全球数字经济白皮书（2022年）》显示，2021年全球47个主要经济体产业数字化规模为32.4万亿美元，占数字经济比重为85%，占GDP比重约为38.2%。数字技术依次沿着第三、第二、第一产业持续渗透，产业融合发展特征日益明显，大中小企业融通发展新格局加速构建。2021年，全球47个经济体第三产业、第二产业、第一产业数字经济增加值占行业增加值比重分别为45.3%、24.3%和8.6%，分别较上年提升了1.3、0.8和0.6个百分点。发达国家产业数字化转型起步早，技术应用强，发展成效明显。英国数字经济对第一产业的渗透率最高，超过30%；德国、韩国数字经济对第二产业的渗透率超过40%；英国、德国、美国等数字经济对第三产业的渗透率最高，均超过60%，处于全球领先地位。

1. 5G赋能千行百业

以5G为代表的新型基础设施加快建设，并融入千行百业，推动数字产业规模稳步扩大。"5G+工业互联网"应用向规模化复制演进，有力地支撑和服务工业企业优化升级。在电商平台上，"5G+虚拟现实"带来真实的消费场景；在工厂车间，"5G+工业互联网"带来更智能的柔性制造；在旅游景点，"5G+文旅"带来更便捷的游园体验。

2. 制造业智能化加速升级

制造企业加速运用数字技术进行赋能、赋智，培育数字化新模式、新业态，推动生产制造服务体系持续进行智能化升级、产业链延伸和价值链拓展，带动产业向高端迈进。智能制造示范工程和应用场景、高档数控机床、工业机器人、传感与控制装备等生产设备智能化水平明显提升，工业设计、信息技术、节能服务等生产性服务业快速发展，智能灌溉、工业电商、供应链金融等新模式不断涌现。

3. 行业竞争呈现新形态

新一代信息技术的快速发展，一方面加速了传统产业沿着数字化、网络化、智能化方向不断演进，在制造、能源、交通、医疗、教育等领域，孕育出智能制造、智慧能源、无人驾驶、智慧课堂等一系列新模式、新业态。另一方面，技术型新贵公司和数字巨头企业以数据资源要素为核心，充分发挥数字技术优势，突破传统工业的狭隘边界，塑造数字化采集、个性化定制、网络化协同、"短视频+社群"营销等新型数字化能力。数字时代的行业竞争不仅是传统工业企业之间的竞争，而且是传统工业企业与新兴数字企业之间的博弈。在全新的商业场景中，加快数字化转型进程，无疑是传统制造业增强自身优势、掌握发展主动权的重要手段。

二、全域数字化转型渐成重点

2022年，在多重因素叠加影响下，企业承压前行。面对更为复杂的技术和商业变化，企业需要运用数字化手段重塑业务模式、技术范式、组织方式和文化意识，加速传统业务的"因势而变"和新业务的"顺势而为"，通过推动劳动、技术、资本、市场等要素互联互通，降低企业研发设计、生产制造、经营管理、运维服务等过程中的不确定性，带动数字化转型呈现三大转变（如图5-1所示）。一是从被动转变为主动，将数字化从用于提高生产效率的被动工具，转变为创新发展模式、强化发展质量的主动战略。二是从片段型转变为连续型，将数字化从对局部生产经营环节的参数获取和分析，转变为对全局流程及架构的诠释、重构及优化。三是从垂直分离转变为协同集成，将数字化从聚焦于单一环节、行业和领域，转变为对产业生态体系的全面映射。

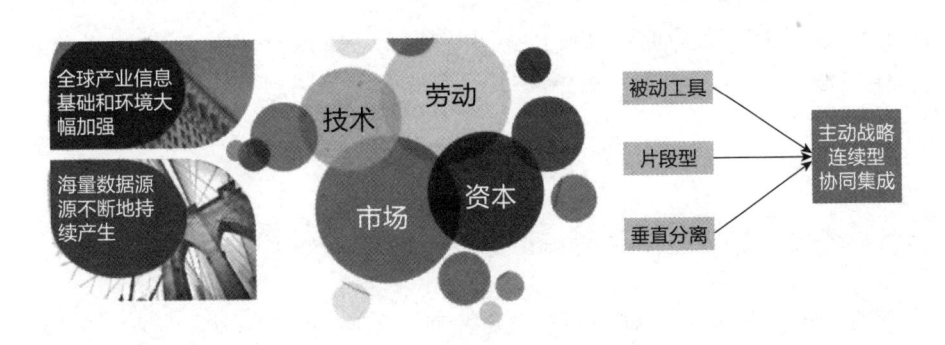

图 5-1　产业数字化转型三大转变

资料来源：中国电子学会

埃森哲数据显示，中国企业数字化投入和转型策略更为务实。有近六成（59%）的受访企业高管表示在未来一至两年会增加在数字化方面的投入。疫情持续推动企业线上线下的加速融合，企业利用数字工具、平台和服务提升协同与管理能力，致力于建立弹性和自适应的供应链，打造更敏捷和更具韧性的运营模式，并为全业务领域的数字化转型逐步奠定基础。

从领军企业层面看，其坚定地全面推进转型，从数字化投资中获得稳健绩效，为未来孕育新机。在产品和服务的数字化升级方面，领军企业的得分表现是其他企业的八倍；基于平台的研发能力表现是其他企业的 2 倍之多。

从多数国有企业层面看，其正尝试以"小而美"的核心业务或项目作为数字化转型的切入口，通过加强数字化转型知识的学习、培育良好的企业数字文化、建立具有长期主义的数字化转型考核体系等措施，着力解决当前存在的偏离核心业务、内部协同机制复杂等问题[1]。

从多数民营企业层面看，其已触及主营业务的数字化，但在执行方面，企业数字化转型过程中内外协作有限，难以激发应用创新活力；在工具方面，高性价比、高适配性数字工具供给不足，抬高了企业转型门槛。

从中小企业层面看，其数字化转型水平整体偏低，"不会转""不敢转"的问题依然比较突出。有关调研数据显示，中国有近七成的中小企业有强烈的数字化转型意愿，近八成中小企业仍处于数字化转型探索阶段。中小微企业采取 ERP 和 CRM 方案的仅占 20%，在企业生产、运输、销售及管理等环节使用大数据分析技术为决策提供支持的企业仅占 5%。从区域分布来看，农村中小微企业规模小、分布分散，生产经营缺乏组织性和规范性，城乡中小企业面临数字化鸿沟。

三、亚太地区数字化将保持更高的复合年均增长率

数字化转型市场已细分为五个主要区域：北美、欧洲、亚太地区、拉丁美洲、中东和非洲。亚太地区人口占全球人口的三分之一，经济总量占全球经济逾六成，贸易总量接近全球的一半，是全球经济最具活力的增长带，也是数字化转型的先行区和示范区。从在线零售、拼车服务，到在线劳动力输出，这一数字化热潮正在重塑亚太地区商业和社会生活的方方面面。IDC 预测，2020 年至 2023 年，亚太地区生产总值的 65% 以上将实现数字化，数字化转型支出将达到 1.2 万

---

[1] 腾讯研究院，国有企业数字化转型调研报告 [R]，2022.

亿美元。中国、日本和印度在数字化转型市场中展现了充足的增长机会。

1. 亚太地区电商零售规模最大

2021年，亚太地区电商零售额达到2.992万亿美元，包括中国在内的亚太市场已经成为国际电商发展的新兴区域；其次则是北美地区，其电商零售额也达到9978亿美元；再次是西欧地区的6215亿美元；而拉美地区、中欧和东欧地区、非洲和中东地区的电商零售额相对较低，如图5-2所示。

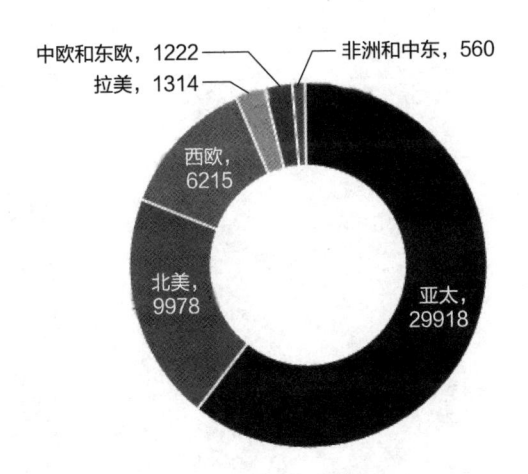

图 5-2 2021年不同地区电商零售额（单位：亿美元）

资料来源：eMarketer

2. 移动互联网渗透率攀升

随着移动通信、智能手机、数字支付等在东南亚国家的迅速普及，亚洲消费者使用电子商务或社交媒体购买产品和服务的比例不断攀升。联合国亚太经济社会委员会报告称，亚洲约80%的电子商务零售额是通过手机完成的。麦肯锡预计，到2024年，亚洲数字支付的比例将达到65%（全球平均为52%），使该大陆成为世界消费增长引擎。全球移动通信系统协会（GSMA）预测，到2028年，全球智能手机数据流量将增长3倍以上，其中北美和东南亚的用户最多。受益于移动服务营收增加带来的生产力增长和效率提升，2022年移动经济规模达5190亿美元，预计到2025年将达到5600亿美元，2030年超过6030亿美元，如图5-3所示。

电子支付和手机钱包占总支付中的份额 %

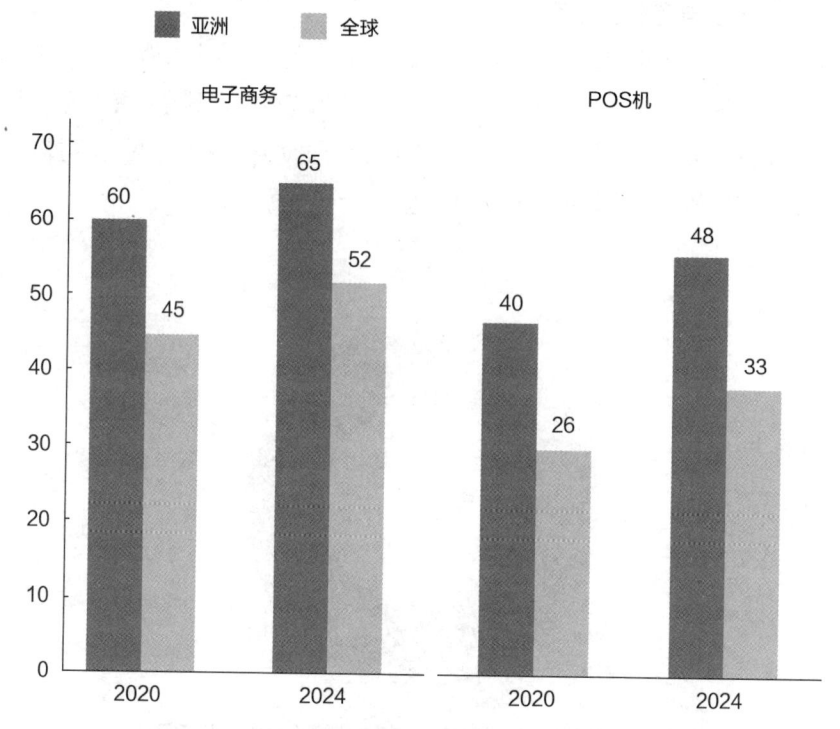

■ 亚洲　　■ 全球

电子商务：2020年 亚洲60，全球45；2024年 亚洲65，全球52

POS机：2020年 亚洲40，全球26；2024年 亚洲48，全球33

图 5-3　亚洲数字支付的增长正在推动该地区的经济发展

资料来源：麦肯锡

注：电子支付和手机钱包包含通过计算机和智能手机而不是依赖借记卡或信用卡而进行的各种电子支付方式。

第三节
市场主体：企业"链式"转型加速

在企业数字化转型的基础上，"串珠成链"，构建自主、完整并富有韧性和弹性的供应链、产业链，是制造业数字化转型的关键。《中小企业"链式"数字化转型典型案例集（2022年）》提道，"链式"数字化转型是指通过产业链和产业集群中关键企业引领带动产业链供应链上下游和产业集群内中小企业协同数字化转型。这是解决中小企业数字化转型中缺钱、缺人、缺技术困境的重要途径，也是大中小企业融通发展的必经之路。

在"链式"数字化转型中，作为产业链关键企业或产业集群内关键企业的"链主"起着引领和带动作用，数字化平台是汇聚资源要素的关键支撑。通过包容性技术开放、融资服务、人才引培、生态建设等途径，关键企业、数字化服务商等"链主"可以向产业链供应链上下游中小企业开放技术、资金、人才、服务等资源，助力链上中小企业数字化转型。在实践中，企业已探索出技术赋能、供应链赋能、平台赋能和生态赋能等典型的企业"链式"转型模式。

1. 技术赋能模式

技术赋能模式以输出面向细分行业的关键环节的共性数字化解决方案为主要特征，解决的是"点"上的问题。借助互联网和信息技术，优化市场资金、人才、信息、数据等生产要素的匹配模式，释放信息和数据的流动性，推动产业需求的迅速对接。如一些龙头企业正在探索为中小微企业提供包容性算法、计算能力和数据分析，有效降低了中小微企业获取和使用数字资源的门槛。

2. 供应链赋能模式

供应链赋能模式以输出提升产业链供应链上下游企业协同效率的数字化转型整体方案为主要特征，解决的是"线"上的问题。通过将资源、技术、资本、数据等要素对农业、制造业等传统产业上下游的全链条渗透，拓展供应链数据资源集成、分析、应用能力，既能促进上游供应链精准管控，又能通过精准营销或数字化营销促进下游定制化解决方案的培育与实施。如按需定制，通过直接链接上游工厂与下游消费者，或利用消费大数据分析用户偏好，重构传统以产定销的生产模式，去除流通中经销商的加价环节和品牌溢价环节，提供按需、个性化定制产品，如图5-4所示。

3. 平台赋能模式

以输出高效服务产业链上大中小企业数字化转型的平台为主要特征，解决的是"面"上的问题。从采购、营销端切入，赋能产业链供应链中小企业低成本获取各类数字化转型工具产品，助力中小微企业培养和提高数字化生产运营能力。如百布飞梭智造平台（如图5-5所示），为中小企业提供MES工具，管理纺织机器，并对接ERP系统，实现订单高效管理分配，提高开机率，降低集采价格，提高生产效率。

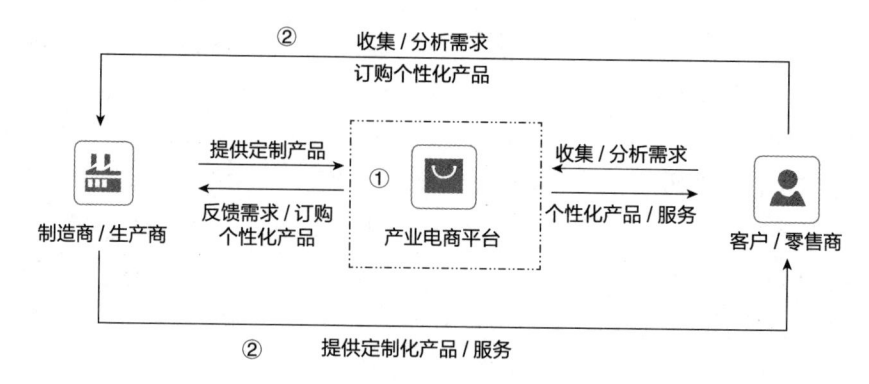

图 5-4　供应链赋能的按需定制模式

资料来源：国家工业信息安全发展研究中心

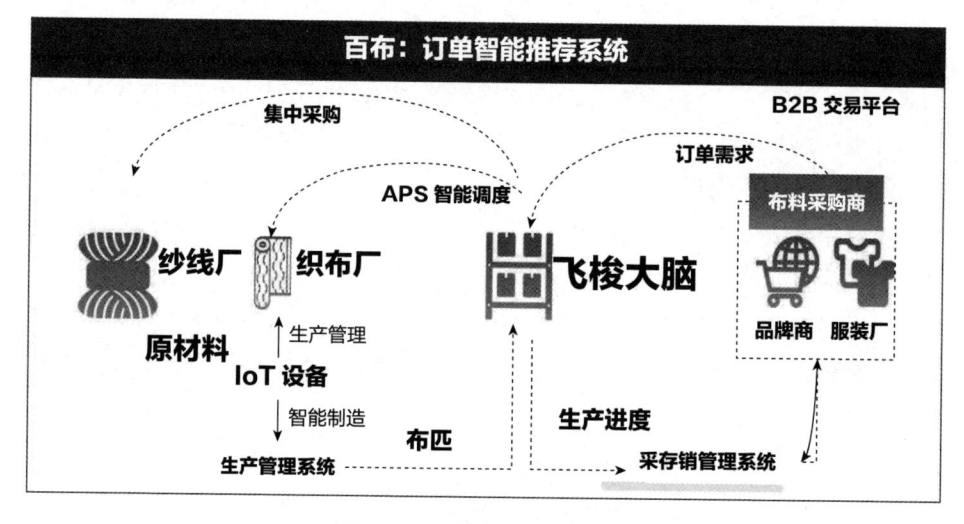

图 5-5　百布飞梭智造平台

资料来源：国家工业信息安全发展研究中心

4. 生态赋能模式

生态赋能模式以建立为产业链上下游企业提供资金、人才、服务等多层次支持的数字化转型生态为特征，解决的是"体系"的问题。以新的组织方式和体系将产业链上下游及生产、流通、服务、消费等各环节集成，形成资源配置优化、融合共生的产业生态圈。如用友（如图5-6所示）、金蝶等软件服务商纷纷推出云化战略，构建包含智能制造、全渠道营销、数字化采购及财务报告等在内的产业生态服务。

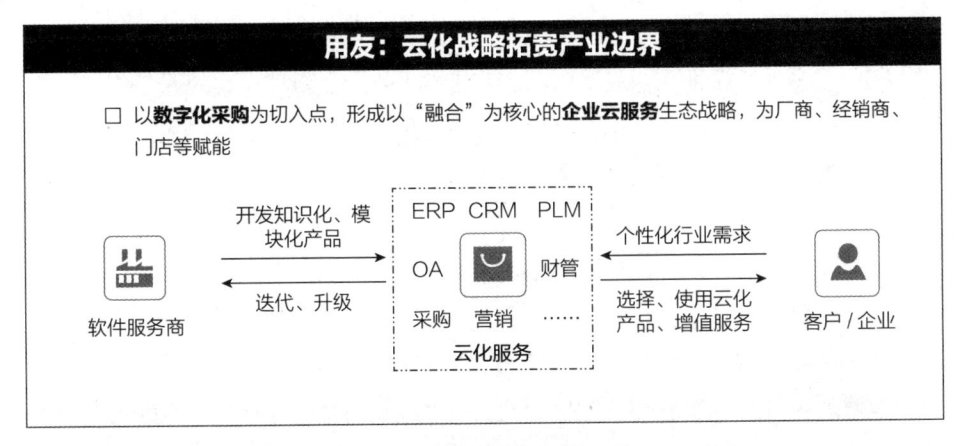

图 5-6　用友企业云服务生态

资料来源：国家工业信息安全发展研究中心

第四节
产品创新：数字化推动产品供给更迭

在传统封闭的工业技术体系下，制造业商业价值的创造以产品为中心，关注的是产品质量和制造效率的提升。数字化缩短了产品研发周期，加速了"技术—产品—市场"的迭代更新。以汽车为例，20世纪六七十年代，一辆汽车经过图样、物理样车实测、定型，产品周期为 6～7 年。而如今，一辆普通汽车从设计到定型时间为 3～4 年。新产品迭代速度越快，企业越能获取占据市场的"先发优势"，加速研发资金回笼和下一代产品的创新。工信部 2022 年发布的数据显示，通过智能化改造，十年来我国 110 家智能制造示范工厂的生产效率平均提升了 32%，资源综合利用率平均提升 22%，产品研发周期平均缩短 28%，运营成本平均下降 19%，产品不良率平均下降 24%。

云计算、数字孪生等技术，一方面，使产品在物理空间内的信息进行数字化、可视化表达,并通过平台化设计,大幅降低企业试错成本,推进新技术产业化和新产品落地,促使企业高效率完成"传统产品迭代"。另一方面,也加速了以网络服务、音乐或软件为代表的"虚拟产品开发",且因其轻量化资产,产品迭代速度加快,在当前市场中的占比迅速增加。从20世纪90年代信息互联网时代产生的门户网站、企业黄页到21世纪初电子商务撮合交易模式的逐步成熟,由信息搜索引擎到音视频多媒体、数字支付等虚拟产品,不断迭代。尤其是移动互联网的发展,促使产品创新迭代的速度缩短至1~3年。以ChatGPT为例,从诞生到2023年,迭代了4个版本,ChatGPT-4的推出被视为通用型人工智能技术的里程碑,给人机交互模式和互联网内容生产模式带来了革命性影响。

如果说数字化改变了产品本质,互联网则改变了关系的本质。互联网让数字产品能够触及全球,极大降低了通信和交易成本,促使全球价值链集群的形成,突破地域限制,促进了个人、企业、组织和政府间的数据分享,这不仅为双边关系赋能,而且有助于强化市场运作和发展,促进完成产品的跨界营销。网络化的数字技术有助于传统企业通过敏捷响应市场需求,推动需求侧和供给侧的协同创新,打破传统观念中市场外生、被动、静态的窠臼,依靠发现价值潜力、设计新交易、配置新网络等,来完成产品的按需定制。

从营销角度来看,与传统零售时代的产品导向、渠道为王不同,数字时代更强调以用户为中心和体验消费。《制造业数字化转型路线图(2021)》中提道,这将倒逼企业从产品"运营商"转变为客户"运营商",从交付产品模式向运营产品模式转变,为客户参与产品的设计、生产、制造、服务等全生命周期打造良好的体验环境,提升产品的内生力,提高客户黏性和忠诚度,进而提高企业利润。如航空公司自建网站为顾客提供出行规划服务,探索基于产品使用行为的大数据分析、产品增值服务等新型业务模式,实现从"产品"到"产品+服务"的转变,同时依靠用户数据驱动产品的持续优化变革,实现企业沿价值链向高附加值环节延伸。

从生产角度来讲,一方面,数字化增强了利用互联网精准对接客户个性化需求这一特点,实现企业研发、生产、服务和商业模式之间的数据贯通,促进供给与需求的精准匹配。如面对更加多样化、个性化及快速变化的客户需求,企业通过客户交互定制平台和资源平台为客户提供个性化定制体验,推进敏捷开发、柔性制造、精准交付等。另一方面,数字平台能有效整合分散的研发设计、生产、供应链和销售资源，实现跨部门、跨层级的业务互联与分工合作，推动生产方式由线性链式向网络协同转变，促进业务集成优化和产品质量效率提升。如以数据驱动为基础，利用生产制造环节的自感知、自学习、自决策、自执行、自适应，对生产现场"人、机、料、法、环"多源异构数据的全面采集和深度分析，发现并消除导致效率瓶颈与产品缺陷的深层次原因，减少制造过程中的不确定性，不断提高生产效率及产品质量，提质降本降耗增效。

第五节
区域发展：数字产业集群效应凸显

产业集群是产品的加工深度和产业链的延伸，是产业结构转型升级的必由之路，也是推动区域经济发展的重要模式。产业集群的概念最早由迈克尔·波特在《国家竞争优势》一书中提出。波特认为，在某一特定领域中合作与竞争是共存的，同时集中于同一地理位置的企业、专业化供应商、服务供应商、金融机构和产业厂商等相关机构的聚集体可以称作产业集群，如图5-7所示。其优势是通过产业在一定空间范围内的高度集中，降低企业的制度成本（包括生产成本、交换成本），提高规模经济效益和范围经济效益，增强产业和企业的市场竞争力。

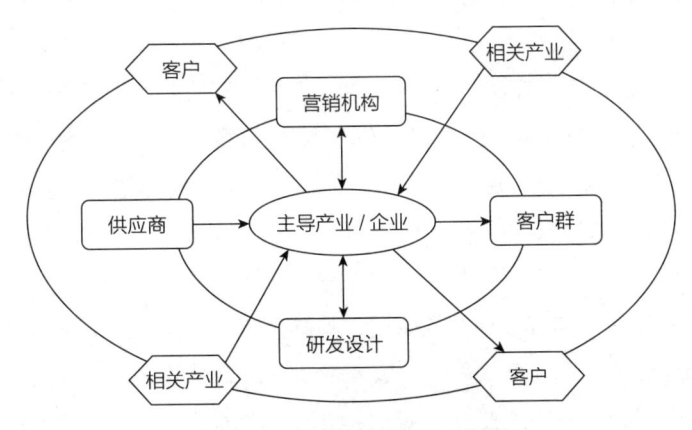

图 5-7 产业集群的构成要素

当前，新一轮科技革命和产业变革加速推进，经济全球化、智能化、绿色化转型不断深化，国际贸易与投资自由化、便利化持续提升，促使全球产业链在重构过程中出现了逆全球化、多中心化发展趋势，产业分工的复杂性增强，也加剧了产业集群的纵向分工趋于缩短和横向分工趋于区域化集聚。同时，全球数字经济的蓬勃发展，加速和创新要素从地理空间、物理空间向虚拟空间、网络空间的集聚和配置，推动产业基于现代信息技术和数字化基础设施而形成虚拟空间集聚，催生了虚拟产业集群。其优势在于通过"组织接近"的形式，破除地缘对产业集群形成的边界壁垒，从而达到要素的跨边界流动和配置，形成多层次的聚集效应。

数字产业集群是虚拟产业集群的突出表现形式，是由从事数字产品制造、数字产品服务、数字技术应用、数字要素驱动的企业主体及其相关机构等组成的具有较强核心竞争力的企业集群。数字产业集群高度依赖信息网络、互联网平台开展协同制造，通过数字化方式对集群活动进行管理，并以此吸引更多的资本、人才、数据等要素资源及企业、机构等主体参与集群建设。

一、数字产业集群的类型

数字产业集群主要有两种：一是基于数字科技的创新型数字产业集群，是以创新型数字企业和数字人才为主题，以知识或技术密集型产业和品牌产品为主要内容，以创新组织网络和商业模式等为依托，以有利于创新的制度和文化为环境的产业集群。比如美国的硅谷、中国台湾的新竹、印度的班加罗尔、中国北京的中关村就是典型的创新型数字产业集群。二是以资源开发利用为基础和依托的数字产业集群。在资源型产业发展的生产要素构成中，自然资源占据主体核心地位。资源禀赋来自大自然赋予、历史传承、人文资源及技术提供的机会，其中，既有自然演进，也有人工干预。如中国香港、新加坡依靠区位优势，打造智慧港口产业集群。我国吉林省依托与俄罗斯、朝鲜接壤的区位优势，充分挖掘 RCEP 政策红利，打造长春、吉林、珲春国家跨境电商综合试验区；江浙地区依靠历史传承，发展纺织、丝绸等工业互联网产业集群；青岛依托家电产业优势，引导大中小家电企业开展"协同创新、模式创新、生态创新、共享创新"融通发展，形成"多梯次"产业发展模式。

二、数字产业集群的代表性模式

1. 围绕平台型企业的数字产业集群

数字时代，平台成为主要组织方式，传统工业经济的"外部规模经济"演变为"网络外部效应"，促使平台型企业充分发挥产业"连接器"和"孵化器"作用，推动数据、劳动、技术、资本、市场等全要素的全面互联和资源配置的优化，实现研发协同、订单协同、生产协同、质量协同、库存协同及服务协同等，通过各类系统全面数字化对接并形成业务协同闭环，助力产业链供应链稳链强链。如海尔 COSMOPlat 工业互联网平台借助数字基础架构，建立以用户体验为中心的大规模定制和多边交互、增值分享的生态平台，赋能垂直行业数字化转型，已聚集 400 万余家企业。

2. 围绕供应链的数字产业集群

数字化创新时代下的产业供应链具有网络型价值分工的特征，通过互联网信息系统和强生产计划性，突破企业组织和地理空间之间的有形边界，在跨区域尺度上形成高度专业化分工的上下游模块化虚拟产业集群。例如，美国苹果公司被 Gartner 评为"大师级"全球供应链，其围绕手机生产建立了高度柔性化、全球多领域分工的产品制造体系，涉及全球 800 余家企业。

3. 围绕技术协作的数字产业集群

通过数字技术助力集群内企业经营优化、技术创新与协同合作，带动产业集群的生产过程升级、产品服务升级和价值链条升级等，为产业集群转型升级提供了关键驱动力。如 2016 年全球移动通信系统协会联合华为、达沃丰、中国移动、中国联通等 20 家企业共同成立了 NB-IoT 论坛，各参与企业主体相互交换数字化编码知识，各自将自身独特的产品或服务价值添加到虚拟集群网络，推进 NB-IoT 技术领域的标准制定、应用推动、技术实现与资源优化配置。

4. 围绕产业园区的数字产业集群

传统产业园区突破固有的地域和产业限制，形成实体园区与虚拟园区相结合的新型园区，其在地理空间上没有明确的空间约束，通过契约和网络等联结相关产业开展跨领域跨区域链式合作。如广州琶洲人工智能与数字经济试验区集聚了腾讯、阿里巴巴、小米等互联网头部企业，借助其生态链优势发挥地理空间集聚和虚拟空间集聚的双重效应，同时，其与广州国际生物岛密切协作，形成了 IT 和 BT 集群跨越园区边界联动发展的格局。

第六节
治理体系：全球数字治理更趋多元协同

数字经济改变了计划经济和市场经济下的供需模式，改变了需求与供给的依存，并将传统经济模式链条式的上中下游组织重构成围绕平台的环形链条，成就了独特的平台经济模式[1]。线上平台是一个"双边市场"或"多边市场"，一侧连接着数以亿计的消费者，另一侧连接着千万个生产者和商业流通组织者。平台是数字经济时代协调和配置资源的基本经济载体，也是价值创造和价值汇聚的核心。

目前，平台经营主体呈现海量化、分散化、多样化等特点，共享经济、零工经济等新型就业形态使得市场呈现出了不确定性和复杂性，引发了人们对就业和技能、隐私和安全、社会和经济互动、社区的形成和组成、公平和包容观念等方面的担忧[2]。

进入21世纪以来，数据成为促进社会经济增长的新资源和新资产，并因此成为大国战略竞争的重要内容。2020年7月，美欧"隐私盾协议"失效后，众多初创企业、中小企业失去了连接两大数据保护机制的高速通道，经营成本显著增加。2021年2月，Facebook禁止澳大利亚用户观看或分享其网站上的新闻，其他用户也无法看到来自澳大利亚用户发布的网络内容。从"中小企业困境"到出现"信息孤岛"，数字技术的力量正在对传统经济社会边界造成汹涌的冲击。隐私保护、人工智能、跨国平台、数字贸易、数据跨境流动等领域的治理问题和治理需求层出不穷。同时，数字权力角逐加深了数字空间在国家层面、社会层面和技术应用层面的安全化趋势，系统化、精细化应对日趋紧迫，全球数字治理顺势开启。

一、数字治理的内涵

一般来说，数字治理包含两层含义。第一是"基于数字化的治理"，即应用

---

[1] 尹丽波. 数字基建[M]. 北京：中信出版社，2020,7: 51.
[2] 尹丽波. 数字基建[M]. 北京：中信出版社，2020,7: 266.

数字化工具或手段改进和提升现有治理效能，如借助数字技术和数字分析，对公共领域重大突发性事件做到精准研判、及早预警、事前处理。第二是"对数字化的治理"，即对数字世界各类复杂问题的创新治理，包括两个层次：一是数字生态下的经济、社会、文化发展中的问题和风险，如数字霸权、数字垄断、数字鸿沟、智能化带来的情感、暴力甚至仇恨等；二是数字技术及其运用产生的问题和风险，比如数据的泄露篡改、信息污染、网络病毒、网络黑客等网络安全问题、平台自身的生态系统问题等[1]。

二、数字治理发展态势[2]

当前，数字规则和秩序的塑造正在国际舞台上积极推进和展开。以二十国集团（G20）等为代表的国际组织大力推进数字议题，彼此间联系更加紧密；世贸组织（WTO）与区域贸易协定为数字规则发展演进铺设多元化路径；数字基础设施建设与相关的制度供给正在成为全球治理新模式。围绕网络安全、数据、平台、人工智能的数字治理规则尚处于探索期。受制于数字经济发展阶段的不同、治理观念和模式的不同，主要大国间、南北半球国家间治理理念和诉求的差异仍然较大。关键规则制定已迈向深水区。

（一）国际组织框架下电子商务议题关注度持续上升

电子商务改变了传统的贸易模式和形态，各国都面临着调整传统商贸关系法规的严峻挑战。近年来，电子商务在全球范围的迅猛发展和随之暴露的问题，突显了建立电子商务全球性技术标准和贸易法规的重要性。电子商务在WTO第一次部长会议上（1996年）被纳入多边贸易体制，在经济全球化和信息化加速发展的背景下，在世界信息技术升级换代和信息产业结构开始调整的前提下，电子商务相关议题关注度持续上升，如图5-8所示。数据表明，在向世贸组织通报的区域贸易协定中，超过25%载有有关电子商务的专门章节，或侧重于电子商务的条文，如图5-9所示。

---

[1] 蔡翠红. 全球数字治理：特征、实践与突破 [J]. 中国社会科学报，2022(10).
[2] 资料来源：国家工业信息安全发展研究中心，互联网平台合规建设评估报告（2021）[R]，2021.

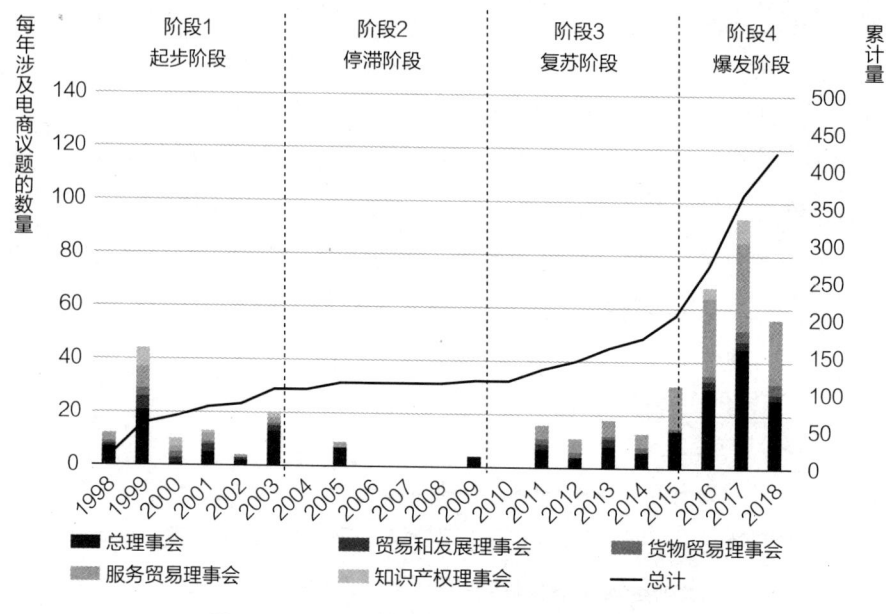

图 5-8　WTO 框架下电子商务议题发展态势

重点领域的数字规则也在快速构建。2021 年，人工智能治理向专业组织、具体场景和细化规则下沉；跨境数据流动规则历经国际贸易协定的不懈推动，规则加速整合；数字平台的民事责任已经开始出现在高标准国际贸易协定中，未来更可能囊括平台公共责任；全球企业税收改革取得历史性进展；数字货币的国际规则构建正在紧锣密鼓地展开，甚至可能先于实际产品或服务的诞生与落地。

（二）全球加快数据安全与隐私保护立法

随着数字经济的蓬勃发展，数据安全和隐私保护问题频频受到关注，数据链条是否触发合规风险影响着数字经济的长期稳定发展。从数据生产端来看，近年来全球数据的规模总量呈现日益高速发展态势，IDC 预测，2025 年全球数据总规模将达到 175ZB；其中，中国数据量将达到 48.6ZB，占据全球数据量的 28%，说明我国未来是数据生产大国。从数据存储来看，数据产生和采集行为发生地本地化越来越明显，导致数据中心建设成为各国强化数据时代竞争力的重要保障。在数据中心建设方面，美国依然占据主导地位，大概占据 40% 的市场份额，但欧洲、中东、非洲和亚太地区呈现高速增长的态势。从数据流通来看，随着全球数字贸易发展，双边和区域的数据流动持续增长。美国布鲁金斯学会预测，2025年数据跨境流动对全球经济增长的贡献有望突破 11 万亿美元。在数据代理市场，基于商业目的进行数据聚集、分解、复制、搜索和销售的市场价值预估每年达 2000 亿美元。

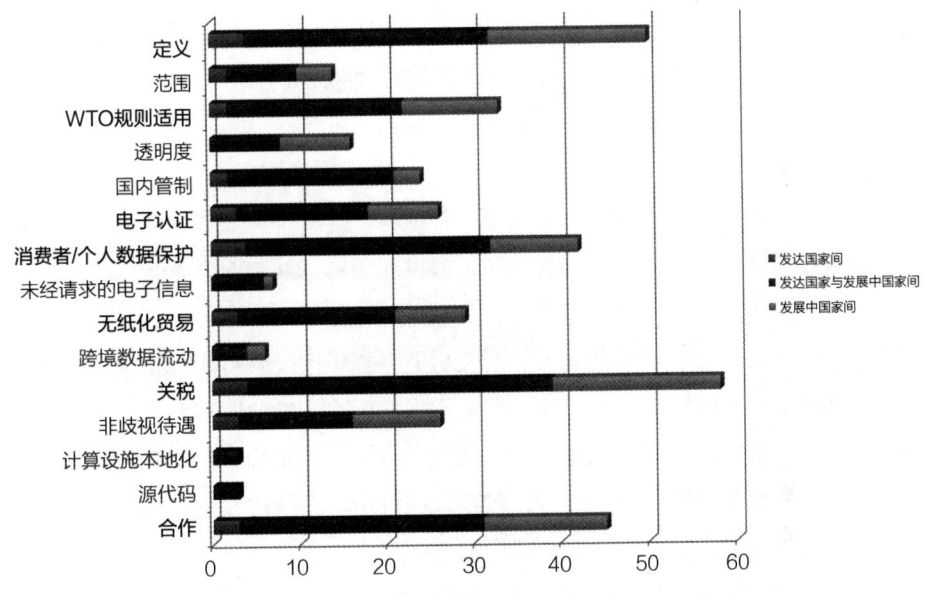

图 5-9　区域自贸协定框架下电子商务章节关注焦点

全球数据规模持续增长的同时，数据安全风险日益突出，数据治理成为各国关心的核心问题。联合国贸易发展组织（UNCTAD）统计了目前全球已有 132 个国家（地区）立法保护数据和隐私，如图 5-10 所示，围绕数据保护形成了国家安全审查、出口管制等全方位的数字竞争态势，扩大了数据保护法律的应用范围并增强了执法手段。以欧盟为首的国家不仅在数据资源主导权问题上暗自角力，也纷纷狠抓数据安全及隐私合规问题，一旦违规将面临巨额处罚。根据欧盟智库欧洲国际政治经济中心（ECIPE）估计，欧盟的数据隐私和本地化法规将使欧盟 GDP 下降 0.4%～1.1%，欧盟区域内投资下降 3.9%～5.1%。

有互联网相关立法的国家占比

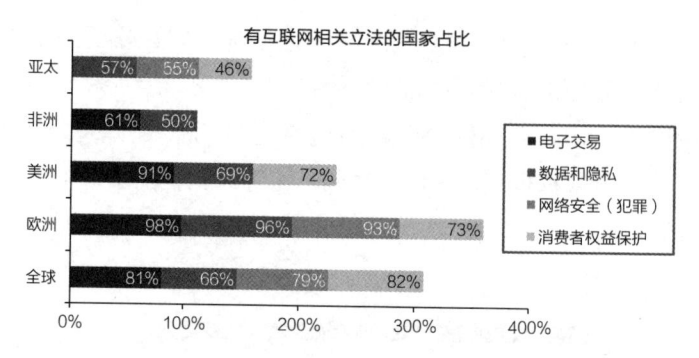

地区	电子交易	数据和隐私	网络安全(犯罪)	消费者权益保护
亚太	57%	55%	46%	
非洲	61%	50%		
美洲	91%	69%	72%	
欧洲	98%	96%	93%	73%
全球	81%	66%	79%	82%

图 5-10　全球数据与隐私相关法律法规分布

资料来源：联合国贸易发展组织（UNCTAD）

由于互联网运营的跨地域性，各国的数据保护立法通常又具有一定的域外效力。在执法层面，很多国家的监管机关还倾向于将数据保护与其他政策目标结合起来运用，扩大了数据保护法律的应用范围并增强了执法手段。比如越来越多的国家正在以担忧安全和隐私的名义，对支付服务提供商设置巨大的市场壁垒，包括国内处理要求、歧视性许可、外国股权上限和强制数据本地化等。

而欧美国家将数据主权从物理边界转向技术边界，将会直接影响到第三方国家的主权。在数据跨境流动愈加频繁的今天，我国也正加快数据安全与隐私保护立法，增强数字治理的多元协同。我国的数据安全和保护体系，借鉴了欧美和亚太发展中国家的做法，先后出台了《网络安全法》《数据安全法》《关键信息基础设施安全保护条例》等法律法规和制度文件，在重要数据方面，如金融、网约车等领域有强制性的本地化存储要求。再比如在数据跨境安全管理政策方面明确规定，关键信息基础设施的运营者在中华人民共和国境内运营中收集和产生的个人信息和重要数据应当在境内存储。因业务需要，确需向境外提供的，应当按照国家网信部门会同国务院有关部门制定的办法进行安全评估。如《个人信息保护法》第三十八条规定："个人信息处理者因业务等需要，确需向中华人民共和国境外提供个人信息的，应当具备下列条件之一：（一）依照本法第四十条的规定通过国家网信部门组织的安全评估；（二）按照国家网信部门的规定经专业机构进行个人信息保护认证；（三）按照国家网信部门制定的标准合同与境外接收方订立合同，约定双方的权利和义务；（四）法律、行政法规或者国家网信部门规定的其他条件。"

（三）全球互联网发展从资本扩张到竞争规范[①]

美国限制集中、合并的反垄断监管有效规范了互联网巨头的横向并购行为。美国的反垄断法由三部法律组成，分别是1890年颁布的《谢尔曼反托拉斯法》、1914年颁布的《联邦贸易委员会法》和《克莱顿法》。《谢尔曼反托拉斯法》是世界反垄断法的开山鼻祖，主要内容是禁止垄断协议和独占行为。随着美国自由竞争经济的发展，仅以企业规模和市场份额作为判定垄断的指标略显不足。作为《谢尔曼反托拉斯法》的补充，《联邦贸易委员会法》增加了消费者权益保护和禁止不正当竞争行为等内容。《克莱顿法》则聚焦于限制集中、合并等行为，以期通过公平竞争带来创新，以创新最终保障消费者福利；该法还明确规定的非法垄断行为包括削弱竞争或建立垄断的商业活动、价格歧视、搭卖合同、在竞争性厂商之间建立连锁董事会、在能够导致削弱竞争后果的情况下购买和控制其他厂商的股票等。

在经济全球化和信息产业迅猛发展的过程中，欧美的反垄断做法有效遏制了巨头公司的横向扩张，促使其在业务纵深领域不断延伸。如AT&T反垄断诉讼将该公司拆分为8个部分，虽然账面价值减少了70%，但促使其在各垂直业务领域不断整合。IBM反垄断诉讼使得其硬件与软件、服务解绑，制造了一个巨大的软件市场。微软反垄断诉讼确立了微软2015年之后的主营业务构成：更多个人计算、生产力与业务流程、智能云（见图5-11），保护了市场环境。

我国互联网治理注重竞争规范和模式创新。长期以来，我国在互联网领域奉行"先试后管""放水养鱼"等包容性监管策略，在培育基于互联网的商业模式、应用场景及信息技术创新的同时，也加剧了我国互联网巨头为构建其规模效应和赢家通吃优势而不断进行多元化扩张。2011年以来，中国互联网企业将其100%的营收甚至以补贴等方式进行对外投资并购，投资与经营现金流占比78%~155%，一直处于大规模扩张期。平台"赢家通吃"效应叠加投资并购优势及免费、补贴等定价策略极易形成垄断行为，进而在市场份额、客户、数据等方面形成潜在的"进入者壁垒"及市场支配地位，引发人们的担忧。

[①] 杨卓凡.美日互联网领域反垄断监管实践及启示[J].新经济导刊,2021,(2):53-62.

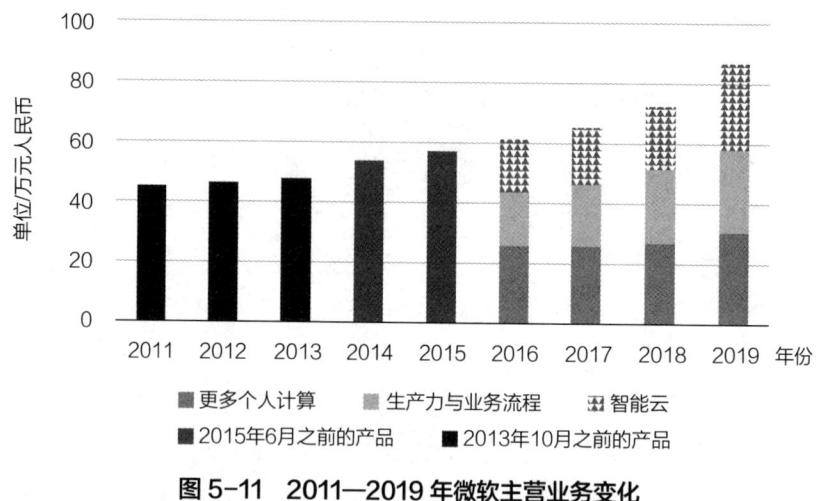

图 5-11　2011—2019 年微软主营业务变化

数据来源：wind 数据库

　　2020 年 12 月，中央政治局会议、中央经济工作会议一周两提"强化反垄断和防止资本无序扩张"。随后，国家市场监督管理总局依据《反垄断法》第四十八条、四十九条作出处罚决定，对阿里巴巴投资有限公司、阅文集团和深圳市丰巢网络技术有限公司分别处以 50 万元人民币罚款的行政处罚。三家企业未履行其依法申报股权收购的义务，均构成违法实施的经营者集中行为，互联网反垄断正式拉开序幕。2021 年 2 月，国务院反垄断委员会《关于平台经济领域的反垄断指南》发布，4 月 10 日，国家市场监管总局宣布，因阿里巴巴在中国境内网络零售平台服务市场实施"二选一"的垄断行为，对阿里巴巴进行 182.28 亿元的处罚。4 月 13 日，市场监管总局会同中央网信办、税务总局召开了互联网平台企业行政指导会，随后三天内，共有 34 家互联网平台企业公开发布《依法合规经营承诺书》，如表 5-1 所列。

表 5-1　重点头部互联网平台合规承诺整改情况

一级指标	二级指标	开展合规承诺平台占比
反垄断	经营者集中申报	76%
	不实施垄断协议	74%
	不滥用市场支配地位	71%
	不实施"二选一"	74%

续表

一级指标	二级指标	开展合规承诺平台占比
不正当竞争	不侵犯商业秘密	6%
	不实施不正当价格行为	68%
	不发布违法广告	91%
	不销售质量不合格商品	71%
平台主体责任	不侵害竞争对手商业信誉	3%
	不非法收集和滥用个人信息	79%
	保障平台食品安全	65%
	知识产权保护	76%
	强化商业内容治理	6%
	加强平台内（对刷单炒信、虚假宣传、假冒伪劣等）生态治理	29%
	数据安全保护	6%
	消费者权益保护	100%
	投诉、举报及争议解决	9%
合规管理	内部审查	18%
	合规培训	32%
	强化合规管理	68%
	诚信经营	35%
	外部监督与评价	41%
	政企互动机制	6%

资料来源：国家工业信息安全发展研究中心

在反垄断方面，头部互联网企业明确承诺和声明，不非法地进行经营者集中，不实施垄断协议和"二选一"，不滥用市场支配地位。

在反不正当竞争方面，91%的被调查平台承诺不发布违法广告，71%的被调查平台承诺不销售不合格商品，68%的被调查平台承诺不实施不正当价格行为。

在平台主体责任方面，100%的被调查平台承诺要强化消费者权益保护，79%的被调查平台承诺不非法收集和滥用个人信息，分别有76%和65%的被调查平台承诺要加强知识产权保护和平台食品安全审核，另有29%的平台承诺要加强平台内生态治理。

在合规管理方面，68% 的平台承诺要强化合规管理，41% 的平台表示接受外部监督和评价，分别有 35% 和 32% 的平台承诺要诚信经营和推动合规培训。

（四）全球数字治理走向"政府—平台—市场"框架

随着数字化在经济社会各方面的深度融合，国家治理从有为政府与有效市场相结合的"政府—市场"二元视角逐步趋向以平台为核心的"政府—平台—市场"的多元协同数字治理。主要表现在两个层面。

一是在理念上，从数字治理走向"数字善治"。目前，政府与数字企业是数字治理两大参与主体，互联网时代的网民及社会公众在数字治理方面参与性较弱，且往往强调数字技术的工具理性而忽视了人应该在科技创新上发挥主体作用。"数字善治"以科技向善为出发点，统筹发展与安全，坚持包容创新与审慎监管并举，在规制技术及"技术利维坦"背后的技术垄断精英的同时，坚守推动经济增长和社会发展的初衷。因此，在"数字善治"框架下，应建立起政府、企业与个人用户深度参与、开放、互动的多元数字治理生态系统。数字信任和数字环境的安全稳定是数字时代的合作基础。唯有通过多利益相关方的合作与共建来健全全球数字合作架构和全球数字合作机制，方能提升数字治理的可持续性，并最终实现数字环境的和平、安全、开放与合作[①]。

二是从治理机制上，从"逐利争霸"走向"利益协调"。目前，围绕网络安全、数据、平台、人工智能的数字治理规则尚处于探索期，受制于数字经济发展阶段不同、治理观念和模式不同的情况，全球范围内尚不具备统一规范的数字治理框架。面对矛盾和分歧，联合国、世界银行、国际货币基金组织、世界贸易组织等国际组织积极探寻提升全球治理能力、促进经济文化和社会的可持续发展、消除数字鸿沟和数字壁垒的数字治理体系。我国率先在治国理政方面践行最前沿的理论，倡导运用数字技术打造开放包容的数字空间，构建包容、普惠、平等的数字命运共同体。

[①] 蔡翠红. 数字治理的概念辨析与善治逻辑 [J]. 中国社会科学报, 2022.

第六章

探索数字转型路径

数字转型,是一场思想和文化的变革,是业务与技术的再平衡,更是我们这个时代的工业革命。

——杨卓凡记

数字化转型是当今企业面临的重要挑战和发展机遇，它不仅涉及技术的应用与创新，还需要在业务引导、模式创新和供应链协同等方面实现全面变革。然而，值得注意的是，数字化转型是一个持续不断的过程，只有根据企业自身情况制定合适的转型策略，并不断创新和实践，才能在激烈的市场竞争中保持优势。

企业需要积极采纳先进的数字化技术，通过业务模式的创新和优化，实现在数字经济时代持续竞争的优势。只有不断适应和引领数字化转型的浪潮，企业才能在日益激烈的市场竞争中立于不败之地。从信息化到数字化再到智能化，不同行业的企业将经历不同的转型阶段（如图6-1所示）。例如，信息化阶段侧重于将资产的数字化，以便为整合处理做好准备；业务系统集成阶段，企业可以利用数字化工具完成内部业务流程协作，如实时监控、物流可视化等；供应链协作阶段，重点在于减少库存和提高效率；智能化阶段，可以通过数字孪生技术、无人工厂/超市和虚拟数字人来增强智能制造的能力。

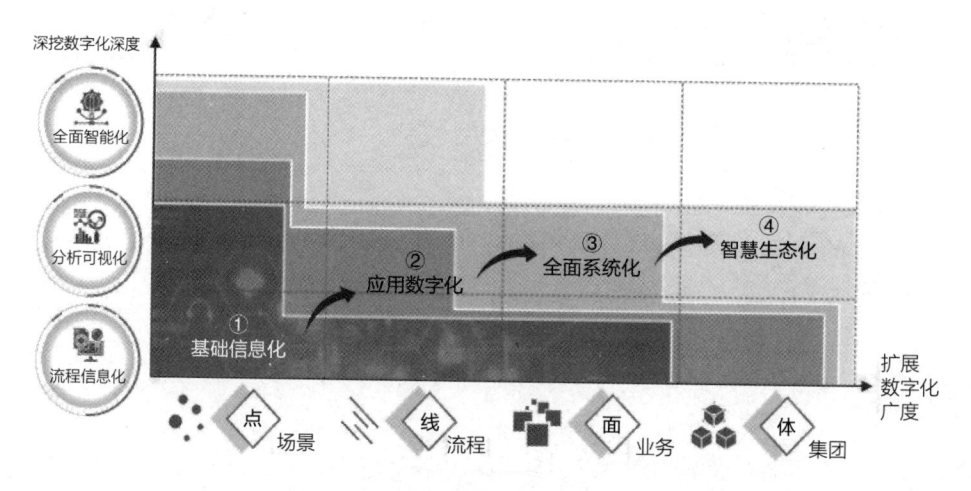

图6-1 不同行业企业数字化转型的路径

资料来源：胡康燕等，数字化转型——从战略到执行 [R]. 华为，2022.

第一节
技术赋能

一、技术创新影响产业变革的路径

技术突破和创新是企业生产方式转型的重要诱因。企业微观层面的技术创新与应用从来都不是一蹴而就的,而是一个不断探索和更新的过程。罗伯特·艾伦(2012)[①]提出企业创造的新技术和新发明可以分为宏观性发明(基础性发明)和微观性改良(从属性发明)两类。宏观性发明为后续的一连串技术进步奠定了基础,例如纽卡门设计的蒸汽机和哈格里夫斯发明的珍妮纺纱机就属于宏观性发明(基础性发明),它们最终导致整体生产力水平大幅提高,同时还剧烈地改变了各项生产要素的配置比例,使能源(燃料)支出和资本支出在产品成本中所占的比重大幅增加,而劳动力成本的所占的比重剧减。而微观性改良是指,基于宏观性发明所开辟的技术创新路径,为了进一步发挥出这些宏观性发明的潜能,而从各方面对其加以精巧改良之后得到的性能更为优越的成熟型发明成果,例如瓦特等人对蒸汽机的一系列改良等。历次工业革命期间的宏观性发明都促成了企业生产力的颠覆性变革,而众多微观性改良成果则促使新技术、新发明在越来越多的国家得以广泛传播和应用。

技术创新给企业数字化转型带来了更多机遇。如图6-2所示,新的通用技术对经济增长的影响是巨大的,特别是在人工智能时代,通用技术对经济增长的"乘数效应"正在加速。

与信息化不同,智能化的基本特征是在机器替代体力劳动的基础上,通过资本的智能化实现对当今各种体力劳动的大规模替代,这是资本替代脑力劳动的高级形态。由于工业部门在可控程度、标准化、创新窗口和劳动的可替代程度等诸方面的发展在国民经济各部门中是最高的,工业生产过程的智能化最容易进行。它的成功将最终打开机器人在越来越大的程度上"自主"从事工农业生产、仓储、流通和社会服务等领域多种体力劳动的大门,从而实现国民经济体系的智能化。

[①] 罗伯特·艾伦. 近代英国工业革命揭秘: 放眼全球的视角 [M]. 杭州: 浙江大学出版社, 2012.

因此，德国"工业4.0"或工业互联网在资本的智能化过程中，处于纲举目张的地位。德国学者预测，到2030年，互联网和其他服务联网系统将使德国所有行业都实现智能化。但即使在德国等发达国家，2030年的智能化仍将处于初级阶段，整个国民经济体系的智能化可能需要半个世纪左右的时间。

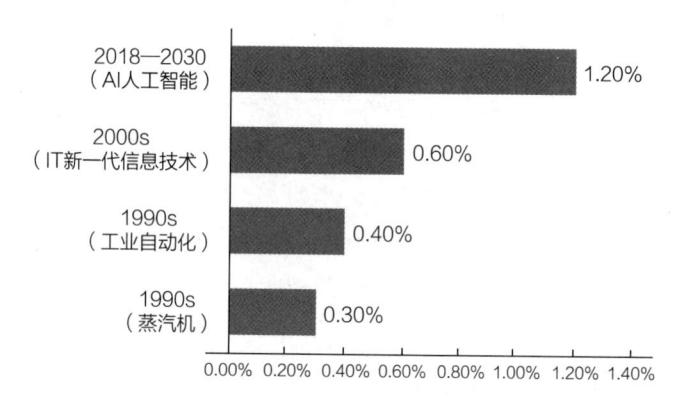

技术阶段	GDP增长贡献
2018—2030（AI人工智能）	1.20%
2000s（IT新一代信息技术）	0.60%
1990s（工业自动化）	0.40%
1990s（蒸汽机）	0.30%

图 6-2　通用技术对全球 GDP 增长的对比分析

资料来源：麦肯锡

技术赋能是数字化转型的基石。企业需要利用先进的信息技术和数字工具来提高生产力和运营效率。例如，引入云计算和大数据技术，可以帮助企业实现资源共享和对数据的深度挖掘，从而做出更准确的业务决策。此外，人工智能和物联网等新技术的应用也能够推动企业创新，提升产品和服务的质量，并提供更智能化的解决方案。

二、龙头企业技术赋能产业数字化转型路径

大型数字科技公司基于前端应用和商业模式创新牵引产业链后端进行数字化协同。大型互联网及科技公司逐渐切入产业价值链，利用自己积累的数据、技术提高工厂效率，为后端价值链赋能，与此同时，迎合消费升级趋势，使用数字化工具带动后端生产进行转型，为消费者提供高性价比和个性化的商品。如以阿里巴巴、京东为代表的互联网巨头借力自身在消费互联网行业领域的技术积累，在既有产品买和卖的基础上，不断丰富自身能力类的交易产品，围绕生产

制造企业、研发设计企业、创客、终端消费者等主体，汇集产品交易能力、设计研发能力、制造能力，打造按需定制平台，提供包含 AI 算法支持、系统对接服务、采购数字化平台、物流调度、品牌策略与精准营销等一系列数字化解决方案。

第二节
业务引导

业务引导是数字化转型的核心。企业需要针对市场和客户需求进行业务模式的重新设计和改造。通过数字化技术，企业可以建立数字化的客户关系管理系统，利用数据分析和预测，更好地理解客户需求、把握市场趋势，灵活调整业务策略和布局，为客户提供个性化、定制化的产品和服务。贝恩研究发现，"以解决方案为中心"的模式既能提升企业的利润率、推动增长，又能够强化与客户的关系：以工业自动化领域为例，解决方案业务已跃居增长最快的细分市场（如图 6-3 所示）。

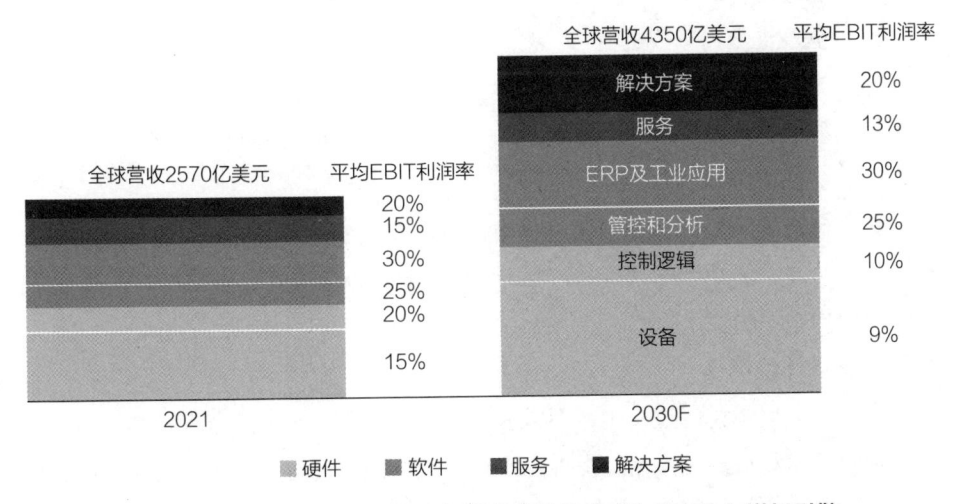

2021 全球营收2570亿美元	平均EBIT利润率	2030F 全球营收4350亿美元	平均EBIT利润率
	20%	解决方案	20%
	15%	服务	13%
	30%	ERP及工业应用	30%
	25%	管控和分析	25%
	20%	控制逻辑	10%
	15%	设备	9%

图例：■硬件 ■软件 ■服务 ■解决方案

图 6-3 在工业自动化领域，解决方案业务将成为未来收入增长引擎

资料来源：瑞信，贝恩分析

一、业务流程优化的关键路径

1. 环境分析与目标设定

业务流程优化，首先要进行全面的环境分析，了解行业趋势和市场需求，明确数字化转型的目标和优化方向。这包括对内部业务流程的深度了解，找出痛点和改进的空间。

2. 流程梳理与优化

即对现有业务流程进行系统梳理和评估，识别瓶颈和问题所在；通过流程再造和精益方法，优化流程，消除冗余和低效环节，提高效率和灵活性。

3. 技术应用与自动化

即引入相关的数字技术和解决方案，如人工智能、物联网、大数据分析等，以提升流程的自动化水平和效能；采用合适的信息系统和工具，优化数据管理和知识共享，提升协同工作和决策效率。

4. 文化与组织变革

数字化转型不仅仅是技术的应用，还涉及文化和组织的变革。即，要推动员工的数字化素养和意识培养，鼓励创新和跨职能合作，打破组织内部壁垒，建立客户导向的文化。

5. 数据驱动与持续改进

即通过数据分析和指标监控，了解业务流程的表现，并进行持续的改进。借助数据驱动的决策和预测，优化流程，寻求更高的效率和质量。

6. 人力资源与培训

数字化转型需要许多具备相关技能和知识的人才，因此进行人力资源规划和培训是必要的。这包括招聘和培养具有数字化能力的员工，提供培训和学习机会，以保持组织的竞争力。

7. 客户体验优化

在业务流程优化的过程中，要以客户为中心，关注客户的需求和体验。可以通过数字技术和渠道的应用，提升客户接触点的便利性和个性化，提高客户满意度和忠诚度。

8. 监管合规与风险管理

数字化转型，要注意符合相关的法规和监管要求，尤其是在数据隐私和安全方面，应建立相应的风险管理机制，加强对数字化风险的识别和防范。

以上是数字化转型的一个大致的业务流程优化路径，实践中需要根据组织的实际情况和转型目标来确定具体流程路径，同时还要持续关注市场的变化和技术的创新，不断调整和优化路径。

【案例】多点助力实体零售商超数字化转型

1. 企业概述

多点 DMALL 成立于 2015 年，是一站式全渠道数字零售解决方案服务商，数字化解构重构零售产业，提供端到端的商业 SaaS 解决方案。多点 DMALL 通过 DMALL OS 提供零售联合云一站式解决方案，帮助零售商和品牌商进行数字化转型，实现线上线下一体化；同时通过多点 App 等工具赋能全渠道经营能力，并提供各类增值服务。

2. 主要模式

以 DMALL OS 系统为内核的零售联合云服务：DMALL OS 包含 15 大系统、800 个子系统，输出完整的数字化解决方案；零售联合云优化到店到家一体化的全渠道服务，实现决策更智能、流程更精简、场景更全面、切换更无感。

增值服务：通过多点 App 或商家自主命名 App、小程序等落地，提升商家全渠道服务能力，实现顾客全面数字化。

3. 主要成效

目前，多点 DMALL 已与麦德龙、广东 7-Eleven、武汉中百、重庆百货等 130 多家连锁零售商、850 多家品牌商等达成合作，覆盖四个国家和地区 15000 家门店，其运营模式得到广泛验证。

麦德龙中国所有门店均已上线多点 DMALL 智能购业务，在全国范围上线到家配送业务。特别是数字化会员体系，有利于麦德龙加深对消费者的理解，打磨商品和服务，更好地在不同地区满足个性化需求，扩展市场。

广东 7-Eleven 的 1500 多家便利店门店在短时间内完成了全面数字

化转型,供应商送货的等待时间下降了20分钟,仓库原箱分拣效率提高了25%～30%,整个仓储效率提高了38%,店日均外卖订单增长了20%,会员订单量增加了41%。

武汉中百超市与多点DMALL在七大模块展开合作,特别是在数字化陈列和数字化招商这两个关键性的指标上取得了突破。数字化招商夯实了全面的公平公正公开,使中百的商品竞争力有了很大的提升。

二、制造业业务流程数字化转型典型应用

以制造业为例,通过数字化技术与传统制造业相结合,业务实现了工艺改进、生产自动化、质量监控等多方面的提升。其典型场景应用场景包括以下多个方面。

1. 智能生产线

即通过引入物联网、人工智能和大数据分析技术,将整个生产线实现数字化管理和自动化控制,提高了生产效率和产品质量。

(1)机器人自动化生产线。即通过引入机器人和自动化设备,实现生产线的自动化操作和无人值守,提高生产效率和产品质量。例如,汽车制造厂使用机器人进行车身焊接和组装,取代了传统的人工操作,提高了生产效率,实现了产品的一致性。

(2)物联网集成生产线。即通过将生产线上的设备与传感器互联,实现设备之间的数据交互和协同。例如,在电子产品制造中,通过将各种设备和工序连接到一个集成的物联网平台,可以实现实时监控和优化生产过程,提高生产效率和产能利用率。

(3)数据驱动的生产线优化。即通过收集和分析生产线上的大数据,实现对生产过程的实时监测和优化。例如,在食品加工行业,通过监测温度、湿度等参数及与产品质量相关的数据,可以及时调整生产参数以确保产品质量和安全。

(4)AI质量检测生产线。即利用人工智能和机器视觉技术,实现自动化的产品质量检测和分类。例如,在电子组装行业,通过使用机器视觉系统和深度学习算法,自动检测和分辨产品缺陷,提高了产品的一致性和质量。

（5）智能物料处理和管理。即利用自动化和物联网技术，实现物料的自动处理、存储和追踪。例如，在物流和仓储行业，通过利用物联网和自动化设备，实现物料的智能分拣、存储和运输，提高了物流效率和准确性。

2. 工厂数字化管理系统

即将生产过程中的各项数据集中收集和分析，实现对生产流程的实时监控和优化，以提高生产效率、降低成本和减少资源浪费。如中国的汽车制造商比亚迪，通过数字化转型实现了生产过程全链条的可视化，通过实时数据分析，实现了精确预测和及时调整。

（1）生产计划和调度。工厂数字化管理系统可以帮助企业进行生产计划和调度的优化。通过集成生产线和设备的实时数据，系统可以实时监控生产进度和产能利用率，并根据需求和资源进行智能调度，提供最优的生产计划。

（2）质量管理。工厂数字化管理系统可以帮助企业进行质量管理。通过收集和分析生产过程中的数据，系统可以实时监测产品质量和缺陷率，并提供质量报告和分析，帮助企业进行质量改进和控制。

（3）设备维护和管理。工厂数字化管理系统可以帮助企业进行设备的维护和管理。通过收集设备的实时数据和运行状态，系统可以预测设备的故障和维护需求，并提供设备维护计划和提醒，帮助企业提高设备的可靠性和维护效率。

（4）物料采购和库存管理。工厂数字化管理系统可以帮助企业进行物料采购和库存管理。通过集成物料的实时数据和需求预测，系统可以智能化地进行物料采购和库存控制，避免物料过剩或短缺，提高库存周转率和成本效益。

（5）员工培训和绩效管理。工厂数字化管理系统可以帮助企业进行员工培训和绩效管理。系统可以提供在线培训和学习资源，帮助员工提升技能和知识；同时可以收集员工的绩效数据，并进行绩效评估和激励，帮助企业提高员工的工作效率和满意度。

3. 联网供应链管理

即通过构建数字化供应链平台，实现供应链上下游的信息共享和协同，提高供应链的效率和灵活性。

（1）供应商管理。联网供应链管理系统可以帮助企业管理供应商的信息、合作关系和性能。系统可以收集供应商的实时数据，包括交货准时率、产品质量等，帮助企业评估和选择供应商，并进行供应商绩效评估和优化供应商合作。

（2）订单管理。联网供应链管理系统可以帮助企业管理订单的全过程。系统可以跟踪订单的状态和交付进度，提供实时的物流信息，并与供应商、物流公司等进行协同，实现订单的及时交付和准确履约。

（3）库存管理。联网供应链管理系统可以帮助企业进行库存管理和优化。系统可以实时监控库存水平、销售预测和补货周期，提供库存分析和优化建议，帮助企业降低库存成本和避免库存短缺。

（4）物流管理。联网供应链管理系统可以帮助企业实现物流的可视化和优化。系统可以集成物流公司的数据，实时追踪物流信息，包括货物的位置、运输时间等，并提供物流分析和优化建议，帮助企业降低物流成本和提升物流效率。

（5）数据分析和预测。联网供应链管理系统可以帮助企业进行数据分析和预测。系统可以收集和分析供应链的实时数据，如需求、销售、库存等，利用数据模型和算法进行预测，帮助企业进行准确的需求预测、订单规划和库存优化。

4. 增值服务创新

即利用现代信息技术，为制造业企业提供增值服务，如远程维修、定制化生产等，提升客户满意度和竞争力。

（1）云计算。云计算是一种基于互联网的计算模式，可以为用户提供按需、灵活和可扩展的计算资源。企业可以基于云计算平台构建增值服务，如云存储、云应用等，为用户提供更强大、高效和安全的计算能力和服务。

（2）物联网。物联网将物理设备和传感器连接到互联网，实现设备之间的互联互通。通过物联网技术，企业可以基于设备数据提供增值服务，如远程监控、智能家居、智能工厂等，提高生产效率、降低成本，并为用户带来更智能和便利的生活体验。

（3）虚拟现实和增强现实。虚拟现实（VR）和增强现实（AR）技术可以为用户创造沉浸式的体验，扩展现实世界的感知和交互。企业可以通过虚拟现实和增强现实技术开发增值服务，如虚拟试衣、虚拟旅游、虚拟培训等，为用户提供全新的体验和服务。

（4）数据分析和人工智能。数据分析和人工智能技术可以帮助企业挖掘和利用数据价值，为用户提供个性化和智能化的增值服务。企业可以基于数据分析和人工智能技术开发增值服务，如个性化推荐、智能客服、智能决策支持等，提升用户体验和满意度。

5. 智能仓储和物流管理

即利用物联网和人工智能技术优化仓储和物流运营,实现库存管理的精细化和运输路径的优化,提高仓储和物流效率。

(1)仓库自动化。即利用自动化设备和机器人技术,实现仓库的自动化运作,包括货物的存储、检索和分拣等。智能仓储系统和自动化设备的协同操作,可以提高仓库的运作效率和准确性,减少人力和时间成本。

(2)路径优化。即利用智能算法和数据分析技术,对物流路径进行规划和优化。系统可以根据货物的重量、尺寸、目的地等信息,自动选择最佳路径和运输工具,减少运输时间和成本。

(3)实时监控。即通过传感器和互联网技术,实时监控仓库和物流环节的状态和运行情况,包括仓库内的温湿度、库存状况、物流车辆的位置和运输状态等。实时监控可以及时发现问题并采取相应的措施,提高仓储、物流的安全性和可靠性。

(4)智能配送。即利用 GPS 定位、路线规划和物流大数据分析等技术,实现智能配送。智能配送可以根据货物的数量、重量、交付时间等信息,智能选择最佳的配送路径和方式,提高配送效率和准确性。

(5)物联网与云平台结合。即将物联网技术和云平台结合起来,可以实现仓储和物流的实时监控、数据分析和管理。云平台可以将多个仓库和物流环节的数据集中管理,实现对整个供应链的可视化和集中控制。

6. 产品全生命周期管理

即利用数字化技术对产品从设计、生产、销售到售后服务等不同阶段进行全程管理和追溯,提高产品质量和客户满意度。

(1)产品设计与开发。即通过使用产品生命周期管理软件,可以实现产品设计的可视化和协同开发,帮助设计团队进行创意概念生成、设计验证和产品参数管理等工作;同时,还可以进行错误管理和问题追踪,提高产品开发的效率和质量。

(2)供应链管理。即通过跟踪供应商的物料和零部件信息,实现对供应链的可视化管理,在供应链中追踪物料的来源、价格和质量等信息,以确保供应的可靠性和合规性。

(3)生产和质量控制。即通过生产过程和质量控制的监控,实现对产品生产过程的实时掌控和质量的保证，追踪生产过程中的每一步，检查产品的质量，并及时采取纠正措施，以确保产品符合质量标准和客户需求。

（4）销售与市场支持。即利用产品全生命周期管理系统，可以实现对销售过程的跟踪和管理，包括支持销售团队进行订单管理、合同管理和客户支持等工作，从而提高销售和客户服务的效率和质量。

（5）产品维护与售后服务。即通过在产品全生命周期管理系统中记录产品的维修和保养信息，跟踪产品的使用情况和性能问题。这有助于提供及时的维护和售后服务，延长产品的使用寿命和维持客户满意度。

第三节
平台支撑

新一代信息技术的产业化应用催生了新的平台支撑模式。以中国为例，消费者端数字技术渗透率为50%，典型应用是网上购物，其渗透率为82%[①]；产业端工业互联网平台渗透率最高的是装备制造业，高达43.7%，如图6-4所示。

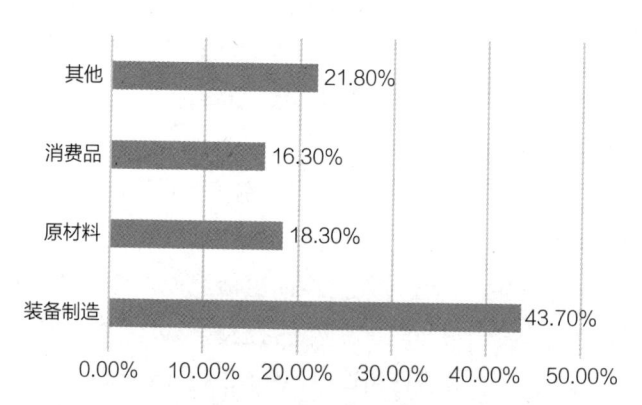

类别	渗透率
其他	21.80%
消费品	16.30%
原材料	18.30%
装备制造	43.70%

图6-4 产业端工业互联网平台渗透率

数据来源：中国信息通信研究院

[①] 中国社会科学研究院，数字经济蓝皮书：中国数字经济前沿（2021）[M]，北京：社会科学文献出版社，2021.

一、产业端：工业互联网平台

前些年，我国制造业供需结构性失衡问题比较突出，低端供给过剩、高端供给不足，一些行业存在产能严重过剩的问题，而一部分领域产品质量可靠性亟待提升，此外大量关键装备、核心技术和高端产品还不能满足市场需求。制造业数字化转型就是通过利用新一代信息技术，改变企业为客户创造价值的方式。如过去传统工业与服务业的关联有限，产品销售后除简单的售后外，产品的生命周期基本结束，是企业生产什么消费者就得买什么。数字时代的平台模式，可以有效利用网络外部性和规模效应，畅通经济中消费和流通等环节，围绕客户需求有效配置社会资源，组织生产和服务，颠覆传统制造业业务模式和流程，提升实体经济的生产率，实现多主体共享数字红利。如工业互联网平台汇聚数据、技术等资源要素，向产业链上游延伸，可以追溯到产品的生产源头或上游配件的供应商，提升精准匹配能力；向产业下游延伸，则可以将工业与服务业对接，加速产融结合发展，提升后服务市场价值。

（一）工业互联网的电商化[①]

工业电子商务向供应链的延伸和工业供应链的电商化发展，是供应链和电子商务相向而行、交互融合的两条典型路径。工业企业和行业平台围绕研发设计、采购、生产制造、销售及售后服务等价值链全程，正在打造供应商、商家和消费者的协同网，逐步弥补过去传统商贸流通不健全、中转环节多、运输效率低、采购成本高等难题。如酷特智能创新服装个性化定制 C2M 模式，打造以消费品工业领域为主体，集合客户订单提交、产品设计、协同制造、采购供应、营销物流、售后服务等多项功能的开放性全球个性化定制互联网平台。京东搭建京采云平台，运用大数据与 AI 学习技术实现供应商供货与采购需求的精准匹配，并面向 B 端供应链、财务智能结算、智能质量管控等全流程运营管理环节打造的一系列解决方案，帮助企业协同"税务—企业—银行"三方实现数据直连，让交易各方快速开具电子发票，完成自动结算。为解决 MRO 物料货物积压、仓储费用高等痛点，震坤行工业超市创新性地提出了智能仓库这一新型仓储模式，通过智能仓、移动集、

---
① 杨卓凡. 我国产业数字化转型的模式，短板与对策 [J]. 中国流通经济，2020，34(7)

智能柜等智能仓储设备，帮助客户实现联合库存管理（JMI），从而在配送、仓储等各个环节打造智能化的供应链，实现了 MRO 物料"零库存"、取货"零距离"。

（二）工业互联网的"双链"体系

工业互联网是新一代信息技术与工业体系深度融合所形成的应用生态，具有提升双链稳定性、竞争力的显著优势。

借助数字化手段降低供应链运行成本、提升供应链管理效率；通过工业互联网平台赋能产业链供应链智能化转型，借助智能化平台算法、大数据计算实现布局优化，大幅缩短人员和运输工具的空驶距离，用同样多的资源处理更多的产业链供应链任务，这将成为企业未来保持高速增长的共同选择。

工业互联网的"双链"体系如图 6-5 所示。

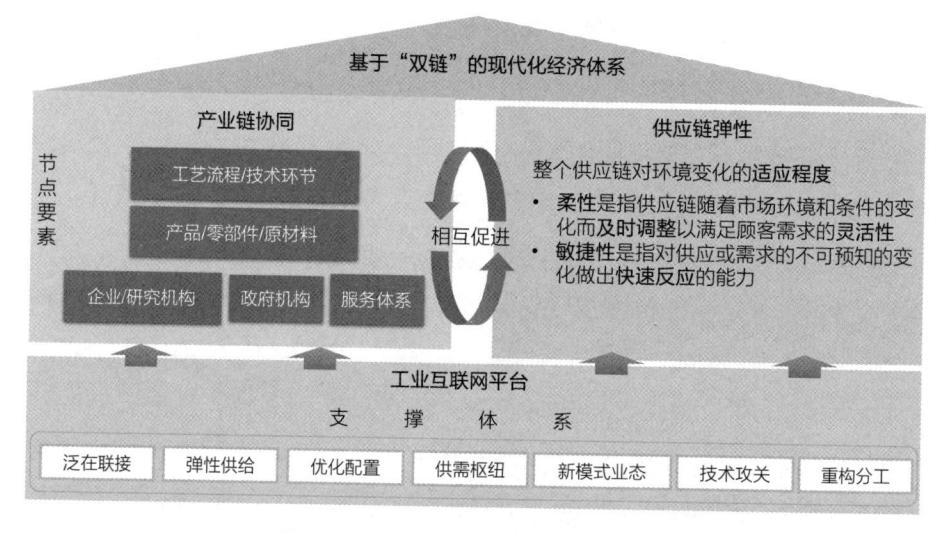

图 6-5 工业互联网的"双链"体系

一是以数据流为核心，畅通产业链循环。实现产业链供应链数据融通是打破产业链主体间服务断点和信息孤岛的重要手段。通过数据流链接贯通，能有效打通供应链生产端、需求端、市场供应、物流运输等环节，实现工业经济全要素、全产业链、全价值链的连接。如全球锂离子电池领域的领军企业欣旺达电子股份有限公司，通过建立工业互联网平台，沉淀应用数据，优化下单、备料、排产、生产制造、库存管理等业务流程，使设备达到满产的状态，实现库存量最小化，其协同效率的提升给产业链带来巨大的收益。

二是以科技赋能为导向，保障供应链弹性供给。工业互联网依托大数据、人工智能、区块链等新一代信息技术，可促进科技成果向现实生产力转化，提升产业链供应链全面联接、全局配置优势，保障产业链供应链弹性供给。如波司登以消费者为中心，自建服装柔性智能制造全链路集成平台，将新一代数字技术和羽绒服传统生产模式深度融合，构建服装智能生产制造、智能仓储配送、智慧供方管理、智慧新零售等功能模块，打通了前端销售、中端库存、后端供应链生产的流程，实现了由消费者需求拉动生产的"以销定产"经营模式。

三是以模式创新为路径，促进产业链协同。通过工业互联网平台的搭建，可以加速以平台为核心的产业链垂直整合，形成基于集群式创新、开放式创新的新型融合创新体系，实现平台化设计、网络化协同、个性化定制、服务型制造等新模式的应用，进而使得产业链供应链主体能够有效降低资源获取成本、扩大资源利用范围，加速从传统的模块化、单点式生产向全产业，全价值链协同转变。如中国航发涡轮院自建的航空发动机综合设计平台承载了设计、试制和实验全流程场景，目前已由多家单位组成跨地域协同网络，实现方案论证、设计、仿真、制造的数据共享和协同。三一重工、中车集团等企业基于平台开展设备服务、供应链服务、综合解决方案服务等延伸业务，实现了从"出售产品"向"产品+服务"的转变。

二、消费端：电子商务平台

从消费者端来看，电子商务改变了供应链的协作方式，使传统的线性供应链（如图6-6所示）变成了以平台为核心的供应链网络（如图6-7所示）。

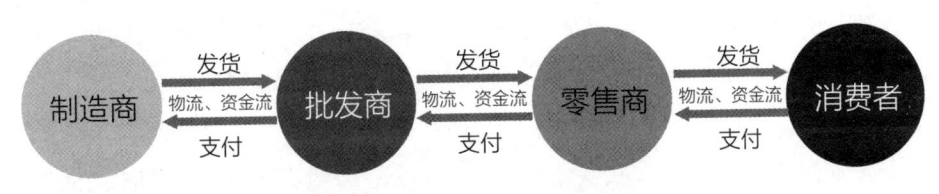

图6-6 传统零售时代经济流通模式

资料来源：国家工业信息安全发展研究中心

随着智能制造、数字营销、5G等数字领域各类成果不断被付诸实践,并与电商产业相结合,整个产业链供应链的电子商务活力不断增强,电子商务对新公司、客户和产品类型的影响范围不断扩大,直播带货、移动出行、网络零售成为拉动消费增长、促进消费升级的新动力。相较于传统电商,新电商智能化程度更高,社群属性更强,人群细分更精准,产品更贴合市场需要。电子商务平台的发展具体来说表现在以下方面。

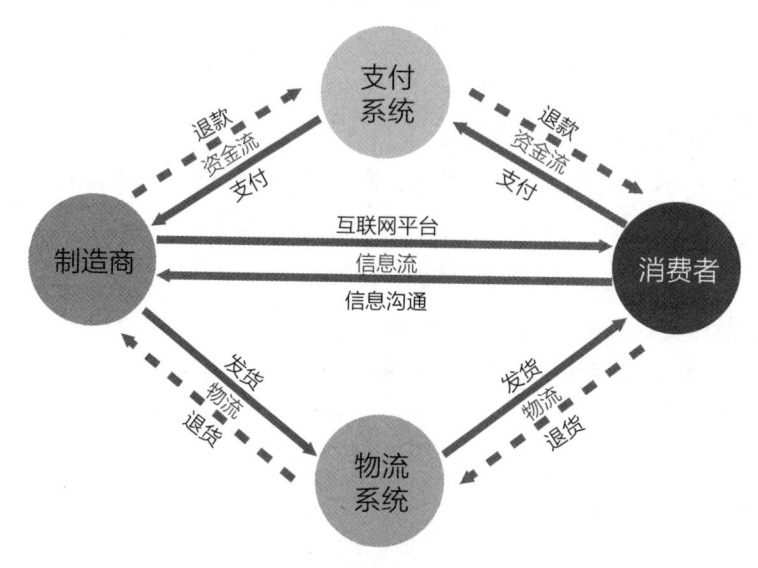

图6-7　以平台为核心的供应链协作模式

资料来源:国家工业信息安全发展研究中心

一是内容电商和社交电商重构产业体系[①]。内容电商和社交电商以社群资源为商家赋能,倒逼供应链,形成了一整条的C2M产业链。一方面,通过发展圈层文化,构建分享价值网络,不断筛选和过滤用户,实现产品、服务与消费者间的最佳匹配。另一方面,通过用优质的场景化内容来引导粉丝,重构用户消费行为,从而改善供应链,实现柔性生产。如社交电商"花生日记"以人、货、场重塑新零售S2B2C模式,在行业抢先进行了企业后端的升级,以供应链的产业

[①] 杨卓凡.我国产业数字化转型的模式,短板与对策[J].中国流通经济,2020,34(7)

融合、信息互联、营销共创在商品体验、物流体验和服务体验上完成了优化与管控。抖音、快手借助社交电商实现流量裂变圈粉，联动社交电商巨头、头部网红资源，助力商家开拓营销新渠道。抖音等新兴电商在这场消费变革中不断发展，通过平台自身丰富的内容生态优势，配合基于消费者兴趣的大数据精准推送技术，让商品内容与潜在的兴趣用户相互联接，在社交电商和直播电商高度融合的形势下，催生了新型"兴趣电商"的新业态。

二是直播电商和农村电商打造短链经济。 随着数字基础设施的逐步完善，从上游生产到下游消费终端，以商流需求为导向，以城市为节点，联动干支线的枢纽快递物流网络为主流，以电商企业和制造企业携手共进为特征的产业电商综合服务平台不断涌现。短视频、直播等电子商务使供应链越来越短，实现了从偏远地区产品基地直接销售的发展业态。如京东通过在农村建立灵活的供应链，在92%的区县和83%的乡镇实现了24小时送货。美团下沉到农村与区域市场，开通美团买菜APP，加强农村供应链的整合能力。拼多多、快手以"渠道下沉"为法宝，通过对三四线城市用户进行补贴，取得高速增长，在短期内实现了超千亿的零售总额。

三是社区电商以前置仓打造便捷体验。 社区电商本质上是基于位置的服务（LBS）定位技术，做从线上到实体店，从产品、服务、体验到物流整个链条的延伸衔接，针对方圆几公里内的社区居民，通过移动端实现"零距离"购物，解决了传统电商"最后一公里"的配送压力，具有快速、高效、低成本等特点。从"人"的角度来看，社区电商服务的是具有社区属性的用户，在县城、乡镇、村、社区进行的网上交易行为具有用户黏性高、规模大、用户群体区分明显、用户之间的沟通交流多、相互之间信任度较高等特点。从"货"的角度来看，社区电商直连了农产品基地，并与数字农业产地仓、销地仓及自身的加工仓、中心仓、网格仓、社区小店全面打通。从"场"的角度来看，社区电商以更加低的成本建立了前置货仓，减少了场地成本，这就意味着中心化的商超等卖货节点被取消，从而带来人工成本和仓储成本的降低。如美团通过数字化平台打通餐饮、外卖、旅游、酒店等行业，创新了传统商业模式，提供了更加便捷、高效的消费体验。多点DMALL通过DMALL OS提供零售联合云一站式解决方案，帮助零售商和品牌商进行数字化转型，实现线上线下一体化，同时通过多点App等工具赋能全渠道经营能力，并提供各类增值服务。

三、创新创业端：创新孵化平台

"双创"的提出激发了市场主体的活力，汇聚了各类社会资源，培育壮大了发展新动能，全面推动了体制机制创新。借助新一代信息技术与产业深度融合，开源技术体系打破了原有工业体系下的技术壁垒和封闭利益生态，以数据为驱动要素，以价值共创为导向，以平台化的方式动员全社会积极参与创新创业，为经济社会发展注入新活力、新动能，让"双创"逐步成为调整经济结构的重要依托。众包平台，如Upwork和Freelancer，通过在线平台将任务和项目与全球的自由职业者连接起来，实现灵活的协作和资源共享。

在"双创"模式的背景下，制造型企业能够向消费者提供"制造+服务"的一体化解决方案（如图6-8所示）。通过这种新型的生产经营方式，制造企业能够重构自身的价值链和商业模式。这种新的产业形态既是基于制造的服务，又是面向服务的制造，它是制造业自身价值链的延伸，对制造型企业在激烈的市场竞争中应对用户需求的变化，构建自身新的核心竞争力有着举足轻重的作用。如美国通用电气公司、IBM等企业都在进行"以生产为中心"向"以服务为中心"的转变。目前，制造型企业的服务转型并不局限于研发、制造、销售产品和简单的售后服务，而是向用户（包括企业用户和消费者）提供越来越多的如个性化定制、综合解决方案提供、智能信息服务等高附加值服务内容。从产业链的角度来看，未来制造业服务化转型的主要模式包括：围绕产品提供附加服务模式、创新产品交易便捷化模式、进一步整合产品与服务、根据用户需求打造个性化服务模式。

1. 基础设施改造阶段

IT基础设施属于核心层的产品和技术支撑，主要包括服务器、存储、网络及与数据中心相关的其他IT设备。数字化转型对IT基础架构提出新的需求，需要新型IT基础架构进行支撑。新型的IT基础架构以云架构为核心，提供丰富的连接能力和灵活的横向扩展能力。底层的软硬件基础设施通过云的形式进行组织部署，统一对外提供服务。云架构统一管理内部计算、存储和网络能力，优化基础设施利用效率，并且提供统一管理能力，提升管理效率。云架构提供丰富的接口，连接多样化的设备，提供输入输出能力，以便适应不同的应用。随着业务规模的提升，新型的IT基础架构具有灵活扩展能力，能够弹性扩展计算和存储，实现 IT 能力的快速部署，最后通过 PaaS 云平台对外提供服务，应对未来灵活多变的业务形态。行业应用基于 PaaS 平台进行开发，应用与 IT 基础设施之间通过丰富的接口进行交互，业务更新不需要底层应用进行升级改动，满足敏捷开发的需求，提升了业务灵活性。

供应链集成 03
- 整合能力
- 组织架构平台化
- 制造系统实现固定合作伙伴生产协同及订单响应

企业内部集成 02
- 连接能力
- 数据的敏捷化
- 跨业务或环节的流程重组

基础设施改造 01
- 数字化能力
- 基于底层架构的 IT 系统升级模式
- 数据的标准化

生态化构建 04
- 创新能力
- 实现相关资源动态平衡和价值网络实时优化
- 组织架构开放、协作、共享

制造业数字化转型路径

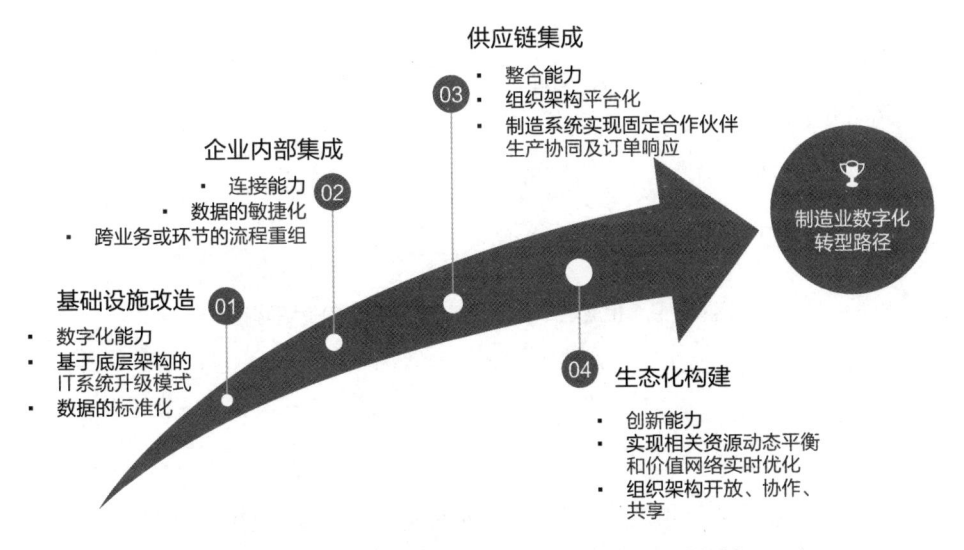

图 6-8 "双创"背景下制造业数字化转型的关键路径

资料来源：国家工业信息安全发展研究中心

2. 内部集成阶段

如图 6-9 所示为企业数字化转型内部集成阶段的关键路径。

在企业内部集成阶段，企业的主要任务是促进生产、经营、管理、服务等活动和过程的集成与互联。数据方面，重点加强跨业务领域或环节的数据开发利用，数据价值得到充分体现和高度重视，数据成为核心资产。技术方面，以网络（互联网）技术为基础，加强跨业务领域或环节的相关技术和信息技术的创新融合，支持相关资源全面整合和跨界优化利用。业务流程方面，关键在于加强跨业务领域或环节的流程重组，通过流程化打破业务壁垒、组织壁垒，实现价值创造过程的优化。组织结构方面，关键在于加强跨业务部门和管理层级的组织变革，涉及利益格局和职权的重新分配。

企业内部集成阶段	数据：连接能力	技术：跨界融合	业务流程：重组与优化	组织结构：变革与再分配
	企业内供应链互联互通	跨业务整合与优化	跨业务/环节流程重组价值创造	跨业务部门跨管理层级组织变革
	加强跨业务领域或环节的数据开发利用，数据成为核心资产	加强跨业务领域或环节的相关技术和信息技术的创新融合，支持相关资源全面整合和跨界优化利用	加强跨业务领域或环节的流程重组，通过流程化打破业务壁垒、组织壁垒，实现价值创造过程的优化	加强跨业务部门和管理层级的组织变革，涉及利益格局和职权的重新分配

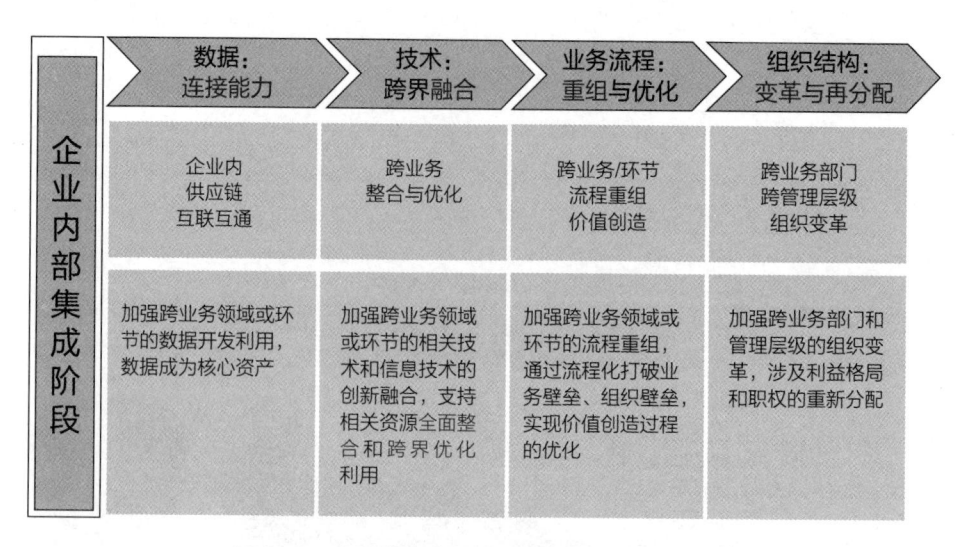

图6-9　企业数字化转型内部集成阶段关键路径

资料来源：国家工业信息安全发展研究中心

【案例】中信重工：以大中小企业协同创新推动企业内部集成

中信重工依托国家级企业技术中心、国家级工业设计中心、国家重点实验室的基础优势，努力探索大中小企业联合实施双创的制度体系和经验。在数据与技术方面，中信重工搭建了众创线上资源共享平台、重装众创线下实验与验证平台和重装众创成果孵化平台三大众创平台，推动创新资源共享与合作，促进大中型企业和小微企业协同创新、共同发展。在业务流程方面，中信重工在管控模式上进一步改革优化，探索由系统分工向"板块分工+职能管理"的方式转变。按照"专业化生产、社会化协作、全球化配套"的发展思路，公司着力打造以总体设计、总装制造和试验验证为龙头，以核心系统和设备专业化研制为支撑，以社会化协作配套为依托的新型装备制造创新体系，充分带动社会各方的创新创业热情。在组织结构方面，中信重工成立以董事长为组长、总经理为副组长的双创示范基地建设工作领导小组，将双创工作纳入董事长、总经理月度督办重点事项跟进落实。同时，以创客空间模式建立包括技术创客群、工人创客群、国际创客群和社会创客群四个层面的创客团队，初步形成了一整套培养机制、评价机制、激励机制和成果转化与应用机制，涌现出一批"首席设计师""创新蓝领""金牌工人"，形成了人人有创新热情、处处有创新课题、事事有创新空间、个个有出彩机会的全员创新格局。

3. 供应链集成阶段

企业数字化转型供应链集成阶段的关键路径如图 6-10 所示。

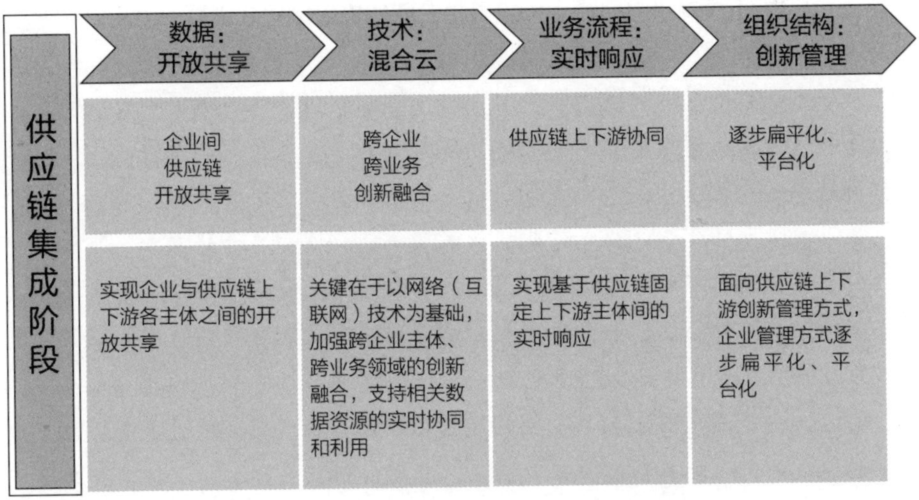

供应链集成阶段	数据：开放共享	技术：混合云	业务流程：实时响应	组织结构：创新管理
	企业间供应链开放共享	跨企业跨业务创新融合	供应链上下游协同	逐步扁平化、平台化
	实现企业与供应链上下游各主体之间的开放共享	关键在于以网络（互联网）技术为基础，加强跨企业主体、跨业务领域的创新融合，支持相关数据资源的实时协同和利用	实现基于供应链固定上下游主体间的实时响应	面向供应链上下游创新管理方式，企业管理方式逐步扁平化、平台化

图 6-10 企业数字化转型供应链集成阶段关键路径

资料来源：国家工业信息安全发展研究中心

大部分中小企业完成 IT 架构和业务双转型后，企业内部各部门之间数据孤岛已经消除，在供应链整合阶段，其重点是推进供应链企业间数据共享，实现研发、生产、管理、服务等活动的协同与配合。数据方面，关键在于实现企业与供应链上下游各主体之间的开放共享。数据从企业内部贯穿到整个行业，包括产品整个生命周期、供应链上下游等，最终形成反馈，消除供给和需求之间的信息不对称，构成数据闭环，提升行业资源利用效率。技术方面，关键在于以网络（互联网）技术为基础，加强跨企业主体、跨业务领域的创新融合，支持相关数据资源的实时协同和利用。构建跨行业服务平台，将用户需求与全行业相匹配，从而实现任务的精细化分工，提升每个环节的专业化和高效化。业务流程方面，关键在于根据供应链上下游主体之间实现业务协同，实现基于供应链固定上下游主体间的实时响应。促进行业垂直应用的开发，利用云平台对行业知识进行沉淀、复用和重构，封装成为功能模块，直接对外提供服务，实现企业内部到行业的集成。组织结构方面，面向供应链上下游创新管理方式，企业管理方式逐步扁平化、平台化。

【案例】烽火通信：以云平台实现供应链集成创新

烽火通信科技股份有限公司（简称烽火）通过线上线下结合，搭建三类平台，推动实现资源的优化配置和共享，支持创业创新。一是搭建光电产业云共享支撑平台，致力于实现全国范围的资源中心的共享，面向光电产业企业、行业从业者提供创业辅导、产品设计、质量检测、市场开拓、管理咨询等服务，平台通过政府购买服务、会员增值服务、流量变现、平台分享等方式盈利。二是搭建"慧创云"公共服务平台，聚焦中小微创业创新企业、创客团队，采用以 B2B 为主，B2C+B2G 为辅的商业模式，协同联合单位和合作伙伴，推动企业加强科技成果转化应用和资源开放共享，发展从创意到技术、从技术到产品和从产品到产业的多级孵化模式，为中小企业"双创"活动提供支持。三是打造"烽火创新谷"线下双创基地。由武汉市洪山区人民政府、烽火、高等院校共建，"产、学、研"有机结合，构建"创客群体—基底企业—行业龙头"生态链，帮助创新创业者"一站式"解决创意、资金、服务及成果转化问题。

4. 生态化构建

在生态化构建阶段，主要任务为全面推动组织与社会各相关主体间生产、经营、管理、服务等活动和过程的智能化和协同化，主要特点是"动态化"，相关活动和过程以网络化动态组织为主。围绕商业模式、运营模式、架构和组织，以智能技术为基础，推动相关技术和信息技术全面、深度的创新融合，信息物理系统成为有机整体，支持相关资源的动态平衡和实时优化。加强以数据为新驱动要素的数据开发利用，按用户需求和价值创造要求，加强动态流程重组和价值网络实时优化，推动开放、协作和共享成为组织管理的基本形态。如图6-11所示为企业数字化转型生态化构建阶段关键路径。

生态化构建阶段	数据：开放敏捷架构	技术：混合云+敏捷开发	业务流程：敏捷运营	组织结构：自组织
	开放数字业务生态圈 数字业务使能 智能管理	能力化 服务化 平台化	个性化流程 大数据决策 自适应协同	扁平化 自治 数据驱动
	通过数据和数字化服务能力，联合商业合作伙伴一起构建开放生态圈	面向数字化运营的实时、智能的开放企业架构，实现能力服务化、服务平台化、平台生态化。基于云的基础设施虚拟化平台（网络、IT和业务）和数字化运营平台是其关键	敏捷运营，数据驱动和用户为王的自动化商业流程和运营，从网络到产品，市场营销和治理模式的全方位转型	从垂直的、烟囱式的管理模式到水平的、自组织的服务模式

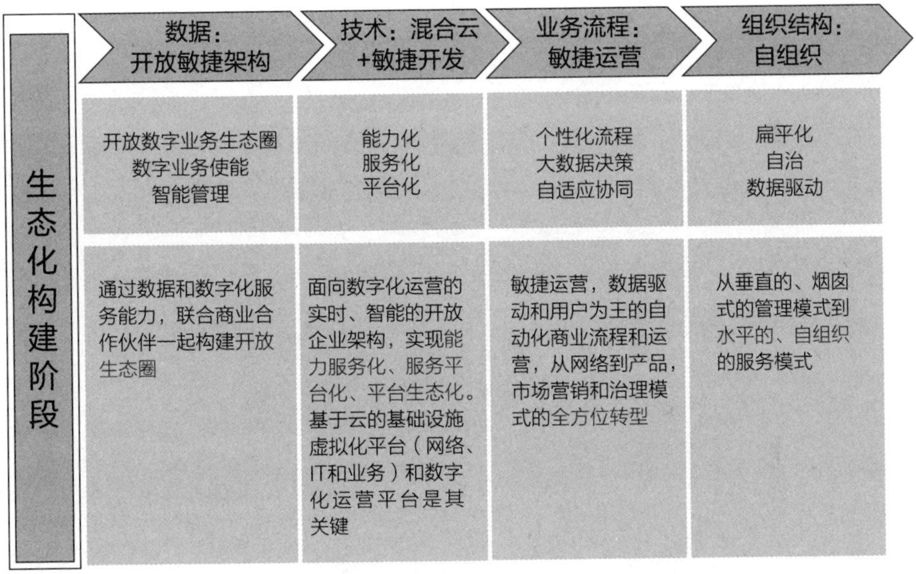

图 6-11　企业数字化转型生态化构建阶段关键路径

资料来源：国家工业信息安全发展研究中心

【案例】科大讯飞：打造全场景智能生态

科大讯飞在2010年开放了人工智能核心平台，助力伙伴提供标准的人工智能基础能力，并带来包括语音能力赋能、人工智能赋能、智能空间场景赋能等在内的一揽子智能化提升。截止2023年3月，科大讯飞累计对外开放548项人工智能核心技术能力，惠及500万名生态合作伙伴，覆盖终端超过37亿个。

技术架构方面,"底座+能力+应用"是科大讯飞AIGC整体布局的三层架构。在虚拟人多模态合成方面,科大讯飞从2018年首发多语种虚拟人口唇驱动,2021年发布了2D真人捏脸系统。目前已经形成了3D虚拟口唇表情和动作的人工智能驱动到人工智能贯穿3D形象构建的全流程。

业务流程方面,一是成立了云平台事业部,负责讯飞云平台的规划、建设和运维,确保智能语音和人工智能技术资源的高可用性;同时针对开发者团队的需求和成长,提供细致周到、定制化的服务,全力建设和维护人工智能产业生态。二是推动利用人工智能技术资源改造升级传统产业,支持家电、汽车、医疗、金融、便民服务等行业实现技术创新,发展智能产品。三是建设线下人工智能"双创"基地,推动"双创"工作高效开展。

组织结构方面,先后成立了讯飞研究院(主要致力于人工智能技术、智能语音及语言核心技术、人机交互核心技术的研究开发工作)和大数据研究院(负责公司大数据技术能力的系统规划、大数据核心技术研究及应用支撑,推动公司大数据战略的落地),公司对研究院的扶持不遗余力、广聘英才、重金投入。科大讯飞采取骨干人才股权激励政策,员工购房贴息,设置伯乐奖鼓励员工内推举荐优秀人才等手段,加强人才引进力度,为提升技术创新能力打下坚实基础。

生态化构建方面,基于突出的人工智能水平,以平台为依托,以系统化定制服务为抓手,与硬件厂商及中国移动、中国联通、中国电信、中国广电四大运营商等建立合作关系,提供包括语音识别、智能化提升等在内的技术支持,全面赋能家庭、教育、医疗、办公、娱乐、地产、公寓、酒店等各种生活场景,打造全场景智能化的生态图景。

第四节
模式创新

模式创新是数字化转型的重要驱动力。企业需要思考如何通过数字化技术改变传统的业务模式,实现全新的商业形态。例如,通过虚拟现实技术,零售企业可以建立虚拟试衣间,实现线上和线下的无缝衔接;通过区块链技术,企业可以构建去中心化的交易平台,实现货物和信息的透明化和可追溯性。模式创新需要企业具备跨界整合的能力,积极探索新的商业模式和盈利方式。

一、个性化定制

个性化定制的转型路径可以包括以下几个步骤。

1. 定义目标

定义目标是指确定个性化定制的目标和价值主张,明确为哪些客户提供个性化定制服务,以及如何通过个性化定制服务来增加客户价值和差异化竞争优势。

2. 数据收集与分析

数据收集与分析包括收集和分析客户的个性化需求和偏好,通过调研、市场数据分析、用户行为数据等方式,了解客户的需求和喜好,为个性化定制服务提供依据。例如 Nike 的"Nike By You"定制化运动鞋服务,允许顾客根据自己的喜好和需求设计和定制专属的运动鞋。

3. 技术支持和平台建设

建立支撑个性化定制的技术平台和系统,包括客户数据管理系统、生产和供应链系统、个性化设计工具等,确保平台能够实现个性化需求的收集、处理和实施。

4. 供应链优化

供应链优化是指将供应链与个性化定制服务紧密结合,优化供应链的灵活性和响应能力,以满足个性化定制服务的需求。例如,建立与供应商的紧密合作关系,确保供应链能够及时提供所需的个性化材料和零部件。

5. 人员培训和组织变革

即提供培训和教育,让员工掌握个性化定制的技能和知识,培养团队合作和创新的能力。同时,组织结构和流程也需要进行调整和优化,以适应个性化定制服务的需求。

6. 试点和推广

首先选择一部分产品或服务进行试点,测试个性化定制服务的可行性和效果;然后根据试点结果进行调整和改进,逐步推广个性化定制服务到更多的产品或服务领域。

7. 持续改进

个性化定制是一个不断迭代和改进的过程，企业需要不断收集客户反馈和数据，优化个性化定制服务的效果和体验，保持持续的创新和改进。

通过以上步骤，企业可以逐步实现个性化定制的转型，提供更符合客户需求的产品和服务，增加客户满意度和忠诚度，实现差异化竞争优势。

二、网络化协同

企业数字化转型的网络协同路径通常包括以下几个方面。

1. 信息共享和协作

即通过建立合适的信息共享和协作平台，实现企业内部各部门和员工之间的信息共享和协同工作，包括使用企业内部社交网络、云存储和文档共享工具等。

2. 跨部门协作

建立跨部门的协作机制，使不同部门之间能够更加紧密地协同工作，包括定期的跨部门会议、项目管理工具的使用等。

3. 外部合作与伙伴关系管理

即通过与供应商、合作伙伴和客户建立更紧密的合作关系，实现更高效的协同工作，包括建立供应链管理系统、客户关系管理系统等。

4. 数据共享和分析

即通过建立数据共享和分析平台，实现企业内部各部门对数据的共享和分析，从而提升决策的科学性和准确性，包括使用大数据分析工具、数据仓库和数据可视化工具等。

5. 创新和知识管理

即通过建立创新和知识管理平台，促进企业内部的创新和知识共享，包括建立创新团队、知识库和专家系统等。

这些网络协同模式可以帮助企业实现更高效的工作流程，提升员工之间的协作能力，加强内外部合作关系，并促进企业的创新和知识积累。

小贴士：网络协同之供应链协同

供应链协同是数字化转型的重要环节。企业数字化转型的供应链协同路径指的是通过应用数字技术和信息系统，实现企业内部和供应链各环节之间的紧密协作和协同工作，以提高供应链的效率、可靠性和灵活性。以下是供应链协同路径的一些具体措施。

1. 数据共享和透明度：通过建立数字化平台和信息系统，使企业内部和供应链各参与方能够共享数据和信息。这样可以实现供应链流程的透明度，减少信息不对称和沟通错误，提高协同效率。

2. 实时监控和预测：利用物联网和传感器技术，对供应链中各环节进行实时监控和数据采集。通过对采集到的数据进行分析和预测，可以更准确地了解供应链状况、预测需求和优化物流运作，进而提高供应链的响应速度和灵活性。

3. 协同计划和协同决策：通过数字化和智能化的规划和决策工具，实现供应链各环节之间的协同计划和协同决策。例如，供应链管理系统可以自动化生成供应计划、协调库存、预测交货时间等，以减少误差和提高协同性。在中小微企业数字化转型的过程中，供应链协作是关键。通过供应链，可以将龙头企业的数字化平台开放给中小微企业，从而降低成本，帮助中小微企业参与到数字化转型升级的过程中。

4. 弹性供应链网络：数字化转型可以帮助企业建立弹性供应链网络，在供应链中引入多样化的供应商和伙伴，以应对市场波动和风险。同时，数字技术还可以实现供应链快速重组和资源优化，提高整体供应链的韧性和灵活性。

5. 全球协同和协作：企业数字化转型可以支持全球供应链的协同和协作。通过远程协同工具、语音识别、机器翻译等技术，企业能够实现跨国界的供应链合作和信息共享，加强国际协同。

以上是一些常见的供应链协同路径，在实际应用中，需要根据企业的具体情况和数字化转型的目标来选择和整合相应的技术和系统，以实现供应链的协同发展。

【案例】制造业数字化转型的网络协同模式

制造业数字化转型的网络协同模式，是指通过网络与信息技术的应用，实现制造业内外部资源、信息和业务流程的高效整合，从而实现企业内部各个环节的协同合作和价值创造。网络协同模式在制造业数字化转型中起到了至关重要的作用，可以促进企业的生产效率、质量控制及客户满意度的提升，同时也能够加强制造企业与供应商、合作伙伴和客户之间的紧密联系，推动产业链上下游的合作与创新。常见模式如下。

1. 供应链协同模式：通过网络协同技术，实现供应商与制造商之间信息的实时共享，提高供应链管理的效率与可靠性，降低库存成本和交货周期，实现供应链整体的优化。

2. 物流协同模式：通过网络协同技术和物流信息系统，实现生产过程中物料和产品的实时跟踪、监控和管理，提高物流运作的效率和准确性，降低物流成本和运输时间。

3. 生产协同模式：通过网络协同技术和智能制造设备，实现生产过程中各个环节之间的实时协同与控制，提高生产效率、质量稳定性和柔性生产能力，实现个性化定制和快速响应市场需求。

4. 研发设计协同模式：通过网络协同技术和虚拟仿真平台，实现研发设计团队的实时协同与合作，提高产品创新速度和设计质量，减少产品开发周期和成本。

5. 销售与服务协同模式：通过网络协同技术和客户关系管理系统，实现销售与服务团队之间的信息共享和沟通协作，提高客户满意度和市场竞争力，实现精细化营销和个性化服务。

这些网络协同模式能够帮助制造业企业实现生产、供应链、物流、研发设计、销售与服务等各个环节的高效整合与协同，有效提升企业的竞争力和市场响应能力，在数字化转型的背景下实现更加智能化、高效化和灵活化的运营管理。

三、共享经济模式

共享经济模式是一种基于互联网技术的商业模式，通过平台将供需双方进行匹配和交易，实现资源的共享和利用。在企业数字化转型中，共享经济模式可以提供以下优势。

1. 资源共享

共享经济模式能够使企业充分利用自身闲置资源，通过平台将其分享给其他企业或消费者使用。这有助于提高资源的利用率和效益。

2. 成本降低

企业通过共享经济模式可以减少自身的资产投入和运营成本。例如，共享办公空间可以让企业避免大量的固定成本支出，只支付实际使用的费用。

3. 创新机会

共享经济模式鼓励创新和创业，能够带来新的商业机会和增加收入来源。企业可以将自身的产品或服务通过共享平台推广和销售，吸引更多消费者或合作伙伴。

4. 构建生态系统

共享经济模式可以促进企业之间的合作与协同，形成一个复杂的生态系统。不同企业可以共同参与共享平台，实现资源互补和优势互补，提高整体效益。例如 Uber 和 Airbnb 等平台，通过共享和利用闲置资源，提供出行和住宿等服务，实现资源的最大化利用和经济效益的提升。

5. 用户体验提升

共享经济模式强调用户参与和个性化需求的满足，能够提供更好的用户体验。企业数字化转型中采用共享经济模式可以更好地与用户进行互动，了解用户需求并定制个性化的产品和服务。

尽管共享经济模式在一些领域取得了较大成功，但也存在一些挑战和风险，如安全和信任问题、法律法规的约束等。因此，在企业数字化转型过程中选择采用共享经济模式时，需要仔细评估其适用性和风险，并制定相应的管理措施和政策。

制造业共享模式

制造业的共享模式是指，多个企业或个人共同使用和分享制造资源、设备和能力，以实现资源的高效利用和合作创新。这种模式通过提供共享平台和技术支持，使参与者能够灵活地访问和利用制造资源，从而降低成本、提高效率，并促进协同创新。

制造业的共享模式可以具体包括以下几种形式。

1. 共享工厂：多个企业或个人共同使用一个工厂空间进行生产。这种模式可以将生产和运营成本进行共享，避免重复投资，同时提供更大的生产规模和灵活性。

2. 共享设备：多个企业或个人共同使用特定的生产设备和工具。这种模式可以减少设备闲置时间，提高设备利用率，同时降低每个参与者的投资和维护成本。

3. 共享物流：多个企业或个人共同利用物流网络和配送资源。这种模式可以优化物流路径、减少运输成本，同时提供更快的产品交付和供应链响应能力。

4. 共享知识和技术：制造业的共享模式也可以促进知识和技术的共享。通过共享平台和合作伙伴关系，参与者可以共同学习、交流经验和技术，实现协同创新和提升整体竞争力。

制造业的共享模式在近年来得到了快速发展，主要受到以下因素的推动：

1. 技术进步：数字化技术、云计算、物联网等技术的发展为制造业共享模式提供了支持和基础，使资源共享和协同合作变得更加便捷和可行。

2. 资源高效利用：共享模式可以将现有的制造资源充分利用起来，减少浪费和闲置，提高资源利用效率，降低成本。

3. 灵活生产需求：市场需求的变化越来越快，共享模式可以提供更大的生产灵活性和快速响应能力，降低企业的风险和压力。

4. 合作创新机会：通过共享模式，不同的企业和个人可以共同参与创新和研发，实现资源的互补和协同效应，促进创新的快速生成和传播。

总之，制造业的共享模式是一种基于资源共享和协同合作的新型商业模式，可以提高资源利用效率、降低成本，并促进协同创新和可持续发展。

四、虚拟现实和增强现实技术应用

虚拟现实（VR）和增强现实（AR）技术在企业数字化转型中具有广泛的应用。

1. 培训与教育

虚拟现实和增强现实可以提供沉浸式的培训和教育体验。企业可以利用这些技术创建虚拟的培训环境，让员工进行实际操作的模拟，从而增强培训效果、提高效率。

2. 设计与模拟

虚拟现实和增强现实可以帮助企业在产品设计和生产过程中进行模拟和验证。通过创建虚拟的产品原型和场景，企业可以更好地评估设计方案的可行性，减少错误和成本。

3. 销售与营销

虚拟现实和增强现实可以提供更具吸引力和个性化的销售和营销体验。企业可以利用这些技术创建虚拟的产品演示和体验，让客户更好地了解产品特点和优势。例如IKEA的AR应用，允许顾客通过手机或平板电脑在家中体验家具的摆放效果，提供更直观的购物体验和决策支持。

4. 维修与维护

虚拟现实和增强现实可以帮助企业进行设备维修和维护。通过虚拟现实技术，技术人员可以在虚拟环境中进行设备故障的诊断和修复，提高效率和准确性。

5. 会议与协作

虚拟现实和增强现实可以改变企业的会议和协作方式。通过虚拟现实技术，员工可以在虚拟空间中进行远程会议和协作，节省时间和成本，提高效率。

制造业的数字孪生技术应用

制造业的数字孪生技术应用是指，将实际的产品或工厂与数字化的虚拟模型进行对应和连接，通过数据采集、传输和分析，实现对实际设备、过程和产品的实时监测、仿真和优化。制造业的数字孪生技术可以带来以下优势和应用。

1. 设备监测与维护：通过数字孪生技术，可以实时监测设备的运行状态、性能指标和健康状况。基于实时数据分析，可以预测设备故障，并提前进行维护，避免设备停机时间和生产线的影响。

2. 工艺仿真与优化：利用数字孪生技术可以对生产过程进行仿真和优化。通过数据模型的建立，可以进行多场景的仿真实验，优化生产线布局、工艺参数和物料流动等，从而提高生产效率和质量。

3. 产品追溯与质量控制：数据模型可以实现对产品全生命周期的追溯。通过与实际产品相连接，可以记录和分析产品的制造历史、供应链信息和质量数据，实施精确的质量控制、快速反应和服务支持。

4. 供应链协同与可视化：数字孪生模型也可以应用于供应链管理中。通过建立数字孪生技术，可以实时跟踪和优化供应链各环节的运行情况，实现供应链的协同规划、库存优化和信息共享。

5. 新产品开发与模拟实验：数字孪生技术可以帮助制造企业进行新产品的开发和模拟实验。通过在虚拟环境中设计和测试产品的功能、性能和可靠性，可以减少研发周期和成本，并提高产品的质量和市场竞争力。

总而言之，随着数字化转型的不断深入，基于精准建模、高效分析、实时优化的数字孪生技术快速发展，为核心产品构建类似"数字孪生"的数据模型成为可能，从而实现数字世界与物理世界的双向沟通和反馈闭环，最大化数据的价值。基于工业对象和工业流程的全面洞察，为物理实体在数字世界构建一个数字镜像，通过数字镜像实现物理产品全流程状态实时可视、风险可预测预防、可远程控制，从而支撑物理产品在研发验证、销售、制造、供应、交付、运维等各环节大幅提升效率。